"十四五"职业教育国家规划教材

汽车营销实务
（第2版）

主　编　常兴华
副主编　王艳超　丁扬志　杨洪涛
参　编　刘　爽　王立彬

北京理工大学出版社
BEIJING INSTITUTE OF TECHNOLOGY PRESS

内 容 简 介

本教材对汽车营销实务知识和技能进行整合和融合，围绕汽车核心销售流程各个环节中所需掌握的知识和技能，较为详尽地描述了汽车流通过程中的整车销售方面的基本理论知识和实务操作技能，同时融合客户开发和汽车营销延伸服务知识，以便帮助学习者更好地掌握汽车营销实务方面的知识。教材包括汽车销售人员职业素养养成、客户开发、客户接待和管理、需求分析、车辆介绍、促成交易、交车服务、售后服务和延伸服务九大学习任务。本教材可作为汽车技术服务与营销专业高职教学用书，也可以作为应用型本科教学用书和汽车销售企业人员以及自学者的学习资料。

版权专有　侵权必究

图书在版编目（CIP）数据

汽车营销实务 / 常兴华主编. --2版. --北京：北京理工大学出版社，2021.9（2023.8 重印）
ISBN 978-7-5763-0319-3

Ⅰ. ①汽⋯　Ⅱ. ①常⋯　Ⅲ. ①汽车–市场营销学–高等职业教育–教材　Ⅳ. ①F766

中国版本图书馆 CIP 数据核字（2021）第 181998 号

出版发行 / 北京理工大学出版社有限责任公司
社　　址 / 北京市海淀区中关村南大街 5 号
邮　　编 / 100081
电　　话 /（010）68914775（总编室）
　　　　　（010）82562903（教材售后服务热线）
　　　　　（010）68944723（其他图书服务热线）
网　　址 / http://www.bitpress.com.cn
经　　销 / 全国各地新华书店
印　　刷 / 三河市天利华印刷装订有限公司
开　　本 / 787 毫米×1092 毫米　1/16
印　　张 / 22　　　　　　　　　　　　　　　责任编辑 / 徐艳君
字　　数 / 454 千字　　　　　　　　　　　　文案编辑 / 徐艳君
版　　次 / 2021 年 9 月第 2 版　2023 年 8 月第 3 次印刷　责任校对 / 周瑞红
定　　价 / 59.90 元　　　　　　　　　　　　责任印制 / 李志强

图书出现印装质量问题，请拨打售后服务热线，本社负责调换

前　言

党的二十大报告指出，未来一段时间，我们要"构建优质高效的服务业新体系，推动现代服务业同先进制造业、现代农业深度融合"。

随着我国汽车行业的发展，汽车保有量不断增加，人们对汽车知识的了解程度也越来越深，对汽车销售人员的素质要求越来越高。为了提高学生和汽车销售人员的专业知识水平和职业能力，校企人员根据多年的教学经验和实践经验，共同编写了本教材。

本教材从创作思想、体例设计及内容等方面均体现了高等职业教育以能力为本位、以够用为度、以实用为目的的教材体系，同时充分考虑了与后续专业课程的衔接和考取汽车营销师的需要。

本教材有以下特点：

1. 职教理念、突出技能。教材采用"内容选取岗位化、组织工作流程化"的行动导向编写理念，对汽车营销实务知识和技能进行整合和融合，围绕汽车核心销售流程各个环节中所需掌握的知识和技能，较为详尽地描述了汽车流通过程中的整车销售方面的基本理论知识和实务操作技能，同时融合客户开发和汽车营销延伸服务知识，以便帮助学习者更好地掌握汽车营销实务方面的知识。

2. 行业特色、双证融合。教材编写坚持行业指导、企业参与、校企合作的开发机制，确保反映汽车营销职业能力标准，对接汽车销售企业用人需求，在教材中融合汽车销售行业职业技能鉴定标准，实现双证融合。

3. 立体配套、全面服务。除本教材以外，还配套开发课程标准、配套光盘、课程网站、素材库、电子教案、课件、视频资料等资源，特别是网络链接，为学习者提供了教材无法完全容纳的资源。

本教材包括汽车销售人员职业素养养成、客户开发、客户接待和管理、需求分析、车辆介绍、促成交易、交车服务、售后服务和延伸服务九大学习任务，九大学习任务共同构建了以真实营销任务为载体的岗位服务流程的内容体系。

本教材引用了一些文摘，主要来自书籍、报纸和网站，本教材尽可能地把作者和出处在书中列出，在此谨向原作者表示衷心的感谢。

本书由长春大学常兴华担任主编，烟台汽车工程职业学院王艳超、长春汽车工业高等专科学校丁扬志和山东交通职业学院杨洪涛担任副主编，吉林省长兴汽车销售服务有限公司总经理刘爽和东风本田汽车长春正泰特约销售服务店销售总监王立彬参编。具体编写分工是：刘爽和王立彬编写任务一及对应的任务工单；王艳超编写任务二和任务三及对应的任务工单；常兴华编写任务四和任务五及对应的任务工单；丁扬志编写任务六和任务七及对应的任务工单；杨洪涛编写任务八和任务九及对应的任务工单；常兴华负责策划和统稿。

尽管对本教材的编写工作做了大量努力，但限于编者水平，不足之处在所难免，教材中的不妥和错误之处，恳请读者批评指正。

编　者

2021.1

目　录

任务 1　汽车销售人员职业素养养成 ·· 001
　　任务 1.1　认识汽车销售岗位 ··· 003
　　任务 1.2　汽车销售人员职业形象塑造 ·· 012

任务 2　客户开发 ·· 025
　　任务 2.1　寻找客户 ··· 027
　　任务 2.2　客户筛选 ··· 036
　　任务 2.3　接近客户 ··· 039
　　任务 2.4　客户跟进 ··· 046

任务 3　客户接待和管理 ·· 051
　　任务 3.1　客户接待 ··· 053
　　任务 3.2　来店、来电客户的管理 ·· 063

任务 4　需求分析 ·· 077
　　任务 4.1　识别客户需求 ·· 079
　　任务 4.2　确定客户需求分析内容 ·· 087
　　任务 4.3　选用客户需求分析技巧 ·· 092

任务 5　车辆介绍 ·· 109
　　任务 5.1　展厅内车辆介绍 ··· 111
　　任务 5.2　试乘试驾 ·· 129

任务 6　促成交易 ·· 141
　　任务 6.1　客户异议处理 ·· 144

任务 6.2　报价议价……161
任务 6.3　签约成交……167

任务 7　交车服务……181
任务 7.1　交车前的准备……184
任务 7.2　交车服务内容……190

任务 8　售后服务……197
任务 8.1　售后跟踪服务……200
任务 8.2　客户投诉处理……205

任务 9　延伸服务……213
任务 9.1　汽车保险……215
任务 9.2　汽车消费贷款……221
任务 9.3　汽车销售代理服务……229
任务 9.4　二手车置换业务……239

任务工单……245

任务 1

汽车销售人员职业素养养成

任务导引

　　汽车销售岗位是汽车销售企业各个岗位中尤为重要的岗位之一，主要负责日常业务中拓展销售业务，积极维护长期的客户关系。本岗位是直接与客户接触的岗位，所以，本岗位工作人员的职业素质直接影响着汽车销售企业的形象，甚至影响着汽车品牌在行业内的形象。所以，汽车销售人员一定要提升自身的职业素养。本任务由认识汽车销售岗位、汽车销售人员职业形象塑造两个子任务组成。

 任务目标

知识目标	能力目标	素质目标
1. 了解汽车销售部门机构设置； 2. 了解汽车销售部职能； 3. 掌握汽车销售岗位职责； 4. 理解汽车销售人员职业礼仪； 5. 理解汽车销售人员具备的能力； 6. 掌握汽车销售人员应掌握的知识	1. 能够用所学的知识对汽车销售企业的部门机构设置提出建议； 2. 能够描述汽车销售岗位职责； 3. 能够按照汽车销售人员的要求来塑造自我	1. 培养学生正确择业观； 2. 培养学生严谨品质； 3. 培养学生爱岗敬业精神； 4. 培养学生团队协作能力

总学时 4 学时。

任务 1.1 认识汽车销售岗位

任务布置

王艳是一名汽车营销与服务专业的学生，2021年7月毕业，她想从事汽车销售工作，于是开始收集资料了解有关汽车销售岗位方面的知识，关注汽车销售人员的应聘信息。那么王艳要想成为一名汽车销售人员，应该如何做好有关汽车销售岗位设置和岗位职责方面的知识准备呢？

知识准备

一、汽车销售部的岗位设置

汽车销售企业一般设置销售部、市场部、服务部（售后服务部）、客户关系管理部、综合管理部（行政部）和财务部等主要部门，见图1-1，但是并不是每个汽车销售企业都设置上述同样的部门。

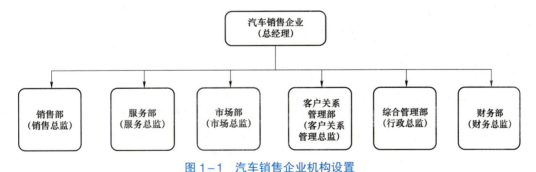

图1-1 汽车销售企业机构设置

汽车销售企业根据自己的实际情况和汽车市场的特点来设置汽车销售部的岗位，所以，不同的汽车销售企业，销售部的岗位设置也不是完全相同的。但是一般的岗位设置都是在总经理的直接领导下设销售总监岗位，也有的直接成为销售经理；然后根据业务范围下设展厅销售经理、大客户销售经理、延伸服务经理、二手车经理和附件精品经理等管理岗位；管理岗位下设试乘试驾专员、销售顾问、大客户销售顾问、库管员、延伸服务顾问、二手车评估师和附件精品销售员等业务岗位。具体见图1-2。

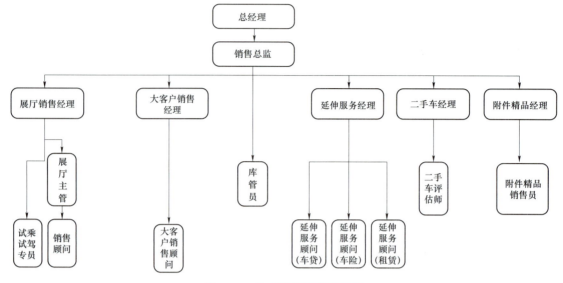

图 1-2 汽车销售部岗位设置

二、汽车销售部职能及其岗位职责

（一）汽车销售部职能

汽车销售是产品价值得以实现的环节。汽车生产商生产出来的汽车，如果没有"销售"，那就是一堆废铁，通过销售转交给客户换取收益，就是实现价值的过程。汽车销售的职能主要表现为：

（1）规范公司广告及促销行为，加强对当地市场的分析和监控；

（2）了解竞争对手的优劣势，并及时对竞争对手市场经营行为做出相应反应；

（3）向客户介绍所经销产品的特点，宣传公司服务品牌，了解客户需求，开发潜在客户，展示公司良好形象，提升客户满意度；

（4）根据销售状态掌握公司库存车辆的数量，确保库存合理化；

（5）控制公司库存车辆流向，保障公司财产不受损失，加强车辆日常管理；

（6）沟通供需，制订年/月度销售计划，为公司向工厂进车提供保障，并做好工厂订单跟踪，随时了解商品车辆的在途情况；

（7）建立客户档案及工厂通告信息并实行分类管理，加强和工厂的沟通并及时报送各类报表；

（8）根据市场情况，制订年/月度促销计划并实施，以提升公司知名度。

（二）汽车销售部各岗位职责

1. 销售总监（经理）岗位职责

（1）保证销售部人流、物流、信息流的顺畅，主持部门例会、月总结会，负责当地市场及竞争对手信息收集和销售顾问业务培训指导工作；

（2）明确销售部各岗位职责，落实各项规章制度的执行情况；
（3）编订销售部工作计划，报公司领导（按月、季、年）；
（4）督促和检查销售部各项工作完成情况，并加强日常工作的管理；
（5）掌握市场动态，及时采取相应对策并报公司领导；
（6）调配公司商品车辆资源，并与厂家建立良好的业务关系。

2. 展厅销售经理（主管）职责

（1）制定本组每月/周的销售目标，并加强本组的日常工作管理；
（2）负责每月的任务分解目标，督促销售顾问完成任务指标；
（3）负责本组销售顾问业务培训指导，解决本组销售顾问业务上的异议；
（4）收集市场及竞争对手的信息，并提交每月/周工作计划；
（5）主持本组日常的早/夕会和周会、月总结会；
（6）负责每天展厅日常工作的安排和监督，检查每天客户回访情况；
（7）每天早上进行展厅内外 6S 检查；
（8）每天不定时检查和监督该日展厅流量的记录。
说明：有部分汽车销售企业只设展厅客户经理，也行使销售主管职责。

3. 销售顾问岗位职责

（1）开发新客户，维系老客户，建立个人客户档案；
（2）统计客户信息资源、认真记录展厅客户来电信息，及时跟进客户信息，掌握客户动向，促使成交，并详细记录回访情况；
（3）热情主动地接待展厅来访的每位客户，并积极引导客户试乘试驾；
（4）每天擦拭及清理展厅展示车辆，以保持展示车辆的清洁，树立品牌及公司良好形象；
（5）为客户提供周到的售前、售中、售后咨询，帮助客户解决困难和问题，指导客户新车的正确使用及各项保养；
（6）服从公司领导的各项工作安排，团结同事，尊敬领导，树立团队精神，积极参加公司的团队活动。

4. 试乘试驾专员岗位职责

（1）向客户讲解试乘试驾路线、体验项目以及安全规定；
（2）向客户介绍车辆基本操作和功能使用；
（3）为客户提供试乘试驾服务和产品性能讲解；
（4）负责管理试乘试驾车辆，进行定期检查、日常维护，使试乘试驾车辆保持在最佳状态，并保存相关记录。

5. 大客户销售经理岗位职责

（1）负责巩固、维护大客户关系，建立良好的大客户网络，宣传企业形象及产品；
（2）完成全年大客户销售目标，定期完成大客户返款，保证企业及时收取回款；
（3）指导大客户销售顾问制订销售计划并督促执行；

（4）定期研究行业竞争对手及合作伙伴的大客户政策；

（5）制定大客户销售政策，定期制作大客户销售报告；

（6）负责本企业的车型进入政府采购目录并积极参与政府招标；

（7）负责本组人力资源建设，通过加强培训、精细管理等方式提高本组业务能力。

6. 大客户销售顾问岗位职责

（1）收集、整理有关市场销售信息，及时向大客户销售经理反馈大客户资源信息，做好拜访前的外围调查工作，分析判断实现销售的可能性；

（2）发掘客户线索，深入了解客户需求，为其提供有价值的方案；

（3）负责实施大客户销售，维护现有客户关系，发掘客户需求，拓展销售业绩；

（4）及时掌握行业竞争对手及合作伙伴的大客户政策变动，提出应对建议。

7. 延伸服务经理岗位职责

（1）制定延伸业务管理制度及相关标准，制订和实施年度/月度延伸业务工作计划，完成延伸业务工作目标；

（2）收集和分析本地汽车延伸业务市场和竞品延伸业务信息、动向，负责延伸业务市场调研与分析，为市场部提供延伸业务信息；

（3）与市场部共同制定与执行延伸市场宣传及活动方案；

（4）负责向市场部提出物料制作需求；

（5）负责沟通相关延伸工作和传递延伸业务信息；

（6）监督延伸业务的开展效果，并督导改善。

8. 延伸服务顾问岗位职责

（1）接受客户当面及电话车险咨询，负责为客户解答保险业务的专业知识，对各保险公司车险进行测算和出具保单，负责为客户打印正式保单；

（2）填写投保单并定期整理给保险公司；

（3）为老客户续险，发展新客户，定期短信提示客户车险的相关内容；

（4）为客户办理车辆贷款业务；

（5）为客户办理车辆租赁业务。

说明：延伸服务顾问可以分工明确，有人专门负责办理保险业务，有人专门办理贷款业务，也有人专门办理车辆租赁业务。

9. 二手车经理岗位职责

（1）关注区域二手车市场动态，开发区域二手车市场；

（2）制订月度、季度及年度的二手车经营计划，上报并组织实施；

（3）负责二手车检测、评估、整修和展示，确定二手车收购及销售价格；

（4）组织学习相关的法规文件。

10. 二手车评估师岗位职责

（1）负责二手车的收购、评估及销售；

（2）办理二手车过户手续；

(3) 管理维护二手车客户；
(4) 促成二手车置换，推进新车销售。

11. 附件精品经理岗位职责

(1) 负责汽车附件与精品销售管理；
(2) 为内部员工提供汽车附件与精品的产品培训。

12. 附件精品销售员岗位职责

(1) 制定附件与精品销售方案、活动策划并促进销售指标的达成；
(2) 建立展厅精品进销存日报表，每月编制精品销售月报表；
(3) 配合销售人员和售后人员促进精品销售目标任务的达成。

13. 库管员岗位职责

(1) 接车、入库，通知交车前检查；
(2) 保管随车资料及随车物品；
(3) 负责车辆在库维护及日常检查统计；
(4) 每日向销售总监或展厅销售经理通报库存信息；
(5) 办理出库车辆手续，检验并发放随车工具；
(6) 管理订单，登记车辆出入库记录；
(7) 每月与财务人员进行账务及实物盘点。

三、汽车销售部的工作内容

汽车销售部的核心工作内容包括客户开发、客户接待、需求分析、车辆介绍（静态车辆介绍、试乘试驾）、促成交易、交车服务和售后服务等基本过程，见图1-3。

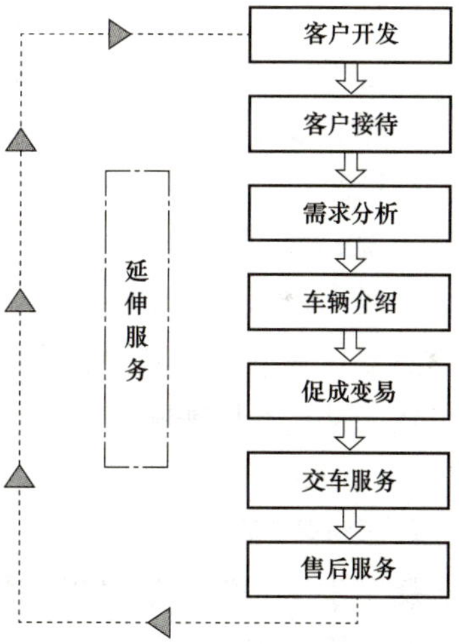

图 1-3 汽车销售部的核心工作内容

1. 客户开发

在汽车销售流程的潜在客户开发步骤中，最重要的是通过了解潜在客户的购买需求，和潜在客户建立一种良好的关系。只有当汽车销售人员确认关系建立后，才能对潜在客户进行邀约。

2. 客户接待

为客户树立一个正面的第一印象。由于客户通常预先对购车经历抱有负面的想法，因此殷勤有礼的销售人员的接待将会消除客户的负面情绪，为购买经历设定一种愉快和满意的基调。接待环节最重要的是主动与礼貌。汽车销售人员在看到有客户来访时，应立刻面带微笑主动上前问好。如果还有其他客户随行时，应用目光与随行客户交流。目光交流的同时，汽车销售人员应作简单的自我介绍，并礼节性地与客户分别握手，之后再询问客户需要提供什么帮助。语气尽量热情诚恳。

3. 需求分析

需求分析的目的是收集客户需求信息。汽车销售人员需要尽可能多地收集来自客户的所有信息，以便充分挖掘和理解客户购车的准确需求。一般详细询问至少四个主要的问题。"×先生/×小姐预算是多少呀？准备花多少钱购车呢？其中含税费吗？购车是自己用还是别人用呢？上下班用吗？还是为公司选车呢？平时喜欢什么户外活动吗？比如钓鱼？自驾游？对于选购的车型中哪些配置是您需要的呀？比如天窗、真皮，手动还是自动呢？"

这一阶段很重要的一点是适度。汽车销售人员在回答客户的咨询时要很好地把握服务的适度性，既不要服务不足，又不要服务过度。这一阶段应让客户随意发表意见，并认真倾听，以了解客户的需求和愿望，从而在后续阶段做到更有效地销售。并且汽车销售人员应在接待开始便拿上相应的宣传资料，供客户查阅。

4. 车辆介绍

这个阶段的工作要点是：汽车销售人员应针对客户的需求和购买动机进行解释说明，以建立客户的信任感。汽车销售人员必须通过传达直接针对客户需求和购买动机的相关车辆特性，帮助客户了解一辆车是如何符合其需求的，只有这时客户才会认识其价值。汽车销售人员应具备所销售车辆的专业知识，同时亦需要充分了解竞争车型的情况，以便在对车辆进行介绍的过程中，不断进行比较，以突出所销售车辆的卖点和优势，从而提高客户对所销售车辆的认同度。直至汽车销售人员获得客户认可，所选择的车辆合他心意，这一步骤才算完成。在试车过程中，汽车销售人员应让客户集中精神对车进行体验和感受，避免多说话。

6. 促成交易

在成交阶段不应有任何催促的倾向，而应让客户有更充分的时间考虑和作出决定，重要的是要让客户采取主动。汽车销售人员应对客户的购买信号敏感，巧妙地加强客户对所购车辆的信心。汽车销售人员应努力营造轻松的签约气氛，一个双方均感满意的协议将为交车铺平道路。

7. 交车服务

交车步骤是客户感到兴奋的时刻，如果客户有愉快的交车体验，那么就为保持长期关系奠定了积极的基础。在这一步骤中，按约定的日期和时间交付新车，要确保车辆毫发无损。在交车前要对车进行清洗，车身要保持干净。交给客户一辆洁净、无缺陷的车会使客户满意并加强他对经销商的信任感。重要的是此时需注意客户在交车时的时间有限，应抓紧时间回答任何问题。

8. 售后服务

汽车出售以后，要经常回访客户，及时了解客户对汽车的评价及汽车的使用状况，同时要提醒客户及时为车做保养。

除了上述核心工作内容，汽车销售工作还会涉及汽车保险、上牌、装潢等业务的介绍、成交或代办。在4S店内，其工作范围一般主要定位于销售领域，其他业务领域可与其他相应的业务部门进行衔接。

四、汽车销售人员职业能力要求

（一）丰富的知识

丰富的知识包括产品知识、汽车专业知识、行业知识、用户知识。

1. 产品知识

产品知识指了解生产汽车的厂家、品牌、各款车的功能和配置。

2. 汽车专业知识

汽车专业知识指了解汽车的结构、性能、先进技术、养车、用车知识。

3. 行业知识

行业知识指了解汽车行业的发展现状及前景，以及对客户所在的行业在使用汽车上的了解。很多销售人员认为只要有丰富的产品知识、专业知识就能做好汽车销售了，其实在实际销售中，这些知识占的比例可能不到30%。因为销售是一个与人打交道的过程，怎样才能拉近和客户的关系，和客户交朋友，这需要丰富的行业知识。例如，面对的潜在客户是一个礼品制造商，而且经常需要带着样品给他的客户展示，那么，他对汽车的要求将集中在储藏空间、驾驶时的平顺等。客户来自各行各业，如何做到对不同行业用车的了解呢？其实，这个技能基于对要销售的汽车的了解。比如，客户属于服装制造业，那么也许会用到汽车空间中可以悬挂西服而不会导致皱褶的功能。行业知识不仅表现在对客户所在行业用车的了解上，还表现在对客户所在行业的关注上。当你了解到客户是从事教育行业的时候，你也许可以表现得好奇地问："听说，现在的孩子越来越不好教育了吧？"其实不过是一句问话，对客户来说，这是一种获得认同的好方法。当客户开始介绍他的行业特点的时候，你已经赢得了客户的好感，仅仅是好感，就已经大大缩短了人与人之间的距离。汽车销售中这样的例子非常多，但并不是容易掌握的，关键是要学会培养自己的好奇心，当你有了对客户行业的好奇心之后，关切地提出你的问题就是你销售技能的一种表现了。

4. 用户知识

用户知识主要包括客户群体、客户的消费习惯、客户的购买动机、客户的爱好、客户的决策人、客户的购买力，等等。比如：从事小商品行业的客户喜欢汽车的空间大一些，可以顺带一些货物，像 SUV、SRV 这样的多功能车比较受他们的欢迎；从事路桥工作施工作业的客户偏好越野性能好的吉普车、SUV。

汽车和一般商品不一样，汽车属于高科技产品，结构复杂、技术含量高、专业性强，作为一名专业的销售人员，必须具有丰富的汽车专业知识、产品知识，并对所销售的汽车了如指掌，这样才能很好地展示给客户。

（二）娴熟的销售技巧

作为一名销售人员，满足客户需求、销售产品是他们的最终任务，因此，娴熟的销售技巧、促成成交的能力显得尤为重要。另外，如何与客户交往以及怎样处理客户投诉，提高顾客满意度，也是销售人员的基本职业能力。

一般以销售为核心的企业注重客户关系，偏重在维持长久的客户关系上，从而可以不断提升客户的忠诚度，让客户终身成为自己企业的客户，而且还会不断介绍新的客户进来，这也是一种营销手段。销售过程中的客户关系包括三个层次：第一个层次是客户的亲朋好友。来汽车销售企业看车的客户基本上没有单独来的，多数都是全家或朋友陪同。陪同来的朋友通常是客户的朋友，或者是公司同事，销售人员通常只注重购车者，而忽视与客户同来的其他人，然而他们的意见对于客户是有一定的影响的，所以一定要重视客户的亲朋好友。第二个层次就是客户周围的同事。第三个层次就是客户的商业合作伙伴，或者说是客户的上游或者下游业务合作伙伴。

汽车销售人员必须学会如何与客户周围的人建立有效的某种关系，通过对这些关系的了解和影响可对客户产生影响力，从而缩短销售过程，使其向有利于自己的方向发展。

（三）良好的沟通能力和现场应对能力

销售人员的主要工作就是接待客户、和客户沟通了解客户的需求、展示产品、处理客户的异议，最后完成交易，所以沟通能力和现场应对能力显得尤为重要。良好的沟通能力并不是能说能侃就行，而是要说得头头是道，令人信服，这时的"说"是有条理、有逻辑地说。

1. 沟通能力

沟通能力，就是要和客户沟通，了解客户的需求。一个成功的销售人员应该是销售给客户一辆让客户不后悔的汽车，只有这样客户才会信赖你，才会帮你做销售。怎么样才能做到这点呢？就要和客户沟通，了解客户的真正购车需求。只有了解客户的需求后才能为客户量身定做一套属于客户的购车方案，这样销售给客户的车才是最适合客户的。

沟通能力的提高不仅对于销售行为有着明显的促进作用，甚至对周围人际关系的改善都起着明显的作用。在销售的核心能力中，沟通能力被看成是一个非常重要的能力。在沟通中最重要的不是察言观色，也不是善辩的口才，而是倾听。倾听是沟通中的一个非常重要的技能，但是，比倾听更加重要的应该是在沟通中对人的赞扬。因此，在销售人员的核心能力测试中，赞扬是销售沟通能力中一个非常重要的指标。

赞扬他人的本能一般人都有，但是缺乏将其系统地运用在销售过程中、运用在与客户沟通的过程中。汽车行业的销售人员应该如何运用呢？以下三个基本的方法需要反复练习和掌握。

（1）在客户问到任何一个问题的时候，不要立刻就该问题的实质内容进行回答，要先加一个沟通中的"垫子"，这里说的垫子，就是我们上面提到的赞扬。

示例：

客户问："听说，你们最近的车都是去年的库存？（一句非常有挑衅味道的问话）

销售人员："您看问题真的非常准确，而且信息及时。您在哪里看到的？"（最后的问话是诚恳的，真的想知道客户是怎么知道这个消息的）

（2）经常赞扬客户的观点和看法，尤其是客户对汽车的任何评价和观点，从而建立良好的沟通方式。

（3）运用赞扬的技巧切记要真诚，要有事实依据。
2. 现场应对能力
现场应对能力就是面对不同客户不同问题的灵活、机智、快速反应处理能力，也就是面对机遇时能牢牢把握，面对危机时能化"危"为"机"。

任务 1.2　汽车销售人员职业形象塑造

任务布置

王艳已经对汽车销售岗位方面的知识有了一定的了解。作为一名汽车销售人员，直接和客户接触，汽车销售人员的职业形象、职业素质会给客户留下深刻的第一印象，也会让客户对企业有一个直观的印象，汽车销售人员能否得到客户认可决定着客户是否认可企业和企业的产品。要想成为一名优秀的汽车销售人员，王艳应如何从着装、表情、肢体行为、语言等方面来塑造自我职业形象呢？

知识准备

随着社会的发展，职场人士对自己的形象也越来越重视，因为好的形象可以增加一个人的自信，对个人的求职、工作、晋升和社交都起着至关重要的作用。以往，人们往往认为形象就是指发型、衣着等外表的东西，实际上现代意义的职业形象包括仪容、仪表以及仪态三方面，其中最为讲究的是形象与职业、地位的匹配。

一、仪容仪表

随着社会的进步，人们越来越重视仪容仪表，因为仪表美是自尊自爱的体现，是尊重别人的需要。

（一）仪容仪表的含义

1. 仪容的含义

仪容，通常是指人的外观、外貌。其中的重点，则是指人的容貌，更具体地说是指发型、面容以及人体所有未被服饰遮掩的肌肤，如手部、颈部等。

在人际交往中，每个人的仪容都会引起交往对象的特别关注，并将影响到交往对象对自己的整体评价。在个人的形象方面，仪容是重中之重。对仪容的要求见图1-4。

真正意义上的仪容美，应当是自然美、修饰美、内在美三个方面的高度统一。忽略其中任何一个方面，都会使仪容美失之于偏颇。在这三者之间，仪容的内在美是最高的境界，仪容的自然美是人们的心愿，而仪容的修饰美则是仪容礼仪关注的重点。

仪容的自然美	仪容的修饰美	仪容的内在美
指的是仪容的先天条件好，天生丽质，给人美的感觉。职场上尽管以相貌取人不合情理，但先天美好的仪容，无疑会令人赏心悦目，感觉愉快，让客户喜欢，从而促成交易	指的是依照规范及个人条件，对仪容进行必要的修饰，扬其长，避其短，塑造出美好的个人形象，尽量令自己显得有备而来，自尊自爱。特别是对于汽车销售人员，直接和客户相接触，良好的仪容修饰不但能让自己有自信，更能给客户留下好的印象，以便促成交易	是指通过努力学习，不断提高个人的文化艺术素养和思想道德水准，培养出自己高雅的气质与美好的心灵，使自己秀外慧中，表里如一，显示出内在的优雅气质来

图1-4 人际交往中对仪容的要求

2. 仪表的含义

仪表是指人的外表，它包括人的形体、容貌、健康状况、姿态、举止、服饰、风度等方面，是人举止风度的外在体现。风度是指待人接物时，一个人的德才学识等各方面的内在修养的外在表现。风度是构成仪表的核心要素。

仪表美是一个综合概念，它包括三个层次的含义：一是指人的容貌、形体、仪态等的协调优美；二是指经过修饰打扮以后及后天环境的影响形成的美；三是指其内在美的一种自然展现。

（二）仪容仪表修饰的原则

1. 仪容修饰的原则

仪容修饰的基本规则是：美观、整洁、大方、典雅。具体见表1-1。

表1-1 仪容修饰的基本规则

原则	原则解释
头发修饰原则	要干净，常理、常洗、常梳、常整；长短要适宜，男士头发一般长7厘米左右，前不及额，侧不及耳，后不及领；女士头发不长于肩，如长于肩就要做技术处理，或盘起来、挽起来或梳起来；不能将头发染成五颜六色，发型的选择要时尚、大方、得体，不能标新立异。
胡须修饰原则	在正式场合，男士留着乱七八糟的胡须，一般会被认为是很失礼的，而且会显得邋里邋遢。个别女士因内分泌失调而长出类似胡须的汗毛，应及时清除并予以治疗。
鼻毛修饰原则	鼻腔里要随时保持干净，不要让鼻涕或别的东西充塞鼻孔；经常修剪一下长到鼻孔外的鼻毛，严禁鼻毛外现。
口腔清洁原则	牙齿洁白，口无异味，是对口腔的基本要求。为此要坚持每天早、中、晚三次刷牙；另外在会见重要客户之前忌食蒜、韭菜、腐乳等让口腔发出刺鼻气味的东西。
手部修饰原则	手是肢体中使用最多、动作最多的部分，要完成各种各样的手语、手势，如果手的"形象"不佳，整体形象就会大打折扣。对手的具体修饰有三点：清洁，不使用醒目的甲彩，不蓄长指甲。

2. 仪表修饰的原则

生活中人们的仪表非常重要，它反映出一个人的精神状态和礼仪素养，是人们交往中的"第一形象"。天生丽质、风仪秀整的人毕竟是少数，然而我们却可以靠化妆、发型、着装、佩饰等修饰手段，弥补和掩盖在容貌、形体等方面的不足，并在视觉上把自身较美的方面展露、衬托和强调出来，使形象得以美化。成功的仪表修饰一般应遵循四方面的原则，见表1-2。

表1-2 仪表修饰原则

原则	原则解释
适体性原则	要求仪表修饰与个体自身的性别、年龄、容貌、肤色、身材、体型、个性、气质及职业身份等相适宜和相协调。
TPO原则	场合原则；要求仪表修饰因时间（Time）、地点（Place）、场合（Occasion）的变化而相应变化，使仪表与时间、环境氛围、特定场合相协调。
整体性原则	要求仪表修饰先着眼于人的整体，再考虑各个局部的修饰，促成修饰与人自身的诸多因素之间协调一致，使之浑然一体，营造出整体风采。
适度性原则	要求仪表修饰无论是修饰程度，还是在饰品数量和修饰技巧上，都应把握分寸，自然适度，追求虽刻意雕琢而又不露痕迹的效果。

（三）汽车销售人员的仪容仪表规范

把握与客户初次见面短暂的时机，创造一个良好的第一印象，仪容仪表很关键。因此销售人员一定要注意自己的仪容仪表，具体要求见表1-3。

表1-3 仪容仪表规范具体要求

精神面貌	服装规范
1. 保持饱满的精神，并在工作环境中展现乐观、积极的面貌； 2. 生活应有充分的调适，睡眠充足，不要酗酒，在工作场合中永葆旺盛的斗志。	1. 穿统一的制服，保持整洁、合身； 2. 衬衫熨烫平整，领子、袖口应清洁； 3. 统一佩戴服务品牌的铭牌，保持干净平整； 4. 整理好头发，保持头发清洁，男士头发不染色，不可过长； 5. 保持手和指甲的清洁，修剪整齐； 6. 皮鞋擦拭干净明亮，袜子颜色与衣服和皮肤协调； 7. 不佩戴过大或过贵重的饰物； 8. 女士化妆需自然、淡雅，避免浓妆艳抹； 9. 避免让人不快的气味，包括体味、汗味、口臭； 10. 随身携带笔和文件夹，随时准备记录，随身携带名片。

二、肢体语言

站姿、走姿和手势等这些肢体语言已经是礼仪的象征。汽车销售人员会用肢体语言表达其所要表达的意思则被认为是有涵养的文明人，反之会被认为粗俗，没有礼貌，缺乏修养，会在汽车销售中遇到不该有的麻烦。因此，肢体语言在汽车销售工作中是十分重要的，应该努力学习和掌握尺度。

（一）站姿的标准

站立的标准是女士要站得优雅，男士要站得稳重。

1. 挺胸收腹抬头

挺胸能使肩背宽厚，也显得英姿勃发，充满力量。收腹：既可使男女的胸部凸起，也可以使臀部上抬。这种直立姿态，显得很稳定、很平衡。挺胸的方法是双肩略向后用力。平时多做上肢运动，增强胸肌、背肌、腹肌的力量。抬头时，头正直，腰部用力，背脊挺直，不要弯腰或垂头，不要显出萎靡不振或松松垮垮的样子，两臂自然下垂或双手叠放靠在腰下，嘴微闭，面带笑容，以保持随时为客人服务的姿态。

2. 下颌微收，目视前方

视线与眼睛同高，眼睛看前方一米左右。向上向下都会使印象减弱，显得不沉着。

3. 女士的站姿

常见的女士标准站姿有两种（见图1-5）：一是双脚呈V字形，即膝和脚后跟要靠紧，两脚张开的距离应为两拳。二是两脚尖略分开，一脚在前，将脚跟靠在另一只脚的脚弓处，两脚尖呈V字形。双手自然并拢，一只手搭在另一只手上，轻贴于腹前。身体重心可放在两脚上，也可放在一脚上，并通过重心的移动减轻疲劳。

图1-5 女士标准站姿

4. 男士的站姿

男士标准站姿见图1-6。男士站立时，双脚可并拢，也可分开，分开时双脚与肩同宽。身体直立，站累时一只脚可以向后或向身前半步，但上体仍需保持正直，不可把脚向前或向后伸得太多，甚至叉开得大。站立时若空着手，可双手在下体交叉，一只手放在另一只手上，双手放前、放后均可以。

图1-6 男士标准站姿

男士站姿要体现阳刚之气,站时的立注意事项主要有:
(1)站立时,切忌东倒西歪,无精打采,懒散地倚靠在墙上、桌子上;
(2)不要低着头、歪着脖子、含胸、端肩、驼背;
(3)不要将身体的重心明显地移到一侧,只用一条腿支撑着身体;
(4)身体不要下意识地做小动作;
(5)在正式场合,不要将手叉在裤袋里面,切忌双手交叉抱在胸前,或者双手叉腰;
(6)男子双脚左右开立时,注意两脚之间的距离不可过大,不要挺腹翘臀;
(7)不要两腿交叉站立。

(二)走姿的标准(见图1-7)

图1-7 标准走姿

（1）男士的走姿应当是昂首，闭口，两眼平视前方，挺胸收腹，直腰，上身不动，两肩不摇，步态稳健。

（2）女士的走姿应当是头端正，不宜抬得过高；目光平和，目视前方；上身自然挺直，收腹；两手前后摆动的幅度要小，以含蓄为美；两腿并拢，平步行进，走成直线，步态要自如、匀称、轻柔。

（3）行走时脚正对前方所形成的直线，脚跟要落在这条直线上，上体正直，抬起头，眼平视，脸有笑容，双臂自然前后摆动，肩部放松。走时轻而稳，两只脚所踩的应是两条平行线，两脚落在地上的横向距离大约是3厘米。步度就是每走一步两脚间的距离，其标准是：如果左脚迈出一步落地，脚跟距离右脚脚尖恰好是一只脚的长度。步度随身体高矮而不同。

（4）遇有急事，可加快步伐，但不可慌张奔跑。

（5）两人并肩行走时，不要用手搭肩；多人一起行走时，不要横着一排，也不要有意无意地排成队形。

（6）走路时一般靠右侧。与客户同走时，要让客户走在前面；遇通道比较狭窄，有客户从对面来时，应主动停下来，靠在右边上，让客户先通过，但切不可把背对着客户。

（7）遇有急事或手提重物需超越行走在前的客户时，应彬彬有礼地征得客户同意，并表示歉意。

（三）坐姿的标准（见图1-8）

图1-8　标准坐姿

（1）正确的坐姿，是身体坐在椅子的三分之二处，上身保持正直，两手自然放于两膝上，两腿平行，与肩同宽。

（2）胸部自然挺直，立腰收腹，肩平头正，目光平视。女士着裙时双腿并拢，斜放或平直放，双手自然摆放在腿上。

（3）与人交谈时，身体要与对方平视的角度保持一致，以便于转动身体，不得只转动头部，上身仍需保持正直。

（四）手势的标准（见图 1-9）

图 1-9 正确的手势

手势是一种最有表现力的"体态语言"，它是汽车销售人员向客户做介绍、谈话、引路、指示方向等常用的一种形体语言。

（1）手掌掌心向上的手势是虚心的、诚恳的，在介绍、引路、指示方向时，都应掌心向上，上身稍前倾，以示敬重。

（2）在指引方向时，应将手臂伸直，手指自然并拢，手掌向上，以肘关节为轴指向目标，同时，眼睛要转向目标，并注意对方是否已看清目标。

（3）在递给客户东西时，应用双手恭敬地奉上，绝不能漫不经心地一扔，并忌以手指或笔尖直接指向客户。

在使用手势时，还应注意各国的风俗习惯。竖起大拇指，在我国有称赞、夸奖的意思，而在澳大利亚则有侮辱之意；用手指组成"O"形在美国含有好与平安的意思，在日本是钱的意思，在地中海沿岸则含侮辱之意。阿拉伯人用小手指拉在一起表示断交。

在销售过程中汽车销售人员要运用恰当的手势，以免带来不必要的麻烦。

三、介绍礼仪

（一）自我介绍

汽车销售人员每天要与各种各样的陌生人打交道，要经常进行自我介绍，那么怎样做才能更好地去赢得客户的信任呢？

1. 自我介绍的时机

（1）在社交场合，与不相识者相处时，或者有不相识者表现出对自己感兴趣时，或者有不相识者要求自己做自我介绍时；

（2）在公共聚会上，与身边的陌生人组成交际圈时，或者打算介入陌生人组成的交际圈时；

（3）有求于人，而对方对自己不甚了解或一无所知时；

（4）前往陌生人单位，进行工作联系时；

（5）拜访熟人遇到不相识者挡驾，或者对方不在，而需要请不相识者代为转告时；

（6）初次通过大众传媒向社会公众进行自我推荐、自我宣传时；

（7）在出差、旅行途中，与他人临时接触时。

2. 自我介绍的内容

内容简短而完整，说出单位、职务、姓名，给对方一个自我介绍的机会。

示例：您好！我是×××汽车销售店的销售顾问，我叫陈××。

请问，我应该怎样称呼您呢？

3. 自我介绍时的仪态

自我介绍时，可将右手放在自己左胸上，不要用手指指着自己说话。如方便，可握住对方的手做介绍；有名片的，可在说出姓名后递上名片。

4. 自我介绍时的表情

自我介绍时表情要坦然、亲切、大方，面带微笑，眼睛看着对方或大家，不可不知所措或者随随便便、满不在乎。

总之，自我介绍要做到自然大方，表现出自信友好和善解人意，不要慌慌张张、毛手毛脚；注意时间，要抓住时机，不要打断别人的谈话而介绍自己，应在对方有空闲，而且情绪较好，又有兴趣时，这样就不会打扰对方；态度诚恳，一定要自然、友善、亲切，应落落大方，彬彬有礼，既不能唯唯诺诺，又不能虚张声势；实事求是，不可自吹自擂，夸大其词。

（二）介绍他人

介绍他人，是作为第三方为彼此不相识的双方引见、介绍的一种介绍方式。介绍他人通常是双向的，即将被介绍者双方各自均做一番介绍。

1. 介绍他人的时机

（1）陪同上司、长者、来宾时，遇见了不相识者，而对方又跟自己打招呼时；

（2）本人的接待对象遇见不相识的人士，而对方又跟自己打招呼时；

（3）在办公室或其他社交场合，接待彼此不相识的客人或来访者时；

（4）与家人、亲朋外出，路遇家人、亲朋不相识的客人或来访者时；

（5）打算推荐某人加入某一方面的交际圈时；

（6）受到为他人做介绍的邀请时。

2. 介绍他人的顺序

在介绍他人时要掌握优先权的原则，即"尊者居后"。把身份、地位较低的一方介绍给身份、地位较为尊贵的一方，以表示对尊者的敬意。

（1）介绍陌生男女相识，通常情况下，先把男士介绍给女士认识。如果男士的年纪比女士大很多时,则应将女士介绍给男士长者,以表示对长者的尊重。

(2)先把晚辈介绍给长辈,后把长辈介绍给晚辈。

(3)通常在来宾众多的场合中,尤其是主人未必与客人相识的情况下,把客人介绍给主人。

(4)当新加入一个团体的个人初次与该团体的其他成员见面时,把个人介绍给团体。

3. 介绍他人时的要点

(1)做介绍时,介绍者应起立,行至被介绍者之间。在介绍一方时,应微笑着用自己的视线把另一方的注意力引导过来。手的正确姿态应是手指并拢,掌心向上,胳膊略向外伸,指向被介绍者,但绝对不要用手指对被介绍者指指点点。

(2)陈述的时间宜短不宜长,内容宜简不宜繁。通常的做法是连姓带名加上尊称、敬语。较为正式的话,可以说:"尊敬的吴某某先生,请允许我把王某某介绍给您。"比较随便的一些话,可以略去敬语与被介绍人的名字,如:"吴小姐,让我来给你介绍一下,这位是王先生。"

4. 介绍他人时的注意事项

(1)介绍者为被介绍者介绍之前,一定要征求一下被介绍双方的意见,切勿上去开口即讲,让被介绍者感到措手不及。

(2)如果需要把一个人介绍给其他众多的在场者时,最好能够按照一定的次序,如采取自左至右或自右至左等方式依次进行。

(3)态度要热情友好、认认真真,不要给人以敷衍了事或油腔滑调的感觉。

(4)作为被介绍者,应该表现出结识对方的热情。被介绍时,应该面向对方并注视对方,不要东张西望,心不在焉,或是羞怯得不敢抬头。

(5)介绍完毕,被介绍的双方应该相互以礼貌语言向对方问候或微笑点头致意,可以说"很高兴认识你"等。这种客套话是需要的,但不要太过分,像"不胜荣幸""幸甚幸甚"等就过于单调和做作了。

(三)接受介绍

在社交场合中,不论以介绍者还是以被介绍者的身份出现,其言谈举止都暴露在众人的注意力之下,因此,作为汽车销售人员应该注意以下的态度和行为:

1. 起立

在介绍时或接受介绍时,无论男士还是女士同样都要起立,尤其是介绍长辈之时,不起立表示你的身份比对方高。但在宴会、会谈的进行中可不必起立,被介绍者只要面带微笑并欠身致意即可。

2. 握手

握手是大多数国家的人们相互见面和离别时的礼节。在交际场合中,握手是司空见惯的事情。一般在相互介绍和会面时握手,遇见朋友先打招呼,然后相互握手,寒暄致意。

3. 特别提示

(1)在握手时不要戴着手套或墨镜;

（2）手要洁净、干燥和温暖；
（3）掌心应向左，不应向下；
（4）不用左手握手；
（5）一般应控制在3秒以内。

四、交换名片礼仪

（一）名片的放置位置

名片可以放在衬衣的左侧口袋或西装的内侧口袋，也可以放在随行包的外侧，但是不要让口袋因为放置名片而鼓起来。不要将名片放在裤子口袋或西裤的后口袋中。

（二）交换名片的顺序

（1）地位低的人先向地位高的人递名片；
（2）男士先向女士递名片；
（3）当面对许多人时，应先将名片递给职务较高或年龄较大者，如分不清职务高低或年龄大小时，则可先和自己对面左侧的人交换名片。

（三）交换名片的方法

1. 递名片的方法

递名片讲究"奉"，即奉送之意，表现谦恭、恭敬，应面带微笑，注视对方。下面介绍3种递名片方法：

（1）手指并拢，将名片放在手掌上，用大拇指夹住名片的左端，恭敬地送到客户胸前，名片的名字对着客户，使客户接到名片时就可以正读，不必翻转过来；

（2）食指弯曲与大拇指夹住名片递上，同样名字对着客户；

（3）双手食指和大拇指分别夹住名片左右两端奉上，见图1-10。

图1-10 递名片的方法

2. 递名片的注意事项

（1）不可递出污旧或皱折的名片；
（2）上司在时不要先递名片，要等上司递上名片后才能递自己名片；
（3）外出拜访时，经上司介绍后，再递出名片；
（4）起身站立走上前，双手递出名片，正面朝对方；
（5）向外宾递出名片印有英文的一面，面带微笑并说"多多关照""常联系"。

3. 接名片的方法

接名片讲究"恭"，即恭恭敬敬。汽车销售人员在工作中常常要接名片，其方式是否恰当，将会影响你给客户的第一印象。

（1）空手的时候必须以双手接过。试想如果别人以此种方式接过你的名片，你一定会高兴

（2）接过后要马上过目。接过后要马上过目，不可随便瞟一眼或有怠慢的表示。初次见面，一次同时接过几张名片，要记住哪张名片是哪位男士或女士的。

（3）接过名片后应把对方名片放入自己的名片夹中。

4. 接名片的注意事项

（1）不要无意识地玩弄对方的名片；

（2）不要把对方名片放入裤子口袋里；

（3）不要当场在对方名片上写备忘事情；

（4）在一般情况下，不要伸手向别人讨名片，必须讨名片时应以请求的口气，如："您方便的话，请给我一张名片，以便日后联系。"

（四）名片使用的注意事项

（1）养成一个基本的习惯：会客前检查和确认名片夹内是否有足够的名片；

（2）无论参加私人或商业餐宴，名片皆不可在用餐时发送，因为此时只宜从事社交而非商业性的活动；

（3）与其发送一张破损或脏污的名片，不如不送；

（4）应将名片收好，整齐地放在名片夹、盒或口袋中，以免名片毁损；

（5）破旧名片应尽早丢弃。

五、语言礼仪

语言不是一门科学，而是一门艺术，一门古老的艺术，正是语言的礼仪使语言成为一门艺术。"酒逢知己千杯少，话不投机半句多"，语言的优劣直接决定了语言的效果。汽车销售人员注意语言礼仪可以提高与客户沟通的效果，促成交易。汽车销售人员应该在欢迎客户时、送别客户等工作场景用好语言这门艺术，具体用语见表1-4。

表1-4 汽车销售人员礼貌用语

工作情境	礼貌用语
问候用语	标准式问候用语的常规做法：在问好之前，加上适当的人称代词，或者其他尊称。例如"你好！""您好！""大家好！"等。
欢迎用语	最常用的欢迎用语有"欢迎！""欢迎光临！""欢迎您的到来！""见到您很高兴！""恭候您的光临！"等，往往离不开"欢迎"一词。但在客户再次到来时，可在欢迎用语之前加上对方的尊称，如"先生，真高兴再次见到您！""欢迎您再次光临！"等，以表明自己尊重对方，使对方产生被重视之感。
送别用语	最为常用的送别用语，主要有"再见""慢走""走好""欢迎再来""一路平安"等，需要注意的是，送别乘飞机的客人忌讳说"一路顺风"。
请托用语	请托用语通常指的是在请求他人帮忙或者托付他人代劳时，照例应当使用的专项用语。在工作岗位上，任何汽车销售人员都免不了可能会有求于人，在向客户提出某项具体要求或请求时，都要加上一个"请"字。

续表

工作情境	礼貌用语
致谢用语	致谢用语一般为"谢谢""感谢您的帮助"等。致谢的几种情况：一是获得他人帮助时；二是得到他人支持时；三是赢得他人理解时；四是感到他人善意时；五是婉言谢绝他人时；六是受到他人赞美时。
应答用语	常用的应答用语主要有"是的""好""很高兴能为您服务""好的，我明白您的意思""我会尽量按照您的要求去做"等。重要的是，一般不允许对客户说一个"不"字，更不允许对其置之不理。
推托用语	拒绝别人也是一门艺术。在工作中有时也需要拒绝客户，此时必须语言得体，态度友好，不能直言"不知道""做不到""不归我管""问别人去"等。
道歉用语	常用的道歉用语主要有"抱歉""对不起""请原谅"等。

作为一名汽车销售人员，一定要从多方面、多角度来塑造自己的职业形象。

每日一练

模拟汽车销售人员的标准站姿。

客户接待礼仪知识拓展

1. http://v.ku6.com/show/7ny0hZDglpZqiZy6UJuKFg...html.
2. http://v.ku6.com/show/pue5TtyhwimeCMMA37KhsQ...html？from=my.
3. http://video.baomihua.com/15894007/19101774.

任务 2
客户开发

任务导引

客户开发工作是汽车销售工作的第一步,通常来讲是汽车销售人员通过市场扫街调查初步了解市场和客户情况,对有实力和有意向的客户重点沟通,最终完成目标区域的客户开发过程。汽车销售人员一定要时刻铭记客户开发是销售工作中永恒的主题,采用一切客户愿意和方便接受的方法开发客户,将开发新客户作为自己销售工作中一项重要日常工作,开拓自己的客户源。有效地开发潜在客户可以引导更多的客户来到展厅,进而创造更多的销售机会。本任务由寻找客户、客户筛选、接近客户和客户跟进四个子任务组成。

任务目标

知识目标	能力目标	素质目标
1. 掌握潜在客户开发的方法; 2. 掌握潜在客户开发的途径; 3. 掌握潜在客户跟进的各种方式	1. 能正确判定潜在顾客; 2. 能选择最优的途径开发潜在顾客; 3. 能进行不同方法的潜在客户跟进	1. 培养学生团队协作能力; 2. 培养学生语言表达能力; 3. 培养学生随机应变能力; 4. 培养学生学习能力

总学时:4学时。

任务2
客户开发

任务 2.1 寻找客户

 任务布置

王艳通过前期的知识积累，已经成功地成为一名汽车销售顾问，开始了汽车销售人员的职业生涯。王艳要想取得销售事业上的成功，其秘诀之一就是善于寻找客户，准确地给客户定位，那么王艳应如何去寻找客户，对客户进行筛选，给客户定位呢？

 知识准备

汽车销售人员在完成展厅销售工作的同时，一定要利用一定的精力和时间完成客户开发工作。客户开发流程见图2–1。

图 2–1 客户开发流程

一、寻找客户的重要性

（一）寻找客户的含义

所谓寻找客户是指汽车销售人员主动找出潜在客户即准客户的过程。

潜在客户是指对汽车销售人员的汽车产品或服务确实存在需求并具有购买能力的个人或组织。而客户是指那些已经购买"你"的产品的个人或组织。有可能成为潜在客户的个人或组织称为"线索"或"引子"。

（二）寻找客户的重要性

1. 寻找客户是维持和提高销售额的需要

对企业来说，市场是由众多的客户所组成的，客户多，对产品的需求量就大。若要维持和提高销售额，使自己的销售业绩不断增长，汽车销售人员必须不断地、更多地发掘新客户。因此，努力寻找客户，使客户数量不断地增加，是汽车销售人员业务量长久不衰的有效保证，也是促进推销产品更新换代、激发市场新需求的长久动力。汽车销售人员必须

理解漏斗原理（见图2-2），从中领会客户开发的重要性。

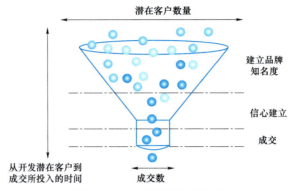

图2-2 客户开发漏斗原理

漏 斗 原 理

1. 加大漏斗尺寸
漏斗的开口越大，创造的销售机会就越多。

2. 更有效地说服不确定意向客户
通过电话找出客户抗拒成交的原因，增强其快速购买的欲望，提早及更频繁地请客户下订单。

3. 寻找更好的意向客户
使用更好的方法寻求能带来更高利润的意向客户。

4. 加快漏斗工作速度
创建更有效率的方式来帮助意向客户通过"漏斗"，通过合理安排销售投入以及避免时间浪费来减短销售周期。

5. 每周补充漏斗
防止销售量下跌，应提早将意向客户补充到"漏斗"中去，并要做到经常补充。以成交率为指南计算需要新增的意向客户数量。如果成交率是1∶5，则每成交1次，必须补充5名新的意向客户；如果一周成交5次，则每周需要增加25名意向客户。

2. 寻找客户是保持应有的客户队伍和销售稳定的重要保证
由于市场竞争，人口流动，新产品的不断出现，企业产品结构的改变，分销方式和方法的变化，大多数企业都不可能保持住所有的老客户，因此，汽车销售人员需要寻找新客户，不断地开拓新客户作为补充。

想一想：寻找客户有哪些重要性？

二、寻找客户的途径和步骤

不同的汽车销售人员获取潜在客户的途径和步骤不同，但是大致是相似的，主要的途径和步骤见图2-3。

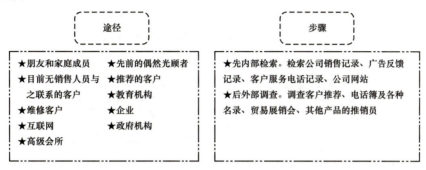

图2-3 获取准客户的主要途径和步骤

1. 朋友和家庭成员

大多数汽车销售人员都是先从朋友和家庭成员开始进行销售的，朋友和家庭成员以及熟人通常是一个很大的潜在客户群体。

2. 目前无销售人员与之联系的客户

这类客户是已从汽车销售企业购买过车辆的客户，但是，先前与其联系的销售人员已经离职或因其他原因离开了汽车销售企业。

3. 维修客户

维修区通常有潜在的客户，千万不可忽视。

4. 互联网

许多潜在客户在光临汽车销售企业前都会先访问互联网，因此，需要确认客户可以联系的汽车销售企业网址或E-mail地址。

5. 高级会所

经常光顾高尔夫俱乐部、健身俱乐部等高级会所的人大都具备购买汽车的能力。

6. 先前的偶然光顾者

查阅汽车销售企业店展厅销售记录，寻找光临展厅但未购买的客户。

7. 推荐的客户

可以从任何其他形式的联系中获得推荐的客户。例如，服务过的感到满意的客户能够推荐很好的潜在客户，所获得的每一位推荐客户都是另一个潜在客户。

8. 教育机构

一起读过大学的同学、家庭成员的同学、孩子同班同学的父母等都是潜在客户。

9. 企业

销售区域内的当地企业是可能有意愿购买汽车的潜在客户。

10. 政府机构

购车进行公务活动的当地政府机构，可能是潜在客户。

想一想：用什么方法能更有效地寻找到客户？

三、寻找客户的方法

汽车销售人员寻找客户的方法很多，在此只是介绍主要几种，具体见图2-4。

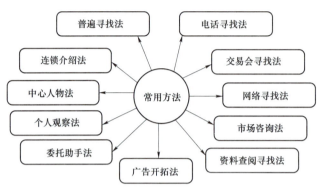

图2-4 寻找客户的方法

（一）普遍寻找法

普遍寻找法也称"地毯"式访问法、贸然访问法、逐户访问法、挨门挨户访问法或走街串巷寻找法，是指汽车销售人员在任务范围内或特定地区、行业内，用上门探访的形式，对预定的可能成为潜在客户的单位、组织、家庭乃至个人无一遗漏地进行寻找并确定潜在客户的方法，也称"扫街"。

该方法遵循的是"平均法则"，即认为在被寻访的所有对象中，必定有汽车销售人员所要的客户，而且分布均匀，其客户的数量与访问的对象的数量成正比。汽车销售人员不可能与他拜访的每一位客户达成交易，他应当努力去拜访更多的客户来提高成交的百分比。如拜访的10人中有1人会成交，那么100次拜访就会产生10笔交易。因此，只要对特定范围内所有对象无一遗漏地寻找查访，认真对待每一个拜访对象，就一定可以找到足够数量的客户。这种方法在当前的汽车销售过程中采用较少。

（二）连锁介绍法

连锁介绍法又称为客户引荐法或无限连锁法，是指汽车销售人员请求现有客户介绍未来可能的潜在客户的方法。

连锁介绍法在西方被称为是最有效的寻找客户的方法之一，被称为黄金客户开发法。之所以如此，主要是因为：

（1）在这个世界上，每个人都有一张关系网，每个企业都有一张联络图。每个人的背后都有潜在客户。

连锁介绍法是吉拉德使用的一个方法,只要任何人介绍客户向他买车,成交后,他会付给每个介绍人25美元。25美元虽不是一笔庞大的金额,但也能够吸引一些人,举手之劳即能赚到25美元。吉拉德的一句名言是:"买过我汽车的客户都会帮我推销。"他的60%的业绩就来自老客户及老客户所推荐的客户。他提出了一个"250定律",就是在每个客户的背后都有"250人",这些人是他们的亲戚、朋友、邻居、同事,如果你得罪了一个人,就等于得罪了250个人;反之,如果你能发挥自己的才能,利用一个客户,就等于得到250个关系,这250个关系中,就可能有要购买你的产品的客户。

(2)每个客户都有自己的信息来源,他可能了解其他客户的需求情况,而这些信息是汽车销售人员较难掌握的。研究表明:日常交往是耐用品消费者信息的主要来源,有50%以上的消费者是通过朋友的推荐而购买产品的,有62%的购买者是通过其他消费者得到新产品的信息的。

(3)连锁介绍法能够增加销售成功的可能性。一般来说,客户对销售人员是存有戒心的,如果是客户所熟悉的人推荐来的,就增加了可信度。客户帮助销售人员找客户,能起到花钱登广告所起不到的作用。研究表明:朋友、专家及其他关系亲密的人向别人推荐产品,影响力高达80%;向有人推荐的客户推销比向没有人推荐的客户推销,成交率要高3~5倍。

(三)中心人物法

中心人物法也叫中心开花法、名人介绍法、中心辐射法,是指汽车销售人员在某一特定销售范围内发展一些有影响力的中心人物,并在这些中心人物的协助下把该范围内的组织或个人变成客户的方法。这是连锁介绍法的特殊形式。

该方法遵循的是"光辉效应法则",即中心人物的购买与消费行为,就可能在他的崇拜者心目中形成示范作用与先导效应,从而引发崇拜者的购买与消费行为。在许多产品的销售领域,影响者或中心人物是客观存在的;特别是对于时尚性产品的销售,只要确定中心人物,使之成为现实的客户,就很有可能引出一批潜在客户。所以,作为汽车销售人员,运用此方法时最重要的工作是寻找"中心人物"。一般来说,中心人物包括在某些行业里具有一定的影响力的声誉良好的权威人士、具有对行业里的技术和市场深刻认识的专业人士、具有行业里的广泛人脉关系的信息灵通人士。

(四)个人观察法

个人观察法也叫现场观察法,是指汽车销售人员依靠个人的知识、经验,通过对周围环境的直接观察和判断寻找客户的方法。个人观察法主要是依靠汽车销售人员个人的职业素质和观察能力,通过察言观色,运用逻辑判断和推理来确定潜在客户。这是一种古老且基本的方法。

对汽车销售人员来说，个人观察法是寻找客户的一种简便、易行、可靠的方法，但是必须细心观察。汽车销售人员在许多情况下都要使用个人观察方法，因此不管是在何处与何人交谈，都要随时保持警觉，留意搜集潜在客户的线索。

有一位汽车销售人员很善于察言观色。有一次，他与朋友一起在某餐馆进午餐，旁边有一对夫妇正在讨论买什么车。这位汽车销售人员主动和这对夫妇攀谈起来，为他们介绍所看的车型的优缺点，并说明自己是某汽车销售店的销售顾问，邀请他们到自己的销售店看车。后来这对夫妇真的买了他所推荐的车型。

（五）委托助手法

委托助手法也称"猎犬法"，就是汽车销售人员雇用他人寻找客户的一种方法。在西方国家，这种方法运用十分普遍。一些汽车销售人员常雇用有关人士来寻找客户，自己则集中精力从事具体的推销访问工作。这些受雇人员一旦发现客户，便立即通知汽车销售人员，安排推销访问。这些接受雇用的人员被称为推销助手。

委托助手法依据经济学的最小、最大化原则与市场相关性原理。因为委托一些有关行业与外单位的人充当助手，在特定的销售地区与行业内寻找客户及收集情况，传递信息，然后由汽车销售人员去接见与洽谈，这样花费的费用与时间肯定比汽车销售人员亲自外出收集情况更合算些，所以越是高级的汽车销售人员就越应该委托助手寻找客户，自己只是接近那些影响大的关键客户，这样可以获得最大的经济效益。此外，行业间与企业间都存在着关联性，某一行业或企业生产经营情况的变化，首先会引起与其关系最密切的行业或企业的注意，所以适当地委托推销助手来发掘新客户，拓展市场，是一个行之有效的方法。

西方国家的汽车推销员，往往雇请汽车修理站的工作人员当"猎犬"，一旦发现有哪位修车的车主打算弃旧换新时，就立即介绍给汽车推销员。他们掌握的情报稳、准、快，又以最了解汽车性能特点的内行身份进行介绍，容易取得潜在客户的信任，效果一般都比较好。

（六）广告开拓法

广告开拓法又称广告拉引法或广告吸引法，是指汽车销售人员利用各种广告媒介寻找客户的方法。这种方法依据的是广告学的原理，即利用广告的宣传攻势，把有关汽车产品的信息传递给广大的消费者，刺激或诱导消费者的购买动机和行为，然后汽车销售人员再向被广告宣传所吸引的消费者进行一系列的销售活动。根据传播方式不同，广告可分为开放式广告和封闭式广告两类。开放式广告又称为被动式广告,如电视广告、电台广告、报纸杂志广告、招贴广告、路牌广告等,当潜在客户接触或注意其传播媒体时,它能被看见或听到。封闭广告又称为主动式广告,它的传播直接传至特定的目标对象,与开放式广告相比,具有一定的主动性,如邮寄广告、电话广告等。一般来说,对于使用面广泛的产品,如生活消费品等,适宜运用开放式广告寻找潜在客户,而对于使用面窄的产品和潜在客户范围比较小的情况,则适宜采用封闭式广告来寻找潜在客户。

(七)资料查阅寻找法

资料查阅寻找法又称文案调查法,是指汽车销售人员通过收集、整理、查阅各种现有文献资料来寻找客户的方法。这种方法是利用他人所提供的资料或机构内已经存在的可以为其提供线索的一些资料,汽车销售人员较快地了解到大致的市场容量及客户的分布等情况,然后通过电话拜访、信函拜访等方式进行探查,对有机会发展业务关系的客户开展进一步的调研,将调研资料整理成潜在客户资料卡,就形成了一个庞大的客户资源库。

汽车销售人员经常利用的资料有:① 统计资料,如国家相关部门的统计调查报告、统计年鉴、行业在报纸或期刊等上面刊登的统计调查资料、行业团体公布的调查统计资料等;② 名录类资料,如客户名录(现有客户、旧客户、失去的客户)、工商企业目录和产品目录、同学名录、会员名录、协会名录、职员名录、名人录、电话黄页、公司年鉴、企业年鉴等;③ 大众媒体类资料,如电视、广播、报纸、杂志等大众媒体;④ 其他资料,如客户发布的消息、产品介绍、企业内刊等。

(八)市场咨询法

市场咨询法,是指汽车销售人员利用社会上各种专门的行业组织、市场信息咨询服务等部门所提供的信息来寻找客户的办法。一些组织,特别是行业组织、技术服务组织、咨询单位等,他们手中往往集中了大量的客户资料和资源以及相关行业和市场信息,通过咨询的方式寻找客户是一个行之有效的方法。

汽车销售人员可以从以下部门获得市场信息:

(1)专业信息咨询公司。如专业的汽车市场调查咨询公司可以提供有关汽车行业(产业)研究、汽车产品市场调查、竞争研究、渠道研究、新产品测试研究、消费行为与态度研究、消费者调查、品牌测试研究、广告测试研究、市场活动效果评测等相关数据和信息,这为汽车销售人员节约大量收集资料的时间。

(2)市场监督管理部门。该部门涉及面十分广阔,包括工业、商业、交通运输等各个行业,是一个理想的市场咨询单位。

(3)各级统计和信息部门。这些部门提供的信息准确、可靠。

(4)其他相关部门。如银行、税务、物价、公安、大专院校、科研单位等。

(5)当地行业协会。虽然行业协会只是一种民间组织,但恐怕没有人能比行业协会更了解行业内的情况了。如果你的潜在客户恰好是某协会的成员,能得到协会的帮助是你直接接触到潜在客户的有效方法。

(九)网络寻找法

网络寻找法,是指汽车销售人员运用各种现代信息技术与互联网平台来寻找客户的方法。它是信息时代一种非常重要的寻找客户的方法。近些年来,随着互联网技术的不断发展与完善,各种形式的电子商务和网络推销也开始盛行起来,市场交易双方都在利用互联网寻找客户。互联网的普及使得在网上寻找客户变得十分方便,汽车销售人员借助互联网的强大搜索引擎,如 Google、Baidu、Yahoo、Sohu 等,可以搜寻到大量的客户。对于新入职的汽车销售人员来说,网上寻找客户是最好的选择。

通过网络汽车销售人员可以获得以下信息:

(1)客户的基本联系方式。不过你往往不知道那个部门的负责人,这需要电话销售配合。

(2)客户公司的介绍。可以了解公司目前的规模和实力。

(3)客户公司的产品。可以了解产品的技术参数、应用的技术等。

(4)企业名录。一些行业的专业网站会提供该行业的企业名录,一般会将企业按照区域进行划分,也会提供一些比较详细的信息,例如慧聪国际、阿里巴巴这些网站往往会由于进行行业的分析研究而提供比较多的信息。

(十)交易会寻找法

交易会寻找法,是指汽车销售人员利用汽车交易会寻找客户的方法。充分利用汽车交易会寻找客户、与客户联络感情、沟通了解,是一种很好的获得客户的方法。参加汽车交易会往往会让汽车销售人员在短时间内接触到大量的潜在客户,而且可以获得相关的关键信息,对于有意向的客户也可以作重点说明,约好拜访时间。

案　例

汽车销售人员小王总是去参加一些汽车配件和汽车用品展销会,在这些展销会上他认识了一些人,其中不乏一些很有价值的潜在客户。经常去参观某汽车相关的行业展览会,掌握很多行业信息,这对以后向客户推销自己的汽车是非常有利的,有利于销售业绩的提升。

汽车销售人员应该在每年的年末将未来一年相关行业的展览会进行罗列,通过互联网、展览公司的朋友都可以做到这些,然后贴在工作间的醒目处并在日程表上进行标注,届时提醒自己要抽时间去参观一下。

(十一)电话寻找法

电话寻找法,是指汽车销售人员在掌握了客户的名称和电话号码后,用打电话的方式与客户联系而寻找客户的方法。电话最能突破时间与空间的限制,是最经济、有效率的接触客户的工具,如果找出时间每天至少打五个电话给新客户,那么一年下来能增加 1 500 个与潜在客户接触的机会。

想一想：上述列举了 11 种寻找客户方法，你认为哪种方法常用？说明理由。

每日一练

学习者把自己寻找客户的过程记录下来。

客户开发知识拓展

1. http://v.ku6.com/show/6VmqiPkI2r3QVwQL.html.
2. http://video.baomihua.com/10354084/1918359.

任务 2.2　客户筛选

　任务布置

汽车销售顾问王艳通过前期努力,已经寻找到了大量的客户,也收集到了大量的客户信息,那么王艳如何对海量的信息进行加工分析,完成客户筛选,从而发现精准、有价值的潜在客户呢?

　知识准备

销售就是筛选客户的过程,如果汽车销售人员不懂得筛选客户,那么结果是不单单浪费了大量时间,同时成交率还会特别低。

潜在客户与企业存在着销售合作机会,经过企业及销售人员的努力,可以把潜在客户转变为现实客户。

一、潜在客户的分类

汽车销售企业大致可以把潜在客户分为四种类型,见表 2-1。

表 2-1　潜在客户类型

客户类型	具体特征
潜在客户	尚未接触,也尚未购车的客户
有望客户	已经接触,但尚未购车的客户
战败客户	已经接触,但购买其他品牌汽车的客户
基盘客户	已经接触,且已经购车的客户

想一想:可以把潜在客户分为哪几种类型?

二、判定潜在客户

在汽车销售人员收集的潜在客户名单中,有相当一部分不是真正的潜在客户。要想提高推销效率,就必须练就能准确判定潜在客户的本领,以免浪费大量的时间、精力和财力。

在实际工作中，判定准客户的方法主要是 MAN 法则。

M：Money，代表"金钱"。所选择的客户必须有一定的购买力。

A：Authority，代表"决策权"。该客户对购买行为有决定、建议或反对的权力。

N：Need，代表"需求"。该客户有这方面（产品或服务）的需求。

（一）购买力审查

购买力审查即客户支付能力审查，是指汽车销售人员通过对市场调查的有关资料的分析，确定潜在客户是否具备购买推销产品的经济能力，实质就是指客户具有的现实购买能力。

在我国汽车销售人员可以通过许多合法途径了解客户的资信状况：① 从主管部门与司法部门了解；② 从推销对象的内部了解；③ 从间接资料了解；④ 销售人员自己观察判断。

（二）购买决策权审查

1. 家庭或个人的决策权审查

家庭购买决策类型有妻子做主型、丈夫做主型、共同协商决定型和各自做主型四大类，对于家庭或个人的决策权审查可以从以下几个方面考虑。

（1）家庭生命周期。处在不同阶段的家庭，其购买决策者是不同的。

（2）家庭收入水平。家庭收入的多少决定其购买水平的高低。其中，收入中可任意支配的部分是影响家庭需求量最活跃的经济因素，也是影响高档耐用消费品、旅游等商品销售的主要因素。家庭收入越高，其中对家庭收入做出较大贡献的一方，往往拥有对购买大宗商品的决策权。

（3）家庭的开放程度。例如，比较开放的家庭一般采取协商决策的方式，往往以掌握信息最多的人的意志为转移。

（4）家庭稳定性。稳定的家庭中，夫妻俩的气质类型多为相反的人，比较外向的一方或比较有控制欲的一方往往处于主动地位，因而，在购买决策中起决定作用。

（5）家庭的心理重心倾向性。例如，典型的小家庭是一对夫妇一个孩子，小孩成为家庭的重心，对家庭的购买决策有较大影响。

（6）商品类型。例如，大件商品以丈夫做主较多，日用小商品的购买主要由妻子做主。

除此之外还有很多因素决定家庭购买决策类型，如文化水平、居住地、信仰、价值观念、性格等。

2. 组织类客户决策权审查

在组织类客户中，决定成交的往往不是一个人，而是一个决策层。在这个决策层中，每个人所起的作用是不同的，汽车销售人员应该明确客户所有制性质、决策运行机制、决策程序、规章制度、企业自主经营的权限等，还要审查具体人物在购买决策中的地位和角色、权限、声望、威信、人际关系及个人特点等，从而判断购买决策中的关键角色，以增强推销的针对性和成功率。审查的方法主要有以下几种：

（1）按照购买行为类型进行审查。客户属于全新的购买类型，购买的决策过程最复杂，应该进行规范而详细的客户资格审查工作；客户属于重复购买类型，一般有具体的办事人员按照常规管理进行购买决策，只需进行人事变化审查，即对购买通知人、购买品种、数量、付款方式等方面进行审查即可；部分重新购买类型，一般需要由企业相应的职能部门负责人进行决策，汽车销售人员需对新加入的购买者进行审查。

（2）对不同性质的企业决策者的审查。不同性质的企业，购买的决策类型差别较大，客户资格审查应该具体问题具体分析。比如，股份制企业，重大购买决策一般要由 CEO 决策；属于战略性的重大购买决策，由董事会进行决策。私营企业、独资企业则完全由董事长及其委托人进行决策。国有企业，有的属于集体领导、厂长负责制，在重大购买决策上需要集体讨论决定，有时还需要报上级主管部门批准。

（3）对不同购买程序阶段决策人的审查。各企业尤其是各种采购中心，都制定了详细的采购批准程序与制度。汽车销售人员应了解企业的购买程序，并按程序进行审查，从而确认有购买决策权的具体人。企业、组织与团体购买者的购买程序一般包括发现需求阶段、核对需求阶段、说明需求阶段、批准需求阶段、购买行为决策阶段、执行购买阶段等。在企业的购买决策程序中，不同部门、不同的人，在购买过程的不同阶段中，可能分别拥有不同的决策权力。汽车销售人员应具体了解客户的规章制度与办事程序，确认在客户购买行为决策的各个阶段中拥有各种权力资格的决策人。

（4）对各个阶段中的各种购买角色资格的审查。在上述客户购买阶段和购买决策程序中，共有七种角色介入其中，即发现需求的购买行为倡议人、影响人、决策人、执行人、使用人、批准人和把门人，其中"把门人"是指有权阻止汽车销售人员与主要决策者接触、有权对汽车销售人员递交的各种信息资料进行处理的机关与人物，如秘书、办公室主任、助理等。汽车销售人员必须对这些人做好资格审查工作，以便在开始推销时，有针对性地对上述七种人开展推销活动。

（三）购买需求审查

购买需求审查，是指汽车销售人员通过有关资料的分析，对潜在客户是否存在对推销产品的真实需求做出审查与评估，从而确定具体推销对象的过程。审查的内容有：① 对现实需求和潜在需求的审查；② 审查需求特点和预测购买数量；③ 特定需求审查。

想一想：对客户进行分类以后，销售人员怎样才能进一步判定哪些客户是潜在客户？

每日一练

选择身边的人，对其进行潜在客户判定。

客户筛选知识拓展

1. http://wenku.baidu.com/view/78566b22af45b307e8719744.html.
2. http://www.doc88.com/p-6052922055556.html.

任务 2.3　接近客户

　任务布置

王艳通过筛选客户,确定了自己要主攻的潜在客户张先生。张先生为一名私营企业老板,经过调查,王艳了解到张先生所经营的企业打算购买三辆小轿车,于是王艳打算接近客户,主动约见张先生。那么王艳应如何约见客户张先生呢?

　知识准备

一、约见客户

约见是指汽车销售人员与客户协商确定约见对象、约见事由、约见时间和约见地点的过程。

(一)约见客户的意义

1. 约见有助于接近客户

在许多情况下,接近客户并不是一件困难的事情。但是,由于社会上对销售人员的一些偏见,有的客户不欢迎销售人员来访,不希望外人干扰自己的日常工作,这也是一种自我保护的意识,对于主动上门的销售人员总是存有一定的戒心。所以,若事先约定客户,获得当面推销的机会,本身就是成功推销的开始,既可节省时间和精力,也可避免或少吃"闭门羹"。不打搅客户的正常工作,是推销的基本礼仪。从实际推销工作的要求来看,事先约见客户,求得客户的惠允,既表示尊重客户,又可以赢得客户的信任和支持。若客户借口推托或婉言拒见,销售人员则应说明情况,取得客户的合作,争取推销的机会,也可约定改日再见。若客户答应在百忙之中挤出时间会见销售人员,这既可以节省销售人员的时间,又使客户本人免受销售人员突然来访的干扰,良好的心境有利于双方的合作,造成融洽的推销气氛。实质上,约见是销售人员推销自己、推销产品、推销观念、推销购买建议的开始。客户接受约见,意味着客户已初步接受了销售人员的推销。

2. 约见有助于开展推销面谈

通过事先约见,求得客户的同意,可以使销售人员初步赢得客户的信任和支持,可以使销售人员对客户有一个感性认识。通过事先约见,可以使客户就约会的时间和地点做出适当的安排，对销售人员的推销建议亦会有自己的考虑，为进一步的推销面谈铺平道路，也便于双方都做好充分的准备工作。约见的时候，销售人员要在约定的时间准时到达约会地点，给人留下守时守信的良好印象。经过约见，销售人员可以扼要说明访问意图，使客户事先了解洽谈内容，做出必要的安排。事先约见客户，让客户做好充分的思想准备和物质准备，既可以真正帮助客户解决问题，又可以使客户感到销售人员的确是在为自己服务。事先约见客户，让客户积极参与推销谈判，可以形成双向沟通，有助于宾主双方的相互了解，增强说服力，提高潜在客户对购买决策的认可程度。

3. 约见有助于提高推销效率

对于汽车销售人员来说，时间是极为宝贵的。通过约见，制定一个节奏合理的推销日程表，可增加推销工作的计划性。如果无事先约见，原定的访问计划就是一张废纸，既浪费了宝贵时间，又可能错过推销机会。

（二）约见客户的内容

1. 确定约见对象

进行约见，首先要明确具体的约见对象。约见对象指的是对购买行为具有决策权或对购买活动具有重大影响的人。一般来说，销售人员在开始约见之前就已经选定了约见对象。对于企业而言，董事长、经理、厂长等是企业或有关组织的决策者，他们拥有很大的权力，是销售人员首选的约见对象，销售人员若能成功地约见这些决策者，将为以后的推销活动铺平道路。但在实际推销工作中，销售人员往往发现自己无法直接约见这些大人物，而需要先和他们的下属或接待人员接触。

2. 确定约见事由

约见作为推销接近的前期准备工作，它的内容取决于接近和面谈的需要。作为接近客户的一种有效方式，约见本身又是推销拜访的准备阶段，其主要内容取决于拜访活动的客观要求。在推销中，既不能以同一种方式拜访所有的客户，也不能用同一种方式约见所有的客户。销售人员与潜在客户之间的关系不同，约见事由则有所不同。此外，约见事由还取决于接近客户的准备情况。销售人员应该根据每一次约见活动的特点来确定具体的约见事由，要充分考虑有关客户的各方面情况，而不能由销售人员随心所欲地确定，它具有一定的规律。

3. 确定约见时间

要想推销成功就要在一个合适的时间向合适的人推销合适的产品。

（1）尽量为客户着想，最好由客户来确定时间。

（2）应根据客户的特点确定见面时间，注意客户的生活作息时间与上下班规律，避免在客户最繁忙的时间内约见客户。

（3）应根据推销产品或服务的特点确定约见与洽谈的时间，以能展示产品或服务优势的时间为最好。

（4）应根据不同的约见事由选择日期与时间。

（5）约定的时间应考虑交通、地点、路线、天气、安全等因素。

（6）应讲究信用，守时。

（7）合理利用约见时间，提高约见效率。如在时间安排上，在同一区域内的客户安排在同一天约见，并合理利用约见间隙做与推销有关的工作。

 趣味知识

- ◆ 会　计　师：最忙是月头和月尾，这时不宜接触或打电话。
- ◆ 医　　　生：最忙是上午，下雨天比较空闲。
- ◆ 销售人员：最闲的日子是热天、雨天或冷天，或者上午9点前下午4点后。
- ◆ 行政人员：每天上午10点半～下午3点最忙，不宜打电话。
- ◆ 股票经纪人：最忙是开市的时间，不宜打电话。
- ◆ 银行人员：上午10点前、下午4点后最忙，不宜打电话。
- ◆ 公　务　员：最适合打电话的时间是上班时间，但不要在午饭前后和下班前。
- ◆ 教　　　师：最好是放学的时候打电话。
- ◆ 家庭主妇：最好是上午10点～11点打电话。
- ◆ 忙碌的高层人士：最好是8点前打电话联络，即秘书上班之前。成功人士多数是提早上班，晚上下班也比较晚。

4. 确定约见地点

确定约见地点的时候一定要注意一些事项，不要给客户带来太多的不便。

（1）应照顾客户的要求；

（2）最经常使用也是最主要的约见地点是办公室；

（3）客户的住居地也是销售人员选择约见地点之一；

（4）可以选择一些公共场所。

（三）约见客户的方法

汽车销售人员要达到约见客户的目的，不仅要考虑约见的对象、时间和地点，还必须认真地研究约见客户的方式与技巧。在汽车销售活动中常见的约见客户的方式主要有以下几种：

1. 电话约见法

电话约见法是现代推销活动中最常用的方法，它的好处在于迅速、方便、经济、快捷，使客户免受突然来访的干扰，也使销售人员免受奔波之苦，可节省大量时间及不必要的差旅费用。获得电话约见，成功的关键是销售人员必须懂得打电话的技巧，让对方认为确实有必要会见你。由于客户与销售人员缺乏相互了解，电话约见也最容易引起客户的猜忌、怀疑，所以销售人员必须熟悉电话约见的原则，掌握电话约见的正确方法。打电话时，销售人员应事先设计好开场白，在语言的组织和运用中，要注意技巧。

案 例

下面举出的两种有关约定时间的问话，由于表达方式和用语的差异，其效果反应完全不同。

问话一："王先生，我现在可以来看您吗？"

问话二："王先生，我是下星期三下午4点去拜访您呢？还是下星期四上午9点去呢？"

十分明显，问话一的约见使销售人员完全处于被动的地位，易遭客户的推辞。问话二则相反，销售人员对于会面时间已主动排定，客户对销售人员提出的"选择题"若是一时反应不过来，便只好随销售人员的意志，做"二选其一"的抉择，而没法推托了。

还需要注意的是：电话推销应避开电话高峰和对方忙碌的时间，一般上午10时以后和下午较为合适。在大家共用一个办公室或共用一部电话时，应取得大家的相互配合，保持必要的安静。

2. 信函约见法

信函约见法是指销售人员通过信函或电子邮件来约见客户。信函约见是比电话约见更为有效的方法。随着时代的进步出现了许多新的传播媒介，但多数人认为信函比电话更显得尊重他人一些。常见的约见客户的信函方式主要有个人信件、单位公函、会议通知、请帖、便条、电子邮件等。另外，使用信函约见还可将广告、商品目录、广告小册子等一起寄上，以增加对客户的关心。

一般而言，约见信的写作和设计原则是简洁扼要、重点突出、内容准确，语气应中肯、可信，文笔流畅。约见信的主要目的在于引起客户的注意和兴趣，必要时可以在信函里留下一些悬念，让客户去体会言外之意，但不可故弄玄虚，以免弄巧成拙、贻误大事。

3. 当面约见法

这是销售人员对客户进行当面联系拜访的方法。这种约见极为常见，是一种较为理想的约见方法。销售人员通过这一约见方法不仅对客户有所了解，而且便于双向沟通，缩短彼此的距离，易达成有关约见的时间、地点等事宜。

当面约见法具有5大优点：① 有利于发展双方关系，加深双方感情；② 有助于销售人员进一步做好约见准备；③ 一般比较可靠，有时约见事由比较复杂，非当面说不清楚；④ 可以防止走漏风声，切实保守商业机密；⑤ 是一种简便易行的约见方法。

当然，当面约见法也有一定的局限性：① 有一定的地理局限性；② 效率不高，即使销售人员完全可以及时当面约见每一位客户，作为一种古老的方式，也是低效率的做法；③ 虽然简便易行，面释疑点，有时却容易引起误会；④ 一旦被客户拒绝，就使销售人员当面难堪，造成被动不利的局面，反而不利于下一次的接近和拜访；⑤ 对于某些无法拜访或接近的客户来说，当面约见法无用武之地。

4. 委托约见法

委托约见法是指销售人员委托第三者约见客户的方法，也称托约。所委托的第三者，可以是销售人员的同学、老师、同事、亲戚、朋友、上司、同行、秘书、邻居等，也可以是各种中介机构。委托约见可以借助第三者与约见对象的特殊关系，克服约见对象对陌生销售人员的戒备心理，取得约见对象的信任与合作，有利于进一步的推销接近与洽谈。但是，委托约见也有一定的限制：① 销售人员不可能拥有众多的亲朋、熟人；② 委托的第三者未必与约见对象有交情；③ 要搭人情，而且环节较多，如果所托之人与自己的关系或与约见对象的关系较一般，将导致约见对象对约见的重视程度不够，因此，运用此方法特别要注意真正了解委托的第三者与约见对象的关系。

5. 广告约见法

广告约见法是指销售人员利用各种广告媒体约见客户的方法。常见的广告媒体有广播、电视、报纸、杂志、邮件、路牌等。利用广告进行约见可以把约见的目的、对象、事由、要求、时间、地点等准确地告诉广告受众。在约见对象不具体、不明确或者约见对象太多的情况下，采用这一方式来广泛地约见客户比较有效；也可在约见对象十分明确的情况下，进行集体约见。广告约见有约见对象多、覆盖面大、节省推销时间、提高约见效率等优点，但也有针对性较差、费用较高却未必能引起约见对象的注意等不足。

二、接近客户

（一）接近客户的原则

1. 销售人员必须以不同的方式接近不同的客户群体

实践证明，成功的推销在很大程度上取决于销售人员的推销风格与客户的购买风格是否一致。客户是千差万别的，销售人员应学会适应客户。在实际接近时，销售人员可以用"角色扮演法"，即根据不同的客户来改变自己的语言风格、服装仪表、情绪和心理状态等。

2. 销售人员必须做好各种心理准备

因为拒绝是与推销相伴的，在接近阶段可能会遇到各种困难，所以销售人员要充分理解客户，坦然面对困难，善于调整自己，尽力发挥自己的能力和水平。

3. 销售人员必须减轻客户的压力

多年的推销实践表明，当销售人员接近客户时，客户一般会产生购买压力，具体表现为：① 冷漠或拒绝；② 故意岔开话题，有意或无意地干扰和破坏推销洽谈。

（二）接近客户的方法

1. 问题接近法

这个方法主要是通过汽车销售人员直接向客户提出有关问题，通过提问的形式激发客户的注意力和兴趣点，进而顺利过渡到正式洽谈。需要注意的是，尽量寻找自己的专长或者说客户熟悉的领域，如："王先生，你这个沙发很舒服，哪里有卖呢？"

2. 介绍接近法

介绍接近法是汽车销售人员最渴望的方法，难度小、轻松，通常有客户介绍、朋友介绍和自我介绍。无论采用哪种介绍法，首先都要考虑到关系问题，在销售过程中，兼顾好多方关系才能实现平衡。每一个人背后都有社会关系，所以你只需要整理好你的社会关系，然后开始拓展你的业务。

3. 求教接近法

世上渴望别人倾听者多于渴望别人口若悬河者。汽车销售人员可以抱着学习、请教的心态来接近客户。这种方法通常可以让客户把内心的不愉快或者说深层潜意识展现出来。同时，客户感觉和你很有缘，就会经常与你交流，成为朋友之后，销售就变得简单了。

4. 好奇接近法

这种方法主要是利用客户的好奇心理来接近对方。好奇心是人们普遍存在的一种行为动机，客户的许多购买决策有时也受好奇心理的驱使。如果可以的话，把你的产品使用方法展示出来，每一个产品一定有独特之处，就像筷子一样，除了吃饭时使用，我们还可以当艺术品，如果你能展示筷子如何辨别温度、如何判断食物中成分，或者说和某个活动结合在一起，这样就能事半功倍了。需要注意的是找到独特之处、惊奇之处、新颖之处。

5. 利益接近法

如果汽车销售人员把汽车商品给客户带来的利益或者说价值在一开始就让客户知道，会出现什么情况呢？一种是客户继续听销售人员的讲解，另一种是客户走掉了，通常留下的客户人数更多些，你试过之后就会明白。例如："张先生，如果一台电脑可以让你一年节省10000元，你会不会考虑呢？"

6. 送礼接近法

汽车销售人员利用赠送礼品的方法来接近客户，以引起客户的注意和兴趣，效果也非常明显。在汽车销售过程中，汽车销售人员向客户赠送适当的礼品，是为了表示祝贺、慰问、感谢的心意，并不是为了满足客户的欲望。在选择礼品之前，销售人员要了解客户，投其所好。值得指出的是，汽车销售人员赠送礼品不能违背国家法律，不能变相贿赂，尤其不要送高价值的礼品，以免被人指控为行贿。

7. 赞美接近法

你应该知道狐狸与乌鸦的故事吧？狐狸用甜言蜜语骗取了乌鸦的食物。这种方法使用起来有一定的频率，如果在3分钟内，说了太多的赞美之词，别人就会反感。寻找到赞美点或者说赞美别人的理由，是很重要的一环。

案　例

确认客户姓名：×××先生/小姐，您好！
自我介绍：我是××专营店的×××啊，还记得吧？
确认是否接听方便：我有个摄影方面的问题想向您请教，您现在方便接听电话吗？
寒暄赞美：您上次看车时给××留下很深的印象，××一直想认识摄影方面的专家，现在××有个关于摄影的问题想请教您，不知您能不能帮忙？××最近想买部入门级的单反相机，上网看了几款，不知如何决定……

告知目的，陈述利益：太感谢您啦，王先生！对了，最近我们店周年庆，举办文化沙龙活动，活动的主要内容有三个：第一个是我们邀请了国内顶尖的演艺团体来表演，让您可以感受浓郁的艺术氛围；第二个是名师字画的品鉴会，可以了解到艺术品鉴赏和收藏方面的知识；第三个是我们邀请了国内知名的教育专家来做一个有关儿童教育方面的专题讲座。这次活动一方面体现了我们店对客户的真诚关怀，更重要的是可以认识很多像您这样的业界精英，给您带来更多的商机，不知道您到时是否有时间？

告知时间地点：这次活动非常难得，而且名额有限，要不我先帮您预订下来？我们是在周末和周日做活动，您哪天来比较方便？

给予额外的利益，告别：您看您是自己过来，还是××开车去接您？到时我们会为您准备一份精美的小礼品。真诚期待您的大驾光临！我们到时见！

每日一练

学习者把自己接近客户的过程记录下来。

接近客户知识拓展

1. http://www.56.com/u61/v_NjI1OTcxNzg.html.
2. http://v.ku6.com/show/T7rUh5mE-dy83TiF.html.

任务 2.4 客户跟进

任务布置

一周前汽车销售顾问王艳已经拜访了客户张先生,了解到了他们的用车需求,但是张先生只是说他们正在考察,还要了解一下类似车型,最后再做决定。那么此时王艳需要怎样做好客户跟进工作呢?

知识准备

在寻找到潜在客户后,稍不注意有可能又会丢失潜在客户,所以要继续跟进,加强与潜在客户的关系,使其成为真正的客户。

一、客户跟进管理

(一)了解客户背景

不管是打电话、在客户办公室还是在活动场所,销售人员都应该有意识地、巧妙地询问或测知未能成交客户的背景,包括其家庭背景、职业背景及社会背景。对于客户背景资料,销售人员应及时地加以记录、整理,通过了解没有购买的原因,增加销售机会和成功的概率。

(二)整理客户资料需要清晰地分类

最广泛最实用的一种分类是按客户的意向来分。一般分为潜在客户、意向客户和成交客户三大类,当然按个人习惯也可分为 A 类、B 类、C 类等。但要提醒的是,如果按 A 类、B 类、C 类来划分客户,必须要有明确的、可量化的标准来判断客户属于哪个级别。如果有必要,对不同类型的客户,用不同的笔记本来记录。

知识链接

客户资料整理,完成客户分析

一、客户记录

(1)每日开发的新客户,凡是不坚决拒绝的客户,都可将其资料登记在客户管理系统中，资料内容含公司名称、联系人、负责人、电话、传真、手机、地址。
（2）每个客户都要有备注。
（3）如该客户被确定为无效客户，则把那天和客户沟通的重点记录下来，再分析。
（4）每月定期按该记录重打一遍电话，以找出意向客户。

二、意向客户
（1）有意向客户的不但要在客户管理系统中有记录，还要记在本子上，客户的需求、客户的问题都要记清楚，这样把准备工作做足了，去拜访的时候对签单就有把握了。资料内容除简单资料外，还可进行备注，如意向签单额、意向签单的产品、见面情况等。
（2）有意向的客户一页记录一个到两个，并备注情况。
（3）如有已签单客户则用红笔标示，并转移至"签单客户本"，意向客户或丢单客户可跟进其他业务。
（4）每天均可有计划地跟进客户管理系统中的客户，以求尽快签单。

三、签单客户
（1）已签单客户资料也要在客户管理系统中和本子上记录，还需注明签单产品项目、签单金额、到期时间、潜在需求等。
（2）登记的格式是一个客户一个页面。
（3）定期了解客户的需求，开发新业务。

（三）制定客户跟进规则

比如每天要积累多少新客户？评价客户等级的标准是什么？第一次联系要说些什么？第一次联系需要弄清客户哪些情况，以便快速判断客户是哪种类型的客户？对潜在客户、意向客户、成交客户要保持怎样不同的联系频率？记录哪些不同的信息？需要投入多少的时间成本？联系的目的及内容是什么？哪些需要重点跟进？等等。

（四）及时客观地记录客户跟进过程

不论销售人员是通过电话联系客户，还是面对面拜访，不管客户有无意向，都应该快速把情况记录下来。所以除了上面三个客户分类的本子，还得有一个记录平时工作零碎信息的本子。对客户有效信息的捕捉和累积可以帮助销售人员从中找到规律，而对客户需求和沟通的记录可以找到销售的突破口，也为自己以后的工作计划安排提供了依据。

（五）定期更新客户状态，总结客户跟进进展

除了记录，定期总结自己手上的客户及其跟进情况也是客户资源整理很重要的一环。每天应留出时间来对零碎的工作进行归纳总结，这样才能把有用的即时信息变成客户本上的真正资源。定期浏览潜在客户本里的跟进记录可以帮助你发现意向客户，而不是让它永远停留在潜在客户本中。对已成交客户须注明签单金额、到期服务时间及潜在需求等，维护好客户关系，争取能产生二次销售或者客户介绍客户的效果。

（六）借助有效的工具整理客户资源

汽车销售人员可以分散地借用多个工具来协助自己进行客户记录和资源整理，比如一

个笔记软件、一个提醒软件等，借助这类资源整理软件的好处多多，基本上可以解决以上所有问题。学习的目的不在于学了什么内容，而是学会解决问题的方法，并落实到行动上。

想一想：汽车销售人员需要在哪些方面进行客户跟进工作？

二、客户跟进的方式及策略

（一）发短信

短信的特点是既能及时有效地传递信息，又不需要接收者当即做出回答，对接收者打扰很小，非常"含蓄"，更符合中国人的心理特点。发短信形式多样，有短信提醒、短信通知、短信问候。这种方式的优势在于保证对方一定能收到，即"有效传播"，但是也很容易被不小心删除。通过短信进行广告、营销，本身是一个正常合法的商业行为。这种发短信的方式成本低廉、效果不错，但是若使用不当，会造成客户反感甚至投诉。因此要掌握好"度"，既不宜太过频繁，使客户感觉厌烦，也不要太过"冷落"，达不到应有的效果。

（二）打电话

打电话是为了获得更多的客户信息。打电话了解信息的同时也要为自己留下下次接触的机会，例如对于客户提出的问题，表示此次不予回答，等做了深入了解之后再给客户一个满意的答复。这既是一种负责任的表现，也是增加感情交流的好机会。在打电话进行跟进之前，要对客户进行初步的分析，对不同的疑问点，采取不同的话术。与短信跟进一样，打电话也要注意时机的把握，跟客户进行联络不能太过频繁，要把握好"度"。这个就要视情况而定了。

（三）发电子邮件

利用电子邮件进行客户跟进和产品宣传，既节省了纸张，又迅速快捷，且附带内容多样化，文字、图片、动画、视频、电影，均可通过电子邮件即时传递到客户面前，所见即所得，信息量大，目的性强，是一种快捷方便的跟进方式。在处理上均要求客户看到电子邮件之后给予回执，并及时电话通知客户邮件已发送，请客户查收，若没有收到，也可以再次发送，体现出一种敬业负责的精神。

（四）接听电话

对汽车销售人员来讲，接听电话也是一门学问，也是增进沟通的一座桥梁。如果是客户打来电话，说明客户已经开始接受认可你了。在接听电话中，要注意接听电话礼仪，态度要热情，口气要和善，声音要洪亮，及时且认真对待。因为每一个未知来电，对我们而言都可能是客户打过来的，不要掉以轻心。对客户的询问，如果需要查找资料，最好是先挂断电话，告之客户稍后再打过去。若有可能，将潜在客户的电话号码存在手机中，来电一看即知。

（五）发传真

利用传真进行客户跟进也不失为一种好方法。汽车销售人员经常会接到客户的询问之后，要求传真一份参数给客户，让客户作基本了解。优秀的汽车销售人员会认识到此时也是一种良好的跟进方式：复印清晰的参数表、明确的展厅线路图、车型的官方网站及相关论坛网址列表、个人详细的联络电话及名片放大复印图，无时无刻不在表现自己的专业服务。这样，体现出一种认真做事的态度、与众不同的处事方法，会给人留下深刻的印象。然而汽车销售人员往往忽视这一点，客户要求发参数表，就仅给客户复印参数表，一张两张纸就传真过去，经常传真过去的资料连个联系电话都没有，或者直接告诉客户网站上都有，直接上网查就行了，敷衍了事。汽车销售人员不应该错过每一次跟客户打交道的机会，每一次跟客户接触，都要让客户感到自己是在认真对待他的询问，自己是专业的，而且是敬业的。传真发出之后，要及时跟客户确认是否清晰，是否完整。这样往返，增加了交流的机会，双方了解也进一步加深。

（六）寄送邮件

寄送邮件，就是以实物为代表跟客户进行接触。邮件内容包括产品资料、车型目录、车辆参数、车主杂志、报纸媒体摘编，以及贺年卡、生日卡、祝福卡、小礼物、活动邀请函、参观券等。这是维系客户关系的一种方式。这种方式由汽车销售人员掌握主动权，经常会给客户带来意想不到的惊喜，让客户眼前一亮。而且通过邮件，可以把一些在电话中不方便说、展厅介绍来不及说也不能完全说的资料让客户"一网打尽"。

（七）上门拜访

根据销售相关资料，上门拜访是成功率最高的一种跟进客户办法，但是同时成本相当昂贵：时间消耗久，包括交通时间、等待客户的时间、洽谈的时间；费用开支大，例如交通费、停车费是一笔不小的开支；随机性或不确定性大，例如交通拥堵、客户临时事急外出不在，自己无法掌控时间，会谈时间也不便于控制，经常会打乱访问计划。但是若上门拜访会见顺利，那就离成功不远了。上门拜访需要注意基本拜访礼节，注重自身形象，关注拜访对象，找好拜访理由，细心观察客户办公室摆设及风格，了解客户习惯，透过现象分析来往客户，查看公司实力。

（八）展厅约见

客户既然愿意预约来到展厅，表明他本人对此款车型已经有相当的购买意愿，汽车销售人员就需要做好客户预约的相关准备：车辆的内外清洁、车座椅根据客户身高适当调节，还可以根据以往的交流估计出客户喜欢哪种风格的乐曲，准备好试音碟。同时也要想一想客户会提出哪些问题，以及合适的应对话术。此外，汽车销售人员还应就此客户的基本情况跟其上级主管做详细的汇报，以便双方配合默契。展厅约见的基本理由：有新车型到；有客户中意的颜色到；有新配置车型，邀请试乘试驾；店里促销活动邀请。只要有恰当的理由，客户若对此款车还存在需要，他会乐意前往的。根据先前跟客户沟通的情况，判断客户目前处在购买的何种阶段，即初步了解—引起兴趣—车型比较—车辆异议—价格谈判—签约成交，做出不同阶段的应对方案。如客户再次来到展厅，他仍是处在车型比较阶段，那么谈话的重点就应是从车辆横向/纵向进行比较，如品牌影响力比较、车辆配置比较、动力比较、操控比较、空间舒适性比较、油耗比较等，以及服务态度比较、专业知识比较、零配件供应比较、维修及时率比较，进行 SWOT 分析，让客户明白各种车型的优劣点。当然，比较的重点仍是客户所关注的问题。

想一想：如果你是汽车销售人员，你会用哪些方法进行客户跟进？

每日一练

学习者把客户跟进过程记录下来。

客户跟进知识拓展

1. http://www.56.com/u88/v_NzM4MzkzODE.html.
2. http://www.56.com/u69/v_NjY2NDEyMjY.htm.

任务 3

客户接待和管理

任务导引

来展厅或者来电咨询车辆相关信息的客户，大多对车有购买兴趣，特别是亲自来展厅的客户，他们希望自己能亲眼看一看车、亲身感受一下，他们的购车意愿极高，容易成交。热情、周到、专业的客户接待能有效地消除客户的戒备心理，取得客户的信任，营造一个好的营销氛围，有利于销售工作开展。汽车销售人员应熟练掌握展厅接待的基本流程、规范和技巧，这是销售成功的必备条件。本任务由客户接待和来店、来电客户的管理两个子任务组成。

 任务目标

知识目标	能力目标	素质目标
1. 掌握来店客户接待规范； 2. 理解来电客户接待规范； 3. 了解客户管理的必要性； 4. 理解客户管理的方法、重点内容	1. 能够按照职业规范的要求处理客户来电业务； 2. 能够按照职业规范的要求接待来店客户； 3. 能够对来电客户的信息进行分类管理	1. 培养学生分析问题和解决问题的能力； 2. 培养学生语言表达能力； 3. 培养学生随机应变能力； 4. 培养学生学习和观察能力

总学时 4 学时。

任务 3.1　客户接待

　任务布置

王先生的儿子刚刚参加工作,单位离家很远,王先生夫妇打算给儿子买一辆车,一家三口已经电话和王艳预约来店看车。王艳作为一名汽车销售顾问,应该按照什么样的流程来接待这三位客户呢?在进行客户接待时候应该注意哪些行为规范呢?

　知识准备

汽车销售人员接待客户一般分为两种:一种是来店客户接待;另一种是来电客户接待。来店客户接待和来电客户接待都非常重要,接待这两种客户也有相对的流程和技巧。

一、来店客户接待规范

来店客户是那些来到展厅看车的客户。

(一)来店客户接待前准备

汽车销售人员要时刻准备着接待来店看车的客户,做好各方面准备工作,见图 3-1。

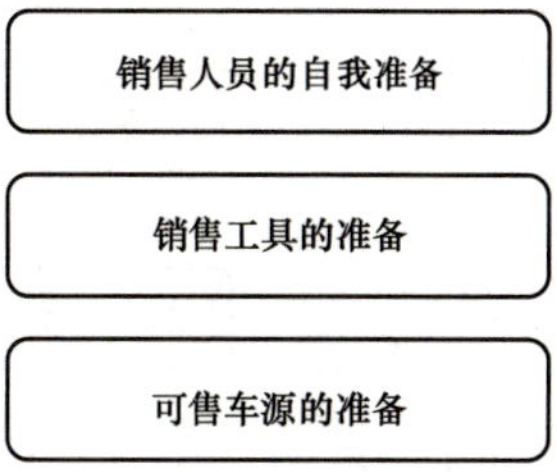

1. 销售人员的自我准备

汽车销售人员在与客户交往时,第一印象十分重要。第一印象在心理学上称作"最初印象",是指人们初次对他人形成的印象。通俗地说,就是和他人初次见面进行几分钟谈话,对方在你身上所发觉的一切印象,包括仪表、礼节、言谈举止,对他人态度、表情,说话的声调、语调、姿态等诸多方

图 3-1　接待客户前的准备

面,对方依此对你的基本评价和看法。第一印象一旦形成,便很难改变。对销售人员来说,留给客户的第一印象非常重要,往往会决定交易的成败,客户一旦对你产生好感,自然会对你和你推销的产品有了好感。

2. 销售工具的准备

销售工具的准备包括展厅必备物品的准备和销售人员自备物品的准备,见表 3-1。

表 3-1 销售工具的准备

销售工具	准备工作的具体要点
展厅必备有物品	1. 饮水机、饮品、杯子、糖果、烟、烟灰缸（干净）、雨伞等； 2. 电脑、展厅集客量统计表、洽谈记录本、名片、笔等； 3. 查看商品车库存情况（品种、颜色、数量、优惠标准等）及即将到货情况； 4. 浏览当月工作计划与分析表。
销售人员自备物品	1. 办公用品：计算器、笔、记录本、名片（夹）、面巾纸、打火机等； 2. 资料：公司介绍材料、荣誉介绍、产品介绍、竞争对手产品比较表、媒体报道剪辑、客户档案资料等； 3. 销售表：产品价目表、（新、旧）车协议单、一条龙服务流程单、试驾协议单、保险文件、按揭文件、新车预订单等。

3. 可售车源的准备

要对展厅内的车进行清点，保证每一辆车都处于最好的状态。车的外部要整洁，清洁轮胎、轮毂、发动机机舱和底盘；对车内的方向盘、音响和座椅进行调试；同时要准备好车钥匙。

想一想：来店客户接待的准备工作有哪些？

（二）来店客户接待流程

不同汽车销售店的来店客户接待流程大致相同，见图 3-2。

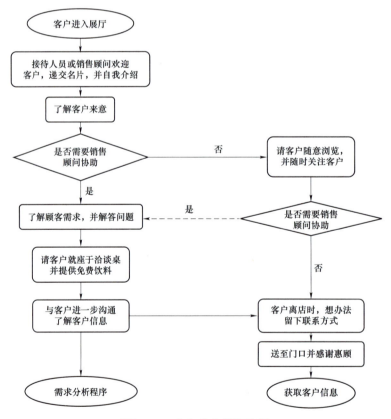

图 3-2 来店客户接待流程

（三）来店客户接待规范

客户来店的目的不同，汽车销售人员接待客户应遵循的接待规范也不同，见表3-2。

表3-2　来店目的不同的客户接待规范

来店目的	接待规范
问路、寻厕	1. 和善地指示客户道路（用地图）或厕所的方向； 2. 如果客户没有马上离去，请客人在客户休息区稍作休息，并奉茶水； 3. 如果客户对新车有兴趣，则伺机提供商品介绍。
不买车，只需要和专营店的某人谈话	被访者在的情况： 1. 先请客户在客户休息区坐下； 2. 马上通知被访者会客； 3. 奉茶水并说"先生（小姐）请用茶，请稍等一下，×先生马上就来"； 4. 陪同客户，直至证实他可以得到适当的帮助为止。 被访者不在的情况： 1. "×先生刚好外出，请您先坐一下，我们马上帮您联络"，先请客户在客户休息区坐下，马上联络被访者； 2. 先询问客户需求，且视情况主动关怀并提供服务； 3. 奉茶水并说"先生（小姐）请用茶，我们已经在帮您联络×先生"； 4. 若无法联系到被访者，且本人无法为其服务，则请客户留下姓名、电话及来访目的之后，再请被访者尽快和他联系，或写下被访者移动电话号码，请客户与被访者联系； 5. 应感谢客户的光临，请求谅解，并表示今后如有需要，将再提供服务。
寻求援助	1. 表示急切的关心，请客户坐下； 2. 奉茶水、饮料； 3. 问清楚车况及可能发生故障的原因； 4. 马上通知相关人员处理。
想自己看看某款车	1. 感谢客户的光临，递上你的名片以便提供进一步的帮助； 2. 让客户自己随意浏览参观，汽车销售人员行注目礼，随时准备服务，适当时机奉茶并说"先生（小姐）请用茶"； 3. 尽可能留下客户资料，但不可强求。
想看看某款车并需要帮助	1. 问清楚客户，你怎样才能为他效劳，以你自己的话重复客户所说的话，请客户确认你对其来访目的的理解； 2. 感谢客户的光临，适当时机奉茶并说"先生（小姐）请用茶"，并向客户递上你的名片； 3. 若客户有疑问状时可询问"先生（小姐）您好，不知道您喜欢哪一款车"或"有什么我可以为您服务的吗"； 4. 若客户愿意继续交谈，向客户说明你想问他一些问题，以便能更好地为他提供服务，判断他是否愿意转到"咨询"步骤（允许则继续进行）。

续表

来店目的	接待规范
想看看某种车但展厅没车	1. 先请客户坐下，奉茶，建立良好关系； 2. 先用型录或各种手册、影像资料等为客户做商品说明； 3. 用自己或同事座车做介绍，但需要车况良好； 4. 征求客户同意，指引到附近有车的展厅看车； 5. 查明有车的时间，和客户另约时间看车，在约定日前一天再和客户确认时间。
想借此处休息	1. 表示关心，请客户坐下； 2. 奉茶水、饮料； 3. 尽量陪同客户，适时和客户沟通，建立良好的关系。

对于来店目的不同的客户，在客户要离开展厅时汽车销售人员应向客户表示今后有什么需求可随时与自己联系，并欢迎再次惠顾，提醒客户随身携带好物品，送客户至展厅门外并道别。

若客户开车前来，汽车销售人员应陪同客户到停车场，引导车辆驶出停车位，向离去客户挥手致意，并目送客户离开。

提示一：无论任何情况，汽车销售人员的天职就是主动迎接，把客户都当作需要帮助的人。只要走进汽车销售店，汽车销售人员就有义务给予协助。

提示二：人不可貌相，海水不可斗量！

二、来电客户接待规范

汽车销售人员为来展厅看车的客户提供专业的接待服务，同时也要为来电话咨询的客户提供好的服务，帮助客户了解本店和本店的产品。

（一）来电接待前的资料准备

电话接待人员要准备的资料主要有以下几类：

（1）电话记录表；

（2）公司内部电话本；

（3）有关车型资料、按揭资料、库存信息资料、促销信息资料；

（4）售后服务有关信息资料。

（二）来电客户接待流程

来电客户接待流程见图3-3。

（三）来电客户接待规范

（1）接听固定电话时，在电话铃响三声内接听电话，且热情地说"您好，××汽车专营店"或"××专营店，××节好"（各重要节日前使用）。在接听移动电话时，应热情地

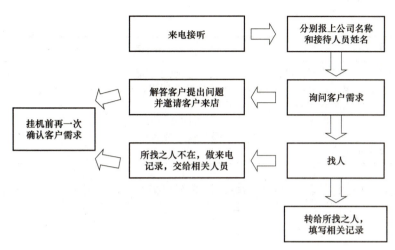

图 3-3 来电客户接待流程

说"您好,我是×××"。

 特别提示

提示一:声音要清晰、甜美,态度要热情,就好像对方(客户)在眼前一样,整个过程要面带微笑。

提示二:让客户感觉到真诚,并能够体会到汽车销售人员提供帮助的意愿。

(2)确定客户来电需求,分别加以应对,见表3-3。

表3-3 来电需求不同的客户接待规范

客户需求	接待规范
电话找人	1. 礼貌地询问客户如何能为他效劳; 2. 以礼貌和帮助的态度弄清客户的需求,如果是电话找人,则将电话转到被访者,告知客户他的电话将予转接,并告知他转接电话的人的姓名; 3. 被访者若在附近,则用手遮住话筒,再请被访者来接听,简单向被访者者说明客户的需求,以节省客户的时间,使其不必再重复所说的话; 4. 如果被访者正忙,就询问客户是否愿意等一下,但不能让客户等待超过10秒,否则应转回来和他谈话,并问他是否可以再等一等; 5. 如果被访者不在,记录信息,询问客户怎么给他回电话。
询问商品相关事宜	1. 回答客户询问前先问"先生(小姐)贵姓",必要时重述来电者问题以示尊重,并做确认; 2. 亲切地回答问题,若无法回答时则请客户稍等,向同事问清答案后再回答,或请同事代为回答; 3. 客户咨询车的价格、配置等相关问题时,一定要非常流利、专业地回答。电话报价时,应遵循汽车销售企业所规定的统一报价,其他费用明细应报得非常准确;

续表

客户需求	接待规范
询问商品相关事宜	4. 如客户电话是咨询售后服务的，应尽可能地帮助解决，不能解决的应让客户留下联系电话，并马上交给售后服务部负责跟进，同时，业务代表在《来店/来电登记表》上注明相关内容； 5. 主动邀请客户来专营店并尽可能留下客户资料（但不可强求），可说"×先生（小姐），为了让您能有更加深入的了解，请您留下电话或地址，我们会再和您联络或寄型录及资料给您"。

（3）感谢客户来电，如接听固定电话则再次明确告知专营店的名称和你的姓名。

（4）先等对方挂断电话后再挂电话。

电话接待话术示例 1

您好！××品牌××专营店。销售顾问×××（一次报名）为您服务……

女士/先生您好，您是不是收到我们的活动短信啦？今天打来的 50 个电话中，有 40 个是问咱们这款车的，上午就订了 8 台特价车了（社会认同/心理暗示）！您是想询问车辆的价格是吧，您问的这一款天籁有 2.0、2.5、3.5 三个排量一共七个车型，价格从 190 800 元到 371 800 元都有，不同的配置、排量、颜色、批次价格都不太一样（范围报价法）。可能刚刚我说话太快了，您没听清楚，我是这里的销售顾问×××，您叫我小×就行了（二次报名，加深印象），请问（稍作停顿，恭敬胆怯状）您贵姓啊？（请教称呼）

价格方面您放心，现在我们店正在举行感恩 200 万的活动，价格非常优惠，所谓百闻不如一试，我们这周六刚好有试乘试驾有礼活动，到店试驾即可获精美礼品，数量有限（使用邀请双理由），先到先得，送完即止。

您看是周六上午来方便还是下午来方便（选择法）？女士/先生，您知道我们店的位置吗？方不方便留下您的联系方式，一会儿×××把我们店的详细地址和电话号码以短信的形式发给您，您看好吗？

您可以随时找我，我叫×××（再次报名），是展厅里最……（加强记忆）。如果有任何问题，请随时和×××联系。还有什么可以帮您的吗？××女士/先生，感谢您的来电，再见！

想一想：简述汽车销售人员接待来店客户的流程和规范要求。

三、客户接待技巧

俗话说："一把钥匙开一把锁。"汽车销售人员必须掌握来店客户的相关信息，进而做到有针对性的销售；而要想得到最全面的客户信息，在接待客户时要针对不同的来店客户，采取不同的沟通方法和技巧。

（一）客户进门时的应对技巧

1. 分析客户心理

从心理学角度讲，客户进门之前肯定是愉快的，因为他要购买的商品一定是他所需要的。一旦进入大门，发现汽车销售人员迎过来的时候，他的心情就会紧张。紧张的因素有很多，其心理状态是很微妙的，尤其是在购买价值很高的贵重商品的时候。此时，汽车销售人员的言行不应该是去加重客户的这种紧张心理，而是设法缓和客户的紧张情绪。如果客户一直保持着紧张情绪，对未来的销售不利，会增加对汽车销售人员的不信任感。只有客户感觉到对自己的威胁消失了，他重新回到了进店之前的那种舒适放松的状态，这个时候他才会从容不迫地看车、订车。

2. 展厅内接近客户的技巧

当一个客户走进汽车销售店的时候，绝大多数的客户首先希望自己（注意，是自己，不需要销售人员干预）可以先看一下展厅内的汽车。大概看完了，有了明确的问题时，他会表现出若干的动作，销售中称之为信号，这个信号就代表销售人员应该出击的发令枪。关键的一些信号有：① 眼神，当客户的目光聚焦的不是汽车的时候，他们是在寻找可以提供帮助的销售人员；② 动作：他们拉开车门，要开车前盖，或者他们要开后盖等，这些都是信号，是需要销售人员出动的信号。销售人员观察到，客户对某一个车型特别感兴趣，此时应准备接近他，开始打招呼。开始打招呼时不可能就说"今天带钱了吗""今天买哪辆车"，肯定是不可能直问主题的，那样会导致客户的反感。刚开始打招呼的时候需要寒暄，寒暄要靠公共话题来打破陌生感，消除对方的防范意识。要善于运用公共话题，诸如体育、新闻等信息，或者谈论中国汽车工业的发展；也可以说"天气真冷，你看这儿雾这么大，我们这儿地方好找吗""你看球了吗，谁谁球踢得不错"等等。这些公共话题出现在报纸、电视以及其他媒体上，用这些话题拉近与客户的关系，让客户放松，去掉戒备之心，有利于销售人员为客户进行需求分析和车辆介绍。

趣味知识

展厅接近客户的寒暄

一、寒暄的常见类型

1. 问候型

（1）典型问候型。典型的说法是问好，常说的是"你们好！""大家好！"等。

（2）传统意会问候型。主要是指一些貌似提问实际上只是表示问候的招呼语，如"上哪去呀？""吃过饭了吗？""怎么这么忙啊？"等。

（3）古典问候型。具有古代汉语风格色彩的问候语主要有"幸会""久仰"等，这一类问候书面语风格比较鲜明，多用于比较庄重的场合。

2. 攀认型

攀认型问候是抓住双方共同的亲近点，并以此为契机进行发挥性问候，以达到与对方顺利接近的目的。与客户接触时，只要留心，就会找到亲近点，像"同乡""自己喜欢的地方"，如："大家是广州人，我母亲出生在广州，说起来，我们算是半个老乡了。""大家都是昆明人，我也算是昆明人。我在昆明读了四年书，昆明可以说是我的第二故乡了。"

3. 关照型

关照型寒暄主要是在寒暄时要积极地关注客户的各种需求，在寒暄过程中要不露痕迹地解决客户的疑问。

二、寒暄的基本要求

1. 自然切题

寒暄的话题十分广泛，比如天气冷暖、身体健康、风土人情、新闻大事等，但是寒暄时具体话题的选择要讲究，话题的切入要自然。

2. 建立认同感

切入了自然而得体的寒暄话题，双方的心理距离就会有效地缩短，双方的认同感就容易建立起来了。

3. 调谐气氛

有了自然而得体的话题，有了认同感，再加上寒暄时诚恳与热情的态度、语言、表情，以及双方表现出的对寒暄内容的勃勃兴致，和谐的交际气氛也就自然地创造出来了。

（二）客户看车时的应对技巧

1. 从业务角度来观察

汽车销售人员要观察客户围着汽车看什么，是看车头，还是看驾驶座旁的仪表盘；只有了解客户所关心、所重视的东西，才能在脑子里准备好应对策略。客户都喜欢货比三家，也许他来这里之前，已经去过其他的店了，他现在进来，可能只是进行一些细节上的比较。汽车销售人员观察到这种现象之后，就可以有的放矢地准备营销策略了。

2. 从专业化角度来观察

汽车销售人员观察客户的行为，了解客户喜欢什么、关心什么、这不仅可以很快地直接进入主题，而且客户会认为你十分专业，从而赢得客户的信任。对于一般客户来讲，汽车被认为是一个很复杂的产品，由很多部件构成，涉及很多专业知识，他买车只是为了使用，可能对保养、维修常识一窍不通。此时他与你接触后发现你是这方面的专家，从心理上讲，客户就信服你一大半了，他认为你对他是有用的，以后的服务交给你是可以放心的。"我在你这儿买的车，我就找你"，很多客户都是这样的心理状态。

现在的问题是，往往在汽车销售人员这儿买的东西，汽车销售人员却不负责。因为汽车销售人员不懂专业，不懂维修，不懂技术，客户的维修保养事务还得去找售后服务，这中间又隔了一层，使客户的购买欲望大打折扣。所以，汽车销售人员的专业化对于赢得客户是非常关键的。

(三) 获得客户信任的技巧

可以运用以下技巧获得客户的信任，进而激发客户发言热情，从而了解客户的购买动机，激发客户购买。

1. 赞美客户

增加信任感的步骤是赞美他，表扬他。比如说："你今天看起来真是美极了、帅呆了！"而且是出自真诚的赞美，不是敷衍。记住，赞美会建立信任感。

2. 认同客户

客户讲的不一定是对的，可是只要他是对的，你就要开始认同他。

3. 模仿客户语速

人讲话有快有慢，人们都喜欢与自己语速、语调相似的人员沟通。所以，汽车销售人员要调整自己讲话的速度，来迎合客户说话的速度。

4. 产品的专业知识

假如你没有完整的产品知识，客户一问三不知，这样马上会让客户失去信任感。

5. 服饰

通常一个人不了解一本书之前，他都是看书的封面来判断书的好坏。一个人不了解另一个人之前，都是看他的穿着。所以穿着对一个汽车销售人员来讲是非常重要的。记住，永远要为成功而穿着，为胜利而打扮。

(四) 向客户提问的技巧

为了更多地获得客户愿望和兴趣方面的信息，汽车销售人员应该给客户提供他表达想法的机会，巧妙发问，并应鼓励和提示，尽量避免谈话被打断的情况。无论如何，汽车销售人员应以问题为切入点开始谈话，并运用这种方式简便而快捷地了解客户到访的意图。

(1) 避免一些缺乏想象力，太狭隘的或者容易中断谈话的问题，尽量不要问下面问题：

① 我能帮助您吗？
② 找到您喜欢的了吗？
③ 我想您就是来看一下吧？

(2) 正确的处理方式应该是问一些开放式的问题，主要包括：

① 我能帮您做点什么吗？
② 我怎么帮您呢？
③ 是什么原因使您来到我们的展厅？
④ 您对什么特别感兴趣吗？
⑤ 您想得到哪方面的信息？

(五) 获得客户信息的技巧

如果通过填写报价单方式获得信息，可以用下面的话术技巧。

销售人员：×先生，需要帮您写一份报价单吗？
客　　户：好啊！
销售人员：×先生，麻烦一下，您的全名是？
客　　户：不用留吧！
销售人员：因为这个报价单仅在本周有效，为保障您的权益所以请留下您的全名。这边有我的签名，只要您在本周决定购买时，拿这张报价单，我会依照上面承诺的条件优惠给您，请问您怎样称呼？
客　　户：×××。
销售人员：您的电话是？

（六）恰当了解客户需求的时间点

在接待客户时要注意几个时间点，具体见图3-4，这也是更好地与客户沟通、了解客户需求的关键时期。在恰当的时候向客户了解其需求有利于获得客户真实的需求信息。

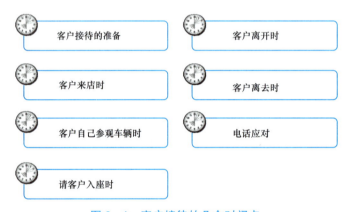

图3-4　客户接待的几个时间点

汽车销售人员接待客户时应运用哪些技巧？

客户接待技巧知识拓展

1. http://v.ku6.com/show/C4yE8pJ-dr78IsdIDowg1Q...html.
2. http://wenku.baidu.com/view/0e9984efb8f67c1cfad6b87f.html.
3. http://www.docin.com/p-395558338.html.

任务3.2　来店、来电客户的管理

 任务布置

汽车销售顾问王艳每天接待很多来店的购车者，但是一直是看的人多，而买的人却少，王艳每天都很忙，但是业绩不是特别乐观。销售部李经理经过分析了解到，王艳没有认真地对来电、来店客户进行管理，这是其业绩不佳的主要原因。那么王艳应该如何进行客户管理呢？

 知识准备

客户管理是围绕客户群体进行组织、强化让客户满意的行为以及实施以客户为中心的流程从而创造出优化利润、收入和客户满意度的结果的商务战略。

一、客户管理的必要性

根据经验，我们发现很多汽车销售人员都不知道根据什么在卖车，不知道公司的可供资源情况，不知道客户的优先级，每天上班全凭感觉，眉毛胡子一把抓，既无计划性也没有系统性，更谈不上工作安排上的合理性和规范性。比如，有很多汽车专营店的总经理，根本不知道每种车型、本月有多少意向客户将要订车，变成现实的客户有多少和他们所要订的车型、颜色、数量等，不知道每天根据什么去抓销售人员的销售进度，更不知道汽车销售市场反映出来的重要信息，特别是专营店代理的汽车品牌在市场的信息反映该怎样分析、怎样反馈到生产厂家去，等等。有人曾经一口气提出了9个问题让销售经理回答，其结果是，一些比较大的、比较知名的汽车公司的专营店或4S店，如大众、通用、日本的一些大的汽车公司及其专营店，在这方面引入比较规范的管理手段，做得比较好，但有相当一部分汽车公司及其专营店的做法大都不能令人满意。这9个问题是这样的：

（1）员工每天根据什么卖车；
（2）负责订车计划的领导不在公司时怎么办；
（3）负责订车计划的领导是根据什么来采购各类车型的，包括颜色、数量等；
（4）来店客户是怎样管理的；

（5）公司经理（总经理）是否知道本店某款车型本周、本月有多少意向客户将要订车以及将要被订的车型的颜色、数量等；

（6）公司经理每天依据什么去管理销售人员的销售进度；

（7）客户的购车意向级别有没有设定，设定标准是什么；

（8）客户购车时的洽谈内容是否被记录在案；

（9）客户失控或丢失是否进行了原因分析，与生产商有关的信息有没有上报给生产厂家，生产厂家是否对这些信息做出了反馈。

以上这9个问题可以说是太平常了，作为一个汽车专营店或4S店每天都会遇到和要解决，可是说起来容易实际上做起来难。

客户是企业得以生存的关键。企业要通过建立一系列的管理模式建立与客户的友好关系，培养客户的忠诚度，加强企业在市场中的竞争能力，所以要对客户进行管理。客户管理的目的为：

（1）建立良好的企业形象；

（2）拉近与客户的距离，建立双向沟通渠道，掌握消费趋势；

（3）提供消费资讯、生活提案等多元化服务，使消费生活丰富化，增加消费频率，并开发新客源；

（4）掌握客户的动态，培养长期客户；

（5）建立客户坚实的向心力和忠诚度。

案　例

乔·吉拉德刚开始从事销售工作时，搜集了很多目标客户的资料；但那时，他只是将这些资料写在纸上，然后塞进抽屉里。直到有一天，他发现由于自己没有及时整理那些资料，而忘记了追踪一位非常重要的客户，失去了一笔大生意时，他方用日记本和卡片将客户资料整理好。

二、客户管理的方法、重点内容

（一）建立客户资料档案

了解客户的区别，对搜集到的客户资料进行建档整理，是进行有效的客户管理必不可少的步骤。通过对客户资料进行建档登记，汽车销售人员能够更加有效地制定开发和拜访方案，如何时、以何种方式、向哪类客户进行推销，获得更好的效果。

对客户资料建档登记，可根据搜集到的客户资料及自己工作的实际需要，来建立恰当的表格，以利于管理。表3-4是根据寻找客户的途径建立的档案表。

表 3-4　客户资料档案表（A）

类型	姓名	电话	其他联系方式	备注
校友				
旧同事				
竞争对手的客户				
熟人介绍的客户				
展会开发的客户				
……				

此外，还可以根据客户的性质，如"公司"与"个人使用者"进行列表管理，见表 3-5。

表 3-5　客户资料档案表（B）

	公司		个人使用者
1	公司名称	1	姓名
2	地址	2	年龄
3	电话号码	3	住址
4	业种	4	电话号码
5	年营业额	5	职业
6	从业人员数	6	服务公司
7	主要商品名称	7	职业
8	资本额	8	服务公司地址
9	负责人	9	进公司服务年月日
10	主要客户	10	出生地
11	行业地位	11	配偶姓名
12	现有竞争者	12	家庭成员
13	供货渠道	13	兴趣
14	市场占有率	14	性格
15	工厂所在地	15	政治面貌
16	承办部门	16	喜爱运动
17	承办人	17	采购决定人
18	承办人性格	18	出生年月日
19	采购决定人	19	第一次购买日期
20	第一次购买日期	20	信用状态
21	信用状态	21	付款情形
22	本公司过去业务承办人	22	本公司过去业务承办人
23	业务介绍人	23	业务介绍人

（二）设定意向客户级别

按照客户购车意向的程度划分为不同的等级，针对不同的等级，采取不同的管理策略，见表 3-6。

表 3-6 客户购买意向等级表

级别	购买行为体现	购买周期
订单（O）	1. 已签订购车合同； 2. 已交全款，但未提车； 3. 已收订金。	预收定金。
H 级	1. 已选定车型/车色； 2. 已提供付款方式，设定交车日期； 3. 分期手续办理中。	7 日内成交。
A 级	1. 谈判购车条件； 2. 已确定购车时间； 3. 选定下次商谈日期； 4. 再度来看展车。	7 日以上～1 个月内成交。
B 级	1. 正在决定拟购车型； 2. 对选择车型犹豫不决； 3. 经判定有购车条件者。	1 个月～3 个月内成交。
C 级	购车时间模糊。	3 个月以上。

（三）客户管理流程及管理内容

在对客户进行管理过程中要注重遵循一定的流程，做到逐级推进，对不同的客户采用不同的管理流程和不同的管理内容，具体见表 3-7。

表 3-7 客户管理流程及管理内容

客户管理流程	客户管理报表	主要数据生成
展厅客户管理	1. 来电客户登记表（日）； 2. 来店客户登记表（日）； 3. 展厅来电统计表（月）； 4. 展厅来店统计表（月）。	1. 初次客户来电数量； 2. 初次客户来店数量； 3. 新增（意向）客户信息卡数量。
意向客户促进管理	1. 营业日报表（日）； 2. 意向客户接触状况表（月）； 3. （意向）客户信息卡； 4. 销售促成战败（失控）分析表。	1. 管理、促进、开拓访问量； 2. 各意向级别客户数量； 3. 上月留存与本月新增意向客户数量； 4. 订单数量； 5. 战败数量。
保有客户管理	（保有）客户信息卡。	1. 保有客户数量； 2. 保有客户推荐数量； 3. 保有客户回店数量。

1. 展厅客户管理

（1）汽车销售店的相关人员对来展厅的客户进行管理时必须填写相应的信息卡。销售顾问和前台接待人员要填写来店客户登记卡和来电客户登记卡，见表 3-8 和表 3-9，以便更好地了解客户的具体信息，做好客户需求分析。

表3-8 来店客户登记卡

____年____月____日　　　　　　　　　　　　　　　　　　　　　　　　　　　销售经理：

序号	客户姓名	电话	拟购车型/车色	来店时间	离去时间	客户信息来源	接待销售顾问

表3-9 来电客户登记卡

____年____月____日　　　　　　　　　　　　　　　　　　　　　　　　　　　销售经理：

序号	客户姓名	电话	地址	拟购车型/车色	来电时间	客户信息来源	接待销售顾问

前台接待人员应填写的内容：如果是客户来店，填入来店时间和接待销售顾问姓名；如果是客户来电，将电话转接给销售顾问，记录转接的销售顾问姓名和来电时间。

销售顾问接待客户来店（来电）后，及时填入上述登记卡中其他信息。

填写来店（来电）登记卡的目的是：比较销售顾问客户留档率的差异；查看排班制度的执行状况；判断客户在展厅的停留时间与意向级别；了解各车型受关注程度；为后续客户信息来源统计分析及市场推广渠道选择提供数据来源；为来电客户邀约成功率的分析提供基础数据；为来店客户成交率的分析提供基础数据。

（2）销售助理填写展厅来店统计表和展厅来电统计表，见表3-10和表3-11，每日汇总，每月统计，数据来源为来店（来电）客户登记卡。每日夕会前统计当日各时段的初次客户来店（来电）数量并汇总确定当日来店（来电）总数，销售部门每日夕会确认当日留档客户数、各级别意向客户数及展厅成交客户数，在月底要统计汇总各项数据。

表 3-10 ＿＿＿＿＿＿＿＿＿＿店展厅来店统计表

年　　月

时间	日期	1	2	3	4	5	6	7	8	9	10	11	12	…	24	25	26	27	28	29	30	31	全月合计	比例/%
	星期																							
8:00—10:00																									
10:00—12:00																									
12:00—14:00																									
14:00—16:00																									
16:00—18:00																									
其他时间																									
来访客户批数合计																									
来访客户批数构成比																									
留有客户资料数																									
产生意向客户	现场订货																								
	H级																								
	A级																								
	B级																								
	C级																								
展厅销售台数																									

备注	1. 营业时间:上午8:00—下午18:00。	当月销售量	
	2. "来访客户批数合计":指所有第一次来展厅客户批数总数(含没有留下资料的来展厅总批数)。	展厅销售比率	
	3. "留有客户资料数":指来展厅客户中,留下客户联络资料者的总和。		
	4. 每月应做不同时间段及假日、非假日的来访客户分析及改善对策。		
	5. 本月来展厅批数: 意向客户:(1)现场订购;(2)H级;(3)A级;(4)B级;(5)C级。		
	6. 来店成交比率(展厅销售台数/来店客户批数):		

表 3-11 ＿＿＿＿＿＿＿＿＿＿店展厅来电统计表

年　　月

时间	日期	1	2	3	4	5	6	7	8	9	10	11	…	29	30	31	全月合计	构成比/%
	星期																	
8:00—10:00																		
10:00—12:00																		
12:00—14:00																		
14:00—16:00																		
16:00—18:00																		
其他时间																		
来访客户批数合计																		
来访客户批数构成比																		
留有客户资料数																		

备注：留有客户资料数指留下联络方式的客户数。

销售助理填写这些统计表的目的是：了解各时段来店（来电）的情况，便于展厅排班的合理性；了解客户留下资料的比例及成交比例，评价销售顾问的接待与成交能力；了解意向客户总量及各级别意向客户数量，对于此月销量目标的达成做初步的判断。

2. 意向客户促进管理

（1）销售顾问每日制作营业日报表，见表 3-12。每日与客户接触后及时登记信息，营业日报表新增意向客户与来店（来电）客户登记卡的记录保持一致，营业日报表促进意向客户的跟踪设定，与意向客户接触状况表（月）（见表 3-13）的访问预定保持一致，次日营业活动按项目及实际情况填写，夕会计划次日的营业活动。

表 3-12　营业日报表

年　月　日（星期　）

序号	客户姓名	车型	电话	手续管理	促进		开拓	确度		电话拜访	访问经过
					上月留存	本月新生		原来	现在		
1											
2											
3											
4											
5											
6											
7											
8											
9											
10											
11											
12											
13											
14											

本日止意向客户数		本日止保有客户数		本日访问客户数			主管指示事项	
H级		自销		合计				
A级		他销		本月访问累计				
B级				合计				

填写营业日报表的目的是：对于销售顾问次日的跟踪工作内容做明确的分类与布置；通过营业日报表对意向客户级别予以升降，信息均应转登至意向客户接触状况表（月）；当日跟踪后，销售顾问对其所掌握的资源进行更新，做好基盘的管理，并可以为销售经理在次日夕会依据该表确认实际工作状况提供意见。

（2）填写意向客户接触状况表（月）。销售顾问月初（1日）盘点当月留存的意向客户，汇总日报表的相关信息，每月填写意向客户接触状况表（月），见表 3-13。

具体填写要求是：上月遗留尚未成交的意向客户全数盘点登记；"上月留存"根据前月最后一次访问后的确度，在相应的级别框内填入日期；本月新发生的意向客户全数登记；根据意向客户级别访问周期频率，与客户约定访问日期，在相应框内右上角打重点标记。

表 3-13 意向客户接触状况表

序号	客户名称	电话	车型	初洽日期	来源区分	上月留存	日期	1	2	3	4	5	6	7	8	9	10	11	…	结案情形
							星期													
1																				
2																				
3																				
4																				
5																				
6																				
7																				
8																				
9																				
10																				
11																				
12																				
13																				
14																				
15																				
16																				
17																				
18																				
19																				
20																				

客户信息来源：1. 报纸；2. 杂志；3. 电台；4. 电视；5. 网络；6. 户外广告；7. 其他。

填写意向客户接触状况表的目的是：销售顾问依照客户意向决定所设定的跟踪频次实施客户跟踪；销售顾问可以借此报表并获悉自身经常保有意向客户的数量；销售经理借此报表所反映的客户来源情况，了解销售顾问对于客户开发的努力程度、客户来源的多样性；借此报表可以分析上月留存意向客户与本月新生意向客户的成交比例。

（3）销售经理每日填写销售促进战败（失控）分析表，见表 3-14。遇有战败客户时，及时记入信息（夕会），"战败日期"在对应的确度栏目进行填写，详细填写战败说明以便于归纳总结。表格由制作人保管，月底销售助理汇总战败信息，并进行分析。

表 3-14 _____月份销售促进战败（失控）分析表

特约店：

客户名称	拟购车型	电话	初洽日期	来源区分	战败（失控）日期				战败厂牌（车型）	销售顾问	战败（失控）说明	销售经理确认	确认日期
					订金	H	A	B					
改善对策及建议事项：													

来源区分：1. 报纸；2. 杂志；3. 电台；4. 电视；5. 网络；6. 户外广告；7. 其他。

填写销售促进战败（失控）分析表的目的是：依据销售促进战败（失控）分析表汇总战败客户，总结战败原因和车型；市场部依据总结的战败原因和战败车型，明确竞品的市场策略，积极制定对策；相关人员可以总结战败原因，并在内部会议和培训中讨论，以吸取经验，减少战败中销售顾问自身主观的问题；销售经理对于战败客户，特别是战败级别比较高的客户，仔细询问销售顾问整个情况，并进行追踪确认。

3. 保有客户管理

销售顾问每日填写意向（保有）客户的信息卡，见表 3-15。正确详细填写在与客户交流中所获信息，意向客户至少需要客户姓名、联络电话、拟购车型、购买周期，保有客户则应登录车辆与上牌信息，与客户接洽后，客户信息项目应逐项明确，不断完善，详细填写与客户接触后的访问方式、经过。针对意向客户主要明确客户未成交的原因，针对保有客户，根据销售流程、售后跟踪计划表进行跟踪访问与记录。

填写意向客户信息的客户信息卡的目的是：销售顾问依据所记录的信息，可以了解与客户接触沟通的全过程，并可以切实地了解客户的个性特点，使沟通过程较为自然，容易建立客户信任感；销售经理审阅记录意向客户信息的客户信息卡，可以了解销售顾问与客户沟通情况，对于促进成交或战败做出辅导。

记录保有客户信息的客户信息卡的目的是：销售顾问依据所记录的信息，可以做好客户的维系工作、客户的再开发以及推荐工作；依据所记录的信息，进行汇总分析，初步勾勒出各车型保有客户的大致轮廓，为市场部策划潜在客户开发的营销计划提供支持；销售顾问离职时可顺利交接于后续接手的销售顾问。

表 3–15　客户信息卡

			身份证或企业机构代码		接洽人或决定者	姓名		客户特性	
客户资料	客户名称							访问洽谈时间	
						单位		经济状况	
	经营行业	代号	个人职业或服务单位	出生年月日		电话		兴趣参加社团	
			名称	职位		电话		平均换车时间	
	领照地址					电话	客户来源	□基盘维系 □大客户 □来店/电 □内部情报 □户外展示 □二级网点	介绍人 姓名 电话 关系
	通讯处或服务地点					电话			介绍记录 件数 成交件数
保有车辆	牌照号码	车型号码	出厂年月	车身号码	领照年月 年 月 日	车辆售价	贷款 金额 期数	分期到期日 年 月 日	钥匙密码	音响PIN
	会员		精品安装	保险记录			保养记录		□主要（或实际）使用人 □领照名义	
	否	是（有效日期）		年/月	公司	区分（意、全）	年/月	公司	区分（意、全）	5 000	10 000	名称	电话	与购车人关系
需求分析关键信息	购车用途	主要使用者	备注				担当销售顾问		年　　月
	意向车型	预算							年　　月
	车色	付款方式							年　　月

续表

下次预定月/日	实际访问			有望确度	活动方式	访问经过	审核
	年	月	日				
					来访□ 来店□ TEL□ DM□		
					来访□ 来店□ TEL□ DM□		
					来访□ 来店□ TEL□ DM□		
					来访□ 来店□ TEL□ DM□		
					来访□ 来店□ TEL□ DM□		
					来访□ 来店□ TEL□ DM□		
					来访□ 来店□ TEL□ DM□		
					来访□ 来店□ TEL□ DM□		
					来访□ 来店□ TEL□ DM□		
					来访□ 来店□ TEL□ DM□		
					来访□ 来店□ TEL□ DM□		
保有车辆交车领照后预定及访问记录	年	月别				年	月别	
		预定					预定	
		实际					实际	
	年	月别				年	月别	
		预定					预定	
		实际					实际	

想一想：作为汽车销售人员进行客户管理工作的内容有哪些？

三、对来电、来店客户进行分类管理

汽车销售人员通过对来电、来店客户进行信息分析以后，确定客户的重要程度和紧迫性，最终的目的是采取措施和行动，对客户进行跟进。

（一）根据重要性进行分类管理

根据公司的业务情况，对客户的重要性进行描述，将客户分为三类，针对不同类型的客户汽车销售人员采用不同的措施和跟进方式：

（1）关键客户。对这类客户汽车销售人员要投入更多的时间和精力，增加访问频次，提高访问的深度。

（2）重要客户。对这类客户汽车销售人员应该安排合理的访问频次和内容。

（3）一般客户。对这类客户汽车销售人员维持正常的访问频次与内容即可。

（二）根据紧迫性进行分类管理

紧迫性描述客户将在多长时间范围内做出对公司产品或服务的购买决定。根据紧迫性将客户分为订单（O）级客户、H级客户、A级客户、B级客户和C级客户，销售人员应采取不同的跟进方式，具体见表3-16。

表3-16 客户级别及跟进方式

级别	跟踪频率和方式
O级	至少每周一次维系动作，可以是电话、微信、短信，必要时可以去登门拜访。
H级	两天一次维系动作，可以是电话、微信、短信，必要时可以去登门拜访。
A级	七天一次维系动作，可以是电话、微信、短信，必要时可以去登门拜访。
B级	两周一次维系动作，可以是电话、微信、短信等方式。
C级	一个月一次维系动作，可以是电话、微信、短信等方式。

每日一练

客户管理的方法、重点内容。

客户管理知识拓展

1. http://v.ku6.com/show/XDtxNXpKfmNHSnpM.html.
2. http://www.56.com/u34/v_NDAzODcwMDc.html.

任务 4

需求分析

任务导引

汽车销售人员了解客户需求，紧紧抓住客户的购买重点，从客户可以体会到的利益出发来详细地解释，并让客户亲自试验，客户的需求得到满足，最终买了汽车销售人员介绍的那款车。为客户着想，满足客户所需，不单纯是为卖车而进行销售，而是让客户感觉汽车销售人员和自己是一条战线上的战友，在心里认可汽车销售人员，进而认可其销售的产品，故而能把自己要买车的朋友介绍给汽车销售人员。所以，汽车销售人员一定要通过各种技巧了解客户需求，满足客户需求，从能拥有更多的客户。本任务由识别客户需求、确定客户需求分析内容、选用客户需求分析技巧三个子任务组成。

任务目标

知识目标	能力目标	素质目标
1. 了解识别客户需求类别和客户需求分析的目的； 2. 掌握客户购买动机分析； 3. 掌握需求分析方法和技巧	1. 能够运用客户细分的方法对购买汽车的客户进行细分； 2. 能够运用所学知识对客户购买动机进行分析； 3. 能运用一定的方法和技巧来分析客户的真实需求	1. 提升学生自信心； 2. 培养学生爱国情怀； 3. 培养学生随机应变能力； 4. 培养学生敏锐的观察能力

总学时：6学时。

任务4
需求分析

任务 4.1　识别客户需求

任务布置

汽车销售顾问王艳每天接待许多客户，每个客户有不同的需求，这些需求不仅仅包括喜欢什么车或买车的用途，可能还涉及客户的心理因素等方面。有些需求客户会表现出来，而有些需求客户是不表现出来的，所以，王艳必须发现客户的需求点或客户对产品的重视点，并让客户自己确认。那么王艳怎样才能很好地识别客户的需求呢？

知识准备

一、识别客户需求类型

客户需求分类标准很多，在汽车销售过程中，按照客户需求是否在购买行为中表现出来分类，可分为显性需求、潜在需求和未知需求。

（一）显性需求

显性需求是指客户意识到并有能力购买且准备购买某种商品的有效需求，比如客户可能会直接说出"我口渴，要喝水""我需要一件毛衣"等。汽车销售人员要重点把握和领会客户的显性需求。

当客户有显性需求的时候，会做出类似如下的陈述：

（1）这种颜色的车，我最喜欢。

（2）我需要大功率的发动机，它可以……

（3）我购车款项不多，你们这可以贷款吗……

（4）我想要一种能够抵御强紫外线的……

识别客户的显性需求，一般来说比较容易，只要明确客户的购买动机、购买目的，就能迅速地找出他们的购买需求。一般来说，客户的购买动机往往包括这样一些方面：安全、自我保护、方便、避免麻烦、识别重视和自我提高。

（二）隐性需求

隐性需求是指客户没有直接提出、不能清楚描述的需求。隐性需求来源于显性需求，并且与显性需求有着千丝万缕的联系。另外，在很多情况下，隐性需求是显性需求的延续，满足了客户的显性需求，其隐性需求就会提出；两者的目的都是一致的，只是表现形式和具体内容不同而已。

通常而言，显性需求比较容易识别，隐性需求则比较难于辨认，但是在客户决策时却是隐性需求起决定作用，因为隐性需求才是客户需求的本质所在。

案　　例

某日，汽车销售人员小张接待一位客户，客户对小张说："只要产品质量好，价格无所谓。"小张听到客户这样表达后，立即给客户介绍了比开始介绍的那款车价格高但是质量很好的一款车，客户只是冷淡地应付了几句就走了，从此再没来店，在别的店买了小张开始介绍的那款车。其实，在这句话里包含了他的两个需求，即显性需求是说品质要有保障，而隐性需求则是要求物美价廉。

在汽车销售流程理论里有这么一种说法——冰山理论。表面的现象称为显性的问题，也叫显性的动机；还有一种隐藏着的东西叫作隐性的动机。我们在冰山理论里会经常提到显性和隐性的部分，一个是在水面以上的部分，还有一个是在水面以下的部分，见图 4-1。水面以上的部分是显性的，就是客户自己知道的、能表达出来的那一部分；水面以下的是隐藏着的那一部分，就是有的客户连他自己的需求是什么都不清楚。例如，某客户打算花十万元买车，可是他不知道该买什么样的车，这时候销售人员就要去帮助他解决这个问题。销售人员既要了解客户的显性需求，也要了解客户的隐性需求，这样才能正确分析客户的需求。

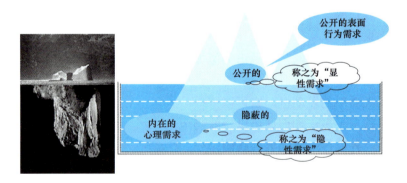

图 4-1　冰山理论

 案　例

个人爱好与实际需求

有一天，一位客户到某专营店来买车，他在展厅里仔细地看了一款多功能的SUV车。该公司的销售人员热情地接待了他，并且对这位客户所感兴趣的问题也做了详细的介绍，之后，这位客户很爽快地说马上就买。他接着还说，之所以想买这款SUV车是因为他特别喜欢郊游，喜欢出去钓鱼。这是他的一个爱好，他很早以前就一直想这么做，但是因为工作忙，没时间，现在他自己开了一家公司，已经经营一段时间了，但总的来说还处于发展阶段，现在积累了一点钱，想改善一下。

当时客户和销售人员谈的气氛比较融洽，要是按照以前的做法，销售人员不会多说，直接签合同、交定金，这个销售活动就结束了。但是这名销售人员没这么简单地下定论，他继续与这位客户聊，通过了解客户的行业他发现了一个问题。

这位客户是做工程的，他的业务来源是他的一位客户。他的客户一到这个地方来他就去接他，而跟他一起去接他的客户的还有他的一个竞争对手。这位客户过去没车，而他的竞争对手有一辆北京吉普——切诺基，人家开着车去接，而他只能找辆干净一点的出租汽车去接。他的想法是不管接到接不到，一定要表示自己的诚意，结果每次来接的时候，他的客户都上了他这辆出租车，而没去坐那辆切诺基。这位客户并不知道其中的原因，但这名销售人员感觉到这里面肯定有问题，销售人员就帮助这位客户分析为什么他的客户总是上他的出租汽车，而不上竞争对手的切诺基呢？

销售人员问："是因为您的客户对你们两个人厚此薄彼吗？"

这位客户说："不是的，有的时候我的客户给竞争对手的工程比给我的还多，有的时候给他的是肉，给我的是骨头。"

销售人员分析以后发现，他那位客户尽管是一视同仁，但实际上他有一种虚荣心，不喜欢坐吉普车而要坐轿车，出租车毕竟是轿车。于是这位销售人员就把这种想法分析给这位客户听。

销售人员说："我认为，您现在买这辆SUV车不合适，您的客户来了以后，一辆切诺基、一辆SUV，上哪辆车脸上都挂不住。以前一辆是吉普，一辆是出租车，他会有这种感觉，毕竟出租车是轿车。日后万一您的客户自己打的走了，怎么办？"

这位客户想想有道理。然后销售人员又给他分析，说："我认为根据您的这个情况，您现在还不能够买SUV。您买SUV是在消费，因为您买这辆车只满足了您的个人爱好，对您的工作没有什么帮助。我建议您现在还是进行投资比较好，SUV的价格在18万元到20万元之间，在这种情况下我建议您还是花同样多的钱去买一辆自用车，也就是我们常说的轿车，您用新买的轿车去接您的客户，那不是更好吗？"

这位客户越听越有道理，他说："好吧，我听你的。"他之所以听从销售人员的建议，

是因为从客户的角度来讲,销售人员不是眼睛只看着客户口袋里的钱,而是在为客户着想。他说:"我做了这么多年的业务了,都是人家骗我的钱,我还没遇到过一个我买车他不卖给我,而给我介绍另外一款车的情况,还跟我说买这款车是投资,买那款车是消费,把利害关系分析给我听,这个买卖的决定权在我,我觉得你分析得有道理。确实是这种情况,按照我现在公司的状况还不具备消费那辆车。"于是他听从销售人员的建议,买了一款同等价位左右的轿车,很开心地把这辆车开走了。

在开走之前,这位客户对销售人员说:"非常感谢你,我差点就买了一辆我不需要的车,差点白花了这20万元还不起作用。"

销售人员很会说话:"先生,您不用对我客气,您要是谢我的话,就多介绍几个朋友来我这买车,这就是对我最大的感谢。"

这位客户说:"你放心,我一定会帮你介绍的。"

果然,没过多长时间,他亲自开车带了一个朋友来找那位销售人员。经过介绍,销售人员不是问买什么车,而是问买什么样的车,买车做什么用,是从事哪个行业的,这几个问题一问,客户的朋友觉得销售人员很会为客户着想,于是就在这儿买了一辆车。

销售人员还是用同样的方法跟客户的朋友说:"您买了这辆车以后,如果觉得好就给我在外边多宣传,多美言两句。"

那位朋友说:"好,我们王兄就是在你这儿买的车,我就是他介绍来的。现在我也很满意,我也会给你介绍的。"下面肯定也会有这样的事情发生,因为那位朋友也有他的朋友社交圈。

半年以后,那位客户又来找这名销售人员,他说:"我找你是来圆我的那个心愿的。"

销售人员一听就乐了,他是来买那辆SUV的。

(三)未知需求

未知需求是指尚未被客户认识的需求。在没有接受销售人员的商品或服务之前,客户对自己目前的状况非常满意,他们没有任何抱怨或者不满,他们认为自己并不需要这些商品或服务,也没有必要做出任何改变。销售人员对客户的未知需求应该进行激发,发现和把握潜在的市场与客户的未知需求。

某生产鞋的企业的销售人员甲和乙接受了老板的指示前往海岛分头调研。大约过了一个星期,两人几乎同时通过越洋电话向老板汇报,但汇报的内容却大相径庭。销售人员甲汇报说,他几乎走遍了海岛,发现这里的人几乎不穿鞋子,没有鞋子市场。与甲的沮丧相反,销售人员乙十分兴奋地汇报说,他也走遍了海岛,发现这里的人几乎没有鞋,机会难得,公司应马上寄出一批鞋子让他和甲留在这里销售。后来企业按照销售人员乙的销售方案进行销售活动,取得了较大的成果。这就是成功开发未知需求的经典案例。

想一想：汽车销售人员用什么方法去识别客户的隐性需求？

二、分析客户需求

通过对客户需求分析，可以得到相关的信息，最后对症下药。客户需求分析的目的是弄清来意、明确需求（购买车型）、确定购买重点、购买角色定位和分清客户类型，具体见图4-2。

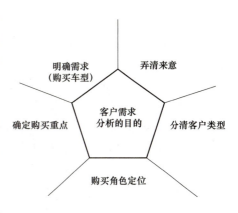

图4-2 客户需求分析的目的

1. 弄清来意

首先，客户到底是来干什么的？顺便的，过路的？如果客户开始仔细地看某一种确定的车型，那么看来有一些购买的诚意了。

2. 明确需求（购买车型）

通过与客户的有效沟通，对其需求进行有效分析，对客户的购买意向有明确判断，明确客户的真正需求，并提供专业的解决方案。能够帮助客户分清其隐性需求和显性需求。

3. 确定购买重点

购买重点是影响客户做出最终购买决定的重要因素。如果客户的购买重点只是价格，那么车的任何领先的技术对他来说都没有什么作用；如果客户的购买重点是地位，那么你谈任何优惠的价格对他也不构成诱惑。

4. 购买角色定位

到展厅一起来的三四个人，只有一个才是真正有决策权的人，那么其他人是什么角色？是参谋？是行家？是司机、秘书，还是朋友？所以，汽车销售人员一定要判断出谁有决策权（见图4-3），这样才有利于开展后面的销售工作。

图4-3 购买角色定位

5. 分清客户类型

客户由于在个人收入和文化观念上的差别，以及在年龄、性别、职业、兴趣、爱好等方面的差异，会形成不同的消费心理需求，从而形成不同的购车客户类型。

美国福特汽车连续保持20年销量冠军的经销商模仿五星级酒店的做法，在车行的门外安排了两个门童，只要有客户准备进入车行，那么就一定先由门童接待，通过短暂的三分钟交谈，门童将客户安排给某一个销售顾问。看起来这并不是一个多么有创意的方法，但关键是，该经销商挑选了有心理学本科学位的人来做门童，于是，只要通过简短的交谈，有心理学背景的门童就基本上了解了这个客户的大致行为倾向，了解客户的性格类型，从而有针对性地将内向的客户安排给外向的销售顾问，将外向的客户安排给内向的销售顾问，形成了绝好的搭配。而且，经销商也不必担心由于销售顾问的跳槽而带来的客户关系维系成本的上升，这是因为维系客户关系的一部分职责在门童身上。该经销商的老板在自己写的书中自豪地宣称，采用这个方法让他保持领先了至少三年的时间。

想一想：汽车销售人员分析客户需求的目的是什么？

三、客户需求的特征

客户的需求具有六个重要特征，见图4-4，即需求的对象性、选择性、连续性、相对满足性、发展性和弹性。如果汽车销售中与售后能够针对这六大特征加以利用的话，对提升汽车销售业绩有极大的帮助。

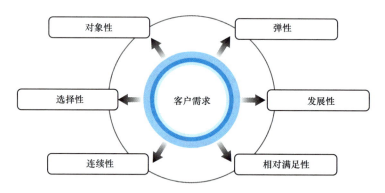

图4-4 客户需求的六个重要特征

（一）对象性

客户在寻找购买目标的过程中，会有明确的调查对象，调查时，他们只想弄清一个问题：我买车的时候是否存在风险？避免风险是每一个人的天性，汽车消费不像买萝卜、青菜，即使买的不如意也没有关系，损失也不大。在实际销售中，汽车销售人员要做的工作就是帮助客户将调查对象锁定在自己销售的产品上，排除其他产品对客户的影响。

（二）选择性

除非有明确的对象，否则在同一个品牌或不同品牌同一个档次的汽车之间，客户必须做出自己的选择。正因为有了选择的权力，才让他们更难轻易下决心。汽车销售人员的作用就是因势利导，让客户的选择有利于自己的产品和销售目标。

（三）连续性

客户在购买了汽车后，与汽车相关联的方面，如汽车装饰、饰品、CD 等都可以一起向他们推荐，此时他们更容易接受。如果掌握了客户的这种需求的特征，就可以将客户的单一购买需求最大化。比如说，当客户来提车时，提醒客户每天出门前检查一下灯光，了解保险方面的常识，并顺便让他们购买汽车上装备的 5A、10A、15A、20A、30A 保险，此时客户一般不会拒绝，反而会对销售人员的专业性表示认可。当客户来做例行保养时，教会他们一些基本的保养知识，并让他们顺便买机油、滤芯、刹车油等一些易损耗的备件，这样既可以减少由于客户不专业而对汽车产品的错误理解，也能够让客户自己解决使用中发生的问题。

（四）相对满足性

在刚买完新车的一段时间内，客户一般不会再考虑买同样功能的汽车，随之相关联的消费也会受到抑制。汽车销售人员如果能够有效利用这段时间，加强与客户的接触，并在他们允许的情况下，提供一些与汽车使用和维护相关的专业知识或培训，将会增强客户对汽车销售商和销售人员的认同，这最直接的收益就是获得这些客户对潜在客户的介绍。

（五）发展性

客户的需求永无止境，虽然此次的购买已经让他们相对满意，但经过一段时间的使用后，他们又会发现这辆汽车的不足之处，又会产生新的购车需求。如果此时客户对正在使用的汽车好感加深的话，那么在未来的购买中再选同样品牌和销售商的可能性就较大。基于这样的情况，汽车销售人员就应该服务好每一个客户，提升他们的满意度和忠诚度。要做好这方面的工作，可以在客户使用新车一段时间后，询问一下他们对汽车的音响系统、内外装饰等方面的要求，适时争取客户在这些方面的投资。

（六）弹性

当客户确定了目标品牌与车型后，只要还没有购买，这个需求都有可能发生变化，前提条件是他们必须发现性价比更高、性能更卓越的替代品牌与产品。根据客户需求这一特征，汽车销售人员只要找到客户打算购买的品牌和车型的缺点，就有可能改变客户的购买决策，战胜竞争对手。例如，当跟踪发现客户已经初步确定选择某个品牌的汽车后，发现该款车除装备 ABS 外，没有安装 EBD，而你所销售的汽车正好配备了 EBD，此时，在两辆汽车价格差异不是太大的情况下，只要能够让客户认识到一辆只装备了 ABS 的汽车还不足以全面呵护客户的安全，选择装备了 ABS+EBD 的汽车会更好，就将改变客户最初想购买的目标汽车。

想一想：客户需求的特征是什么？

客户筛选知识拓展

1. http://v.youku.com/v_show/id_XMzczNTA5NjUy.html?tpa=dW5pb25faWQ9MTAyMjEzXzEwMDAwMl8wMV8wMQ.

2. http://v.youku.com/v_show/id_XNDAwNDk3MzEy.html?tpa=dW5pb25faWQ9MTAyMjEzXzEwMDAwMl8wMV8wMQ.

3. http://v.ku6.com/show/OEW8iWLcTeIVMAqe.html.

任务 4.2　确定客户需求分析内容

  任务布置

王先生一家三口到店看车,王艳作为汽车销售顾问为他们提供购车服务。为了帮助王先生一家购买心仪的汽车辆,王艳需要从哪些方面入手来分析客户的需求?

  知识准备

一、客户类型分析

在汽车销售中客户类型及其心理是千差万别的,无论汽车销售人员经验如何丰富,也很难做到万无一失。因此,对于各种不同的客户可以视其性格的不同而加以调整。

(一)客户性格类型分析

充分了解客户,首先就要了解客户的大致类型。汽车销售人员一天要接待大约 10 个客户,不可能对每一个客户都做到非常深入、透彻的了解,因此,汽车销售人员可通过两个维度来了解他们:一是情感度,比如有些人被人们称作"自来熟",他们看上去非常亲切,很容易亲近,而有些人即便相识很久,也总让人觉得很难接近,这就是情感度高低的不同;二是表达度,是指一个人表达欲望的强烈程度,比如有些客户喜欢滔滔不绝地讲述自己的观点,有些客户则总是用几个简单的词回答——随便、都行、可以等。需要注意的是,表达度指的是一个人的表达欲望如何,而不是表达能力如何。有些人表达欲望很强,但表达能力却很差,这样的人仍然属于表达度较高的人。

情感度和表达度互相交叉,可以将客户划分为四种性格类型,如图 4-5 所示。

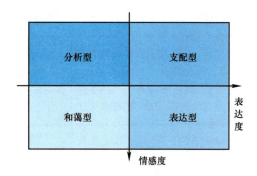

图 4-5　客户的四种性格类型

1. 支配型客户分析（见图4-6）

特征：	需求：	恐惧：	策略：
*发表讲话、发号施令 *不能容忍错误 *不在乎别人情绪和建议 *是决策者、冒险家，是个有目的的听众 *喜欢控制局面，一切为了赢 *冷静、独立、以自我为中心	*直接回答 *大量的新想法 *事实	*犯错误 *没有结果	*充分准备，实话实说 *准备一张概要，并辅以背景资料 *要强有力，但不要挑战他的权威地位，因为他虽然喜欢有锋芒的人，但同时也讨厌别人告诉他该怎么做 *从结果的角度谈，给他两到三个方案供其选择 *指出你的建议是如何帮助他实现目标的

图4-6 支配型客户分析

2. 表达型客户分析（见图4-7）

特征：	需求：	恐惧：	策略：
*充满激情，有创造力，理想化，重感情，乐观 *凡事喜欢参与，不喜欢孤独 *追求乐趣，乐于让人开心 *通常没有条理，一会儿东一会儿西	*公众的认可 *民主的关系 *表达自己的自由 *有人帮助实现创意	*失去大家的赞同	*表现出充满活力，精力充沛 *提出新的、独特的观点 *给出例子和佐证 *给他们时间说话 *注意自己要明确的目的，讲话直率 *以书面形式与其确认 *要准备他们不一定能说到做到

图4-7 表达型客户分析

3. 和蔼型客户分析（见图4-8）

特征：	需求：	恐惧：	策略：
*善于保持人际关系 *忠诚，关心别人，喜欢与人打交道，待人热心 *耐心，能帮激动人的冷静下来 *不喜欢采取主动，愿意停留在一个地方 *非常出色的听众，迟缓的决策人 *不喜欢人际矛盾	*安全感 *真诚的赞赏 *传统的方式，程序	*失去安全感	*放慢语速，以友好但非正式的方式 *提供个人帮助，建立信任关系 *从对方角度理解 *讨论问题时要涉及人的因素

图4-8 和蔼型客户分析

4. 分析型客户分析（见图4-9）

特征：	需求：	恐惧：	策略：
*天生喜欢分析 *会问许多具体细节方面的问题 *敏感，喜欢较大的个人空间 *事事喜欢准确完善 *喜欢条理框框 *对于决策非常谨慎，过分地依赖材料、数据，工作起来很慢	*安全感 *不希望有突然的改变 *希望被别人重视	*批评 *混乱局面 *没有清楚的条理 *新的措施方法	*尊重他们对个人空间的需求 *不要过于随便，公事公办，着装正统 *摆事实，并确保其正确性，对方希望信息多多益善 *做好准备，语速放慢 *不要过于友好 *集中精力在事实上

图4-9 分析型客户分析

图4-6～图4-9将四类客户的特征、需求倾向、担忧的事情，以及针对他们的销售策略都详细地表明了。衡量别人不如先衡量自己，所以，先从自己开始试验、理解这个分类。

第一，确定自己的类型，大致判断自己属于哪个类型；

第二，回顾你采购最贵重的物品时是如何决策的；

第三，回顾你为什么会拒绝一些销售人员的推荐；

第四，如果现在让你决定，你还会买同样品牌的物品吗？

最好将你对这四个问题的回答记录下来，交给你的同事，让其根据你所写的答案找出一个向你推荐产品的方案。在核对以上四个类型客户的描述之后，根据你的理解对你的同事进行分类，然后尝试找到向他们推荐产品的主要策略和方法。

想一想： 简述各种不同性格的客户性格和行为的特征。

（二）特殊类型客户需求的分析

销售中会接触到形形色色的客户，在这些客户中不可避免地会有少数人生性不易与他人相处，不易达成合作，他们的数量不太，却常使销售人员热情大为受挫，有时还会引发严重的不良后果。要化解这些"障碍"，使这些难以合作的客户感到满意，就必须能够洞析他们的心理，具体见表4-1。

表4-1 特殊类型客户的分析

特殊类型客户	特点	应对方法
情绪易变客户	1. 任性。个性不成熟，受生活环境和教育的影响，他们任自己的性子行事。 2. 见异思迁。他们对新奇事物的感受通常相当敏锐，抢购的念头时常兴起，但这种热情维持不了多久，很快就会转移到其他事物上，表现出心绪不稳，见异思迁的特点。	首先要多接触，了解其生活节奏，尽快客观地估计他们目前的情绪波动期是"高涨期"还是"低落期"。如果是处于情绪高昂期，最好能眼明手快、速战速决地与之高谈达成交易；反之，对于处于情绪低落状态的客户，尽量采取安抚政策，不急于展开实质性商谈。

续表

特殊类型客户	特点	应对方法
刻薄型客户	1. 发泄心中的不满。客户有时在其他地方遇到不愉快的事情，心情郁闷，所以找机会就想发泄一下。有时正常人也会有情绪激愤的时候。 2. 自卑感。对他人刻薄有时是自卑的一种极端反映，这类客户觉得事情不如意，自怨自艾，潜意识中感到不平和自卑，这使得他们心胸变得狭窄，在言语行动上变得尖酸刻薄，以求心理上的平衡。	了解这类客户心理后，销售人员应该以平和的态度对待可能受到的不礼貌行为，以同情的心情去关怀、体谅他们。一般而言，销售人员的耐心和同情能纾解客户的不满，使他们体谅销售人员的工作，改变不合作态度。当然，极个别的客户可能仍蛮不讲理，但销售人员切记一点就是决不能与之争吵。这样也会得到其他客户的认同，从而得到更多客户的理解与认可。
疑心型客户	1. 不相信销售人员。也许是由于客户与其他销售人员有过不愉快的交往经历或其他客观原因，造成客户有一种本能的不信任态度。 2. 希望有证据的说服。由于不信任销售人员的话，因此希望有切实具体的"证据"，似乎只有证据才会使他们感到安全。	与这类疑心型客户交往时，必须拿出绝对的诚意，使客户产生信心。而且要善于挖掘客户内心深处的"疑心之根"，引导客户把不满说出来，再向他们"证明"，以消除他们心中的疑虑。
挑剔型客户	1. 易受第一印象影响。挑剔通常发生在对产品上，但原因却既可能是产品本身，又可能是销售人员的服务。对产品和人员服务的第一印象在这些客户中会产生重要的影响，甚至立刻就使他们下判断。这类客户还常常思考敏锐，感受又强，有了第一印象就很难改变。 2. 希望获得打折。客户的真正意图可能在于以更低的价格获得产品，所以总是试图找出产品的缺点，因此，在销售中就有了"挑毛病的人总是最终购买者"这一规律。	面对挑剔型客户，销售人员要能够敏锐观察，摸清对方挑剔的真实原因。如果是前者，就应以积极、诚恳、主动的态度，努力纠正对方的看法；如是后者，则在条件允许的情况下可以适当给予优惠。

二、客户其他信息的分析

（一）现有车型分析

分析现有车型，能大致知道客户需求的趋向；同时通过咨询客户对现有车型的认可度，进一步判断客户关注点是什么。这样汽车销售人员就可以对症下药，满足客户需要，达成购车协议。

（二）购车预算、购车用途和购车时间分析

在分析客户需求的时候，除了分析客户的类型和客户现有车型，还应对购车预算、购车用途和购车时间等内容进行分析，因为通过这些信息可以帮助销售人员判定客户真正的需求，具体见表4-2。

表4-2 对客户需求信息的分析

序号	关注的内容	得到信息的话术
1	客户的职业	看您的气质,您是大学老师吧!
2	购车预算	您的购车预算大概是多少?这个问题本来不应该问,但是很多客户买车以后要么觉得配置低了,要么觉得配置太高,为了更好地帮您推荐车,所以才冒昧地问您这个问题。
3	比较车型	先生之前还看过什么车呢?
4	购车用途	您买车除了正常代步,还有什么其他特别的用途吗?(比如商务和长途旅行等)/先生您买车是公用还是私用啊?
5	家庭成员	您小孩多大了?
6	购车时间	您想什么时候能够拿到车呢?
7	在用车辆	我刚才看您开了一辆捷达过来,是您自己的车吧?
8	配置要求	您选车对配置有没有特别的要求?比如导航、倒车影像等。
9	购车决策人	您今天能定下来吗?是否还需要听听家人的意见?
10	付款方式	您买车是一次性付款还是分期呢?
11	车辆性能偏好	您比较关注车辆性能的哪一方面?比如动力、经济、舒适性等。
12	使用人	您买车主要是自己用呢还是家里人用?

 每日一练

说一说客户需求分析的内容。

 客户接待技巧知识拓展

1. http://my.tv.sohu.com/us/67400942/21341966.shtml.
2. http://video.baomihua.com/37784322/34333393.

任务 4.3　选用客户需求分析技巧

任务布置

汽车销售顾问王艳接待过一位多次来店的客户，客户每次来到店里都不明确买哪一款车，王艳为其推介了多款车，但是还是没弄清楚客户的具体需求，仍然无法全面获得客户购车的需求信息。那么王艳运用什么样的技巧才能巧妙地了解客户的需求呢？

知识准备

一、应对不同客户状态的销售风格

（一）客户状态

1. 客户素质

对于一个客户可以首先考察他的素质。这个素质不是指他个人的知识、学历等，当然，知识、学历的确影响他的采购决策，但那只是一个组成部分，我们要考察的是他对汽车的知识、他对汽车的使用经验，以及他驾驶汽车的技能，比如开了多长时间车。所以，一个客户的素质由三个指标组成：知识、经验、技能。

了解了这三个指标，基本上可以判断该客户的素质是高还是低。

2. 购买意愿

购买意愿也是由三个指标构成。

其一，购买动机。如果客户的主要动机就是圆梦，那么除非你的车是廉价的那种，否则这不是你的客户，即使他素质再高，也肯定不是高档车、豪华车的客户。

其二，承诺。客户是否向你承诺他在比较近的一段时间会购买？他是否承诺会到你这里来购买？承诺是非常重要的一个指标，它不需要揣测，只要看客户是否有承诺的话就可以了。有的时候，客户会说"我肯定会回来的""下周我再来找你"，这些都是承诺。

其三，信心。客户是否信任你？是否对你有信心？是否确定自己的购买决策是正确的？尤其是他在周围朋友圈里是否获得赞成和羡慕？这完全取决于客户对你的信心。

清楚这三个指标后,也可以对客户的意愿有一个判断结果——高还是低,为了清晰地表明客户状态与销售风格的关系,我们特意将这四类客户编制特殊的符号来明确,见图 4-10。

图 4-10　客户状态分析图

(二)客户状态与销售风格

1. 对待低素质客户的销售风格

低素质的客户指的是那些对汽车的知识、经验,以及驾驶技能都较差的客户群体,他们对汽车的许多技术特点不可能有很好的认识和体会。因此面对这样的客户时,销售人员其实充当了一个教练的作用,或者甚至就是启蒙的作用。这类客户多数是 20 万元以下车的购买者,但是,也有一部分是高档车的潜在客户,因此,要给他们做教育、辅导、演示的工作。对待这类客户时,完全就是销售人员主导整个销售过程,包括安排试驾,安排汽车知识的全面讲解,甚至安排 ABS 的演示、气囊使用的演示,以及图解各种汽车技术给驾驶者的好处和利益,这些都会促成这类客户的成交,见图 4-11。

2. 对待高素质客户的销售风格

高素质的客户指的是对车性能很了解的客户,他们通常反感销售人员像对待一个初学者一样地给他们讲解初级的、幼稚的知识,他们不喜欢销售人员过于主动,他们非常希望由他们自己来控制销售过程;他们会拒绝试驾,会拒绝听销售人员讲那些事先早就准备好的汽车介绍方法,他们更愿意销售人员根据他们的特性来回答问题,希望被当作高水平的客户对待。因此,汽车销售人员应以客户为主导的方式开展销售活动,见图 4-12。

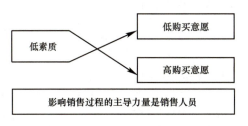

图 4-11　对待低素质客户的销售风格

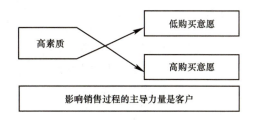

图 4-12　对待高素质客户的销售风格

当我们这样将客户区分之后,我们了解了对待不同素质的客户,应该采用不同的销售风格:对待低素质的客户应该是销售人员主导销售过程,努力讲解汽车的各种知识,努力安排试驾，让客户体会各种汽车技术带来的利益和感觉；而对待高素质的客户，应该有特色地根据他们的要求来跟随销售过程，一旦你试图驾驭销售过程，比如追问"您何时决定呀？要不要家人一起来参加试驾活动呀"，往往招致高素质客户的高度警惕性，从而试图远离你，因此，千万不能成为销售过程中的主导力量，任由客户主导，一定可以顺利完成整个销售。

（三）销售风格测试

经过将近 8 年的研究和大量的试验，澳大利亚汽车协会研究了一套卓有成效的汽车销售顾问手册，其中最有帮助的就是一个销售人员的销售行为倾向的测试。每一个销售人员都有自己独特的销售方法，甚至许多优秀的销售人员有自己独特的销售秘诀，他们希望保持这些销售秘诀，从而在众多销售人员中获得成功。在中国开展大规模的汽车销售人员培训之前，相关机构也做了同样的销售行为测试的工作。在这里我们提供给大家，见表 4-3，通过回答 12 个问题来测试你的本能的销售风格，对于每一种情境，选择一个字母作为你的回答。

表 4-3 情境与销售行为

情境	销售人员的举措
情境 1： 客户不了解你的产品，但是强烈要求给予更低的价格，你满足对方的要求后，这个客户仍然没有购买。	针对这个情境，销售人员的举措： A. 提出最优惠价格期限，并警告可能缺货； B. 介绍成功客户的例子，渲染产品带来的巨大影响； C. 强调产品的品牌，反复强化产品给客户的价值； D. 保持长久的联系，有相关信息再通报。
情境 2： 你面对的这个客户除了不断要求降价，还反复核实你代表的公司的实力以及名声。	针对这个情境，销售人员的举措： A. 陈述公司的品牌意义，展示产品给客户带来的可以看见的利益； B. 介绍客户参加大型同类产品的展会； C. 渲染你的公司在行业中取得的成功，不谈价格； D. 提出新的价格优惠。
情境 3： 你的客户过去购买了许多同类产品，在准备购买你的产品的时候，犹豫不决，总是询问送货时间、产品保修等问题。	针对这个情境，销售人员的举措： A. 陪同客户参观公司，并辅导客户使用产品； B. 推荐其他可以获得产品信息的资源给客户； C. 给出一口价并限定时间； D. 提供样品以及产品获得的权威鉴定。
情境 4： 你面对的是一个有经验的客户，他理解产品价值，也知道你的产品的品牌，没有表现出价格问题，但是在预计的时间内还没有购买。	针对这个情境，销售人员的举措： A. 提供大量的有关产品的利益报道，提供足够的宣传资料； B. 立刻提供产品试用； C. 介绍客户的同行成功的经验； D. 强调产品创新的特征，强调公司先进的技术研发力量。

续表

情境 5： 你的客户在电话中告诉你，他准备购买你的产品，但是，他要求你亲自送货，并免费辅导他产品的使用方法，他暗示你未来还要采购许多你的产品。	针对这个情境，销售人员的举措： A. 完全答应客户的要求，但不多收费； B. 答应辅导，但不答应送货，同时提出送货的额外支出问题； C. 答应亲自送货，提出给予优惠从而免除辅导； D. 在客户同意支付额外费用的情况下，都答应。
情境 6： 你发现向你咨询产品使用方法的这个客户在以往使用同类产品时由于误操作损坏了产品，因此总是怀疑产品的设计有问题。	针对这个情境，销售人员的举措： A. 指出同类产品中只有你代表的公司产品质量最好，所以，没有误操作的问题； B. 同意产品有一定的打折，促使客户下决心购买； C. 保持客户联系，随时提供产品发展信息； D. 向客户提供产品正确使用的详细说明，并邀请客户参加免费的产品使用培训班。
情境 7： 你发现客户经常向他的朋友推荐你的产品，但是他介绍过来的客户根本没有理解你的产品可能给他们提供的价值。	针对这个情境，销售人员的举措： A. 免费赠送该客户一些产品； B. 收集所有的产品资料提供给该客户，并邀请他参观你代表的公司； C. 提供客户参加免费辅导班的机会，让他了解产品的品牌和公司的实力； D. 给客户介绍其他的客户以及公司产品介绍说明。
情境 8： 这个客户与你有非常融洽的关系，但是最近开始投诉你代表的公司的售后服务有问题。	针对这个情境，销售人员的举措： A. 通知客户你代表的公司有了新的客户售后服务流程； B. 访问客户，寻找客户出现的实际问题； C. 答应客户退货，并免费掉换产品； D. 给客户邮寄新的产品说明，以及新闻媒体对公司的报道等。
情境 9： 这个客户与你沟通了很长时间，但是一直没有签约，他总是让你推荐成功的案例或者客户给他，他希望能够访问使用你的产品非常成功的用户，他也在探听其他用户的购买价。	针对这个情境，销售人员的举措： A. 等待这个客户自己提出购买产品的要求； B. 邀请客户访问公司，进一步介绍公司； C. 给客户限制期限中的最优惠价格； D. 带领客户访问其他成功的客户，了解其他客户使用产品得到的利益。
情境 10： 客户对你反复重申的产品带给他的价值没有反应，甚至不在乎品牌以及你代表的公司的实力，但是却反复向你咨询产品的推广程度。	针对这个情境，销售人员的举措： A. 带领客户参观成功的客户，加深其对公司产品的深刻印象； B. 提供尽可能的优惠价格争取客户的购买； C. 了解客户现在的需求程度； D. 提供本公司的宣传资料以及媒体报道的资料。

续表

情境 11： 客户是他所在领域的行家，对你的产品发展也非常有见地，但是，新产品推出的时候，你发现他还是在购买过时的产品。	针对这个情境，销售人员的举措： A. 给客户降价，使新产品的价格比过时产品的低； B. 加深客户对创新的认识，邀请客户参加新产品发布会； C. 给客户邮寄足够的产品资料，以及行业发展资料； D. 有新的进展时再通知客户。
情境 12： 客户需要更多的时间来考虑你的产品，而且参与讨论的人都是客户公司高层人士。你希望在讨论会上有展示产品的要求被礼貌地拒绝了。	针对这个情境，销售人员的举措： A. 争取联系该公司的每一个参加决策的人员，演示产品； B. 尽量提供产品的最新信息，以及成功客户的信息； C. 尽量给客户最优惠的价格促成购买； D. 强调公司的品牌及其在行业内的名声。

首先，根据你对前面 12 个情境所做出的选择来完成下面的表格，见 4－4。将你就每一个情境所做出的选择项的字母圈出来，然后计算每一列中有多少个圈，将这个数字填写到"总分"一行空白处。

表 4－4　情境反应下的销售风格测算

1	A	C	B	D
2	D	A	C	B
3	C	A	D	B
4	B	D	A	C
5	C	B	D	A
6	B	D	A	C
7	A	C	B	D
8	C	B	D	A
9	C	B	D	A
10	B	D	A	C
11	A	C	B	D
12	C	A	D	B
总分				
	S1	S2	S3	S4

这样就计算出了销售人员的销售风格倾向。这个倾向我们也用字母来表示，那就是 S 的数字。每一个销售人员的销售倾向是不同的。有的人偏向销售主导，偏向努力地说服客户，偏向能说会道，客户根本就没有机会表达他们的想法，这就是销售主导，也是传统的销售培训中非常重视的技能。另外一个销售倾向就是以客户为主导，以客户的需求为核心，努力挖掘客户的问题，观察这种销售风格的销售人员，你会发现他们说得不多，他们总是在耐心地听客户在说，从中寻找客户的问题，从而锁定"我们将销售产品的什么内容来有针对地回答客户的疑问"，这样的销售我们称为顾问式销售。将销售人员的销售风格倾向

在传统销售和顾问式销售的指标上展开,见图4-13,将上面的计算结果得到的S1的数字填写到S1的象限中的空格子里,S2的数字填写到S2的象限中的空格子里,S3的数字填写到S3的象限中的空格子力,S4的数字填写到S4的象限中的空格子里。

传统销售:以利用人性的弱点为机会和目标的销售。典型的代表是专业销售技能(就是许多销售培训称呼的PSS)。20世纪20年代,E.K.Stong的《销售心理》奠定了传统式销售技能模式。目前系统的传统式销售技能则始于1942年施乐公司,见图4-14。

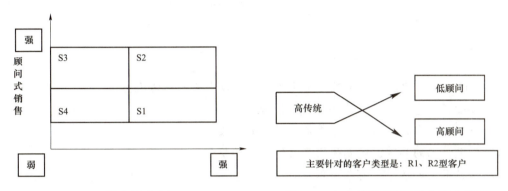

图4-13 销售模式象限　　　　　　　图4-14 高传统销售风格与客户类型

顾问式销售:站在买方的立场上,从说服转变为理解,从以产品为中心转变为以买方为中心。要劝说别人,最好的方法不是劝说,你永远不可能说服客户,客户只能自己说服自己。顾问或销售的本质是理解客户。顾问式销售是IBM公司率先于1976年开始采用的销售方法,见图4-15。

用R来代表客户的不同类型,用S来代表不同的销售风格,于是我们将四种销售风格与四种类型的客户状态对应起来,得到图4-16和图4-17。其中:

高传统、低顾问,统称为S1:为煽动、鼓动、压力式的推销。

高传统、高顾问,统称为S2:为说服、劝说、诱惑式的销售。

低传统、低顾问,统称为S3:为参与、理解、支持、解答式的销售。

低传统、高顾问,统称为S4:为维护、沟通、联系客户的关系式销售。

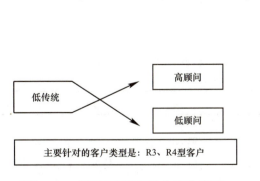　　　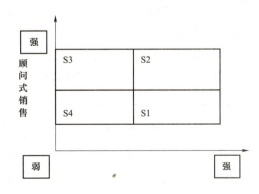

图4-15 低传统销售风格与客户类型　　　图4-16 销售模式象限

传统销售		顾客式销售	
客户状态R1	客户状态R2	客户状态R3	客户状态R4
低意愿	高意愿	低意愿	高意愿
低素质	低素质	高素质	高素质
销售人员导向		客户导向	

图 4-17 客户状态

练习

1. 请根据你的理解，判断下面的销售人员表现出来的销售风格。

A. 提出最优惠价格期限，并警告可能缺货；

B. 介绍成功客户的例子，渲染产品带来的巨大影响；

C. 强调产品的品牌，反复强化产品给客户的价值；

D. 保持长久的联系，有相关信息再通报；

E. 陈述公司的品牌意义，展示产品给客户带来的可以看得见的利益；

F. 介绍客户参加大型同类产品的展会；

G. 渲染你的公司在行业中取得的成功，不谈价格；

H. 提出新的价格优惠。

S1	S2	S3	S4

2. 请根据你的理解，判断下面的销售人员表现出来的销售风格。

A. 陪同客户参观公司，并辅导客户使用产品；

B. 推荐其他可以获得产品信息的资源给客户；

C. 给出一口价并限定时间；

D. 提供样品，以及产品获得的权威签订；

E. 提供大量的有关产品的利益报道，提供足够的宣传资料；

F. 立刻提供产品试用；

G. 介绍客户的同行成功的经验；

H. 强调产品创新的特征，强调公司先进的技术研发力量。

S1	S2	S3	S4

从分析客户需求发展到分析客户的动机，按照感情度和表达度来区分不同的客户，并采用不同的销售策略。之后进一步研究了客户需求是从哪里来的，以及如何针对客户的问题来有效地推进销售过程。通过学习目前销售理论领域中领先的客户判断方法和销售风格

的采用指导,来判断自己的销售风格,根据自己薄弱的方向来提高自己的销售水平。但是,在确定使用相应的销售风格之前,必须充分理解如何区分不同类型的客户,根据客户的素质、购买意愿将他们分成 R1,R2,R3,R4,并有针对性指出与之匹配的销售风格,即 S1,S2,S3,S4,这样才能取得较好的效果。

二、"观、猜、问、听、导"的技巧

(一) 观察的技巧

通过观察了解客户的大致需求,见表 4-5。

表 4-5 观察的技巧

观察点	反映的需求信息
衣着	一定程度上反映经济能力、选购品位、职业、喜好。
姿态	一定程度上反映职务、职业、个性。
眼神	可传达购车意向、感兴趣点。
表情	可反映情绪、选购迫切程度。
行为	可传达购车意向、感兴趣点、喜好。
随行人员	其关系决定对购买需求的影响力。
步行/开车	可以传达购买信息的是首部车/什么品牌、置换、预购车型等信息。

(二) 猜的技巧

客户购买汽车总是受到其动机的支配和驱使。客户购买汽车的动机有时可以决定交易的成败,所以,汽车销售人员要想促成客户的购买行为,必须对客户的购买动机予以高度重视,必须洞察客户的心理活动,猜出客户的购买动机。

从客户的表现来看,可以将客户的购车动机归纳为两大类:理智型购车动机和感情型购车动机。

1. 理智型购车动机

拥有理智型购车动机的客户往往有着比较丰富的生活阅历,有一定的文化修养,比较理性成熟。他们的购车动机具体表现在以下方面,见图 4-18。

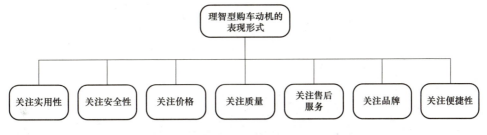

图 4-18 理智型购车动机的具体表现形式

（1）关注实用性。即做出购买的决策是立足于汽车的最基本效用。客户购买汽车时，首先考虑汽车的技术性能和实用价值，具有这种购车动机的客户一般在购买汽车前会对所要购买的汽车做一定的了解。这类客户的决定一般不受外界因素的影响，在汽车选择过程中，他们主要关注汽车的价格、油耗、耐用性、可靠性、使用寿命、售后服务等。

（2）关注安全性。随着科学知识的普及和经济条件的改善，客户自我保护意识逐渐增强，对汽车安全性的考虑愈来愈多。具有安全性购车动机的客户在选购汽车时，往往将安全、卫生、可靠、牢固等因素放在首位，并希望经销商能提供良好的售后服务。

（3）关注价格。有些购车客户注重经济实惠，在其他条件大体相同的情况下，价格往往成为左右这一类型客户取舍的关键因素。这类客户以经济收入较低者居多，他们喜欢对同类汽车的价格差异进行仔细的比较。

（4）关注质量。具有这种购车动机的客户更加关注汽车的品质，他们对汽车的质量、产地等十分重视，对价格不予过多考虑。

（5）关注售后服务。这类客户看重的是良好的售后服务，及时提供良好的售后服务是企业争夺客户的重要手段。

（6）关注品牌。有一部分客户选购汽车产品时追求的是品牌和档次，借以显示或抬高自己的身份、地位，购买汽车产品不仅可以满足他们使用上的需要，更重要的是满足了他们心理上的需要。具有这种购车动机的客户不太注意汽车的使用价值，而是特别重视汽车的影响和象征意义。

（7）关注便捷性。便捷在这里的含义有两个：一是使用方便，二是购买方便。使用方便、省力省事无疑是购车客户的一种自然选择。自动挡汽车走俏市场，正是迎合了这些客户的购车动机。

想一想：客户理智型购车动机具体表现在哪几个方面？

2. 感情型购车动机

购车客户的感情型动机很难有一个客观的标准，但大体上表现为以下几种情况，见图4-19。

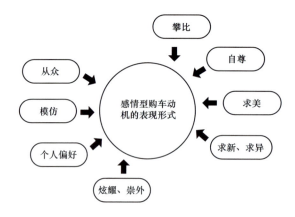

图4-19 感情型购车动机的具体表现形式

（1）求新、求异。持有这类购车动机的客户追求新颖、刺激、时髦。在选购汽车时，特别注重汽车是否是新产品、新款式、新花色等。一款设计新颖、构思巧妙的汽车，往往能极大地激发这类客户的购买欲望。这种情况一般在年轻人身上表现得更为突出，很多年轻人购买富有个性的车型就反映了他们标新立异的心理，见图4-20。

图4-20　求新、求异的年轻人购买的汽车

（2）攀比。具有攀比购车动机的客户希望跻身某个社会层次，别人有什么，自己就想有什么，不管自己是否需要、价格是否划算。

（3）从众。作为社会人，总是生活在一定的社会圈子中，有一种希望与他应归属的圈子同步的趋向。具有这种心理的购车客户，总想跟着潮流走，不愿突出，也不甘落后。他们购买某款汽车，往往不是由于急切的需要，而是为了赶上他人或超过他人，借以求得心理上的满足。受这种心理支配的客户是一个相当大的群体，见图4-21。

图4-21　从众型购车动机客户群体

（4）炫耀、崇外。有一些客户盲目崇拜进口品牌，认为凡是进口车都是好的，这多见于功成名就、收入丰厚的高收入阶层，也见于其他收入阶层中的少数人。在他们看来，购车不仅要实用，还要表现个人的财力和欣赏水平。他们是客户中的尖端消费群，购车倾向

于高档化、名贵化。

（5）模仿。具有这种购车动机的客户在购车时模仿的对象一般是他们崇拜或尊敬的人，当他们和自己的崇拜对象在某些方面一致时，自尊心会得到极大的满足。广告制作时常常让大家都熟知的名人或喜欢的艺人做产品代言，就是这个道理。

（6）自尊。有这种购车动机的客户在购车时，既追求汽车的使用价值，又追求精神方面的价值。在购买之前，他们希望受到欢迎和热情友好的接待。客户是企业的争夺对象，理应被企业奉为"上帝"。如果服务质量差，哪怕车辆本身质量再好，客户往往也会弃之不顾，因为谁也不愿花钱买气受。因此，企业及其汽车销售人员、维修人员应尊重客户，让客户感到盛情难却，乐于购买。

（7）个人偏好。有这种购车动机的客户喜欢购买某一类型的汽车，以满足个人特殊情趣和爱好。它与一个人的生活习惯、兴趣爱好有非常密切的关系。

（8）求美。"爱美之心人皆有之"，美的事物总是让人们满足和欢乐。具有这种购买动机的客户在选购汽车时，特别看重汽车的颜色、造型、款式等，对汽车本身的实用价值和价格的考虑尚在其次。

想一想：客户感情型购车动机具体表现在哪几个方面？

（三）询问技巧

通过提问，能尽快找到客户想要的答案，了解客户的真正需求和想法；通过提问，也能尽快厘清自己的思路，这对于销售人员至关重要。如："您能描述一下当时的具体情况吗？""您能谈一下您的希望和要求吗？"这些问题都是为了厘清自己的思路，让自己清楚客户想要什么，你能给予什么。所以，询问一定要讲究技巧。

1. 状况询问法

在日常生活中，使用频率最高的就是状况询问法。汽车销售人员可以这样询问客户的状况："您在哪里上班？""您有哪些爱好？""您打高尔夫球吗？"……所有这些为了了解客户目前的状况，所作的询问都称为状况询问。

汽车销售人员询问的主题当然要与销售的汽车有关。状况询问法的目的是了解潜在客户的现状。

2. 问题询问法

在了解了客户的现状后，汽车销售人员就可以开展问题询问了，问题询问是为了探求客户潜在需求而进行的询问。

3. 暗示询问法

汽车销售人员如果已经发现了客户的潜在需求，就可以通过暗示询问的方式，让客户了解自己的潜在需求。

"我们宝马品牌车一般优惠幅度不是特别大,价格波动幅度很小,但是这段时间,有一款适合年轻人使用的车型优惠幅度很大,您认为这款车怎么样?"(暗示询问法)"我很喜欢这款车,只是价格有点贵,一时下不了决心。"这位购车客户经过销售人员合理的引导和提醒,潜在需求将会不知不觉地从其口中流出。等客户说出潜在需求后,销售人员就可以自信坚定地展示自己的产品说明技巧,来证明自己能满足客户的需求了。

4. 澄清性问题

澄清性问题是指正确地了解客户所说的问题是什么,到什么程度。有时候客户往往会夸大其词,如"这车太不好了,到处是问题",销售人员碰到这样的客户,首先要提出一些澄清性问题,因为这时候并不知道客户所说的"不好"到了什么程度。遇到这种情况可以提问:"请问您说的这车不好是什么样子,您能详细描述一下车辆具体不好的情况吗?"这样可以了解客户的需求点和关注点。

5. 服务性问题

服务性问题也是客户服务中经常用的一种专业性较强的提问。这种提问一般运用在客户服务过程结束的时候,它可以起到超出客户满意的效果。

服务性问题的提出是体现一个汽车销售店的客户服务是否达到优质的一个标准。比如我们到一些管理较差的汽车销售店,接待人员本应帮客户开门,但拉开门后接待人员自己却先进去了,而不像一些管理好的汽车销售店那样让客户先进去,这就体现了高标准的客户服务。

6. 开放式问题

开放式问题是用来引导客户讲述事实的。最先探询客户需求,可以运用开放式询问法来了解一些信息。

开放式询问适用于希望获得大信息量时。了解客户信息越多,越有利于把握客户的需求。可以了解的信息见图4-22。

谁(Who):您为谁购买这辆车?
何时(When):您何时需要您的新车?

图4-22 开放式询问的问题

什么（What）：您购车的主要用途是什么？您对什么细节感兴趣？

为什么（Why）：为什么您一定要选购三厢车呢？

哪里（Where）：您从哪里获得这些信息的？您从哪里过来？

怎么样（How）：您认为大众车动力性怎么样？

7. 封闭式问题

封闭式询问（肯定或否定），适合于获得结论性的问题。例如："你喜欢这辆捷达车吗？""我们现在可以签订单吗？"封闭式询问能够确认客户的最终决定。

重点关注的信息

★客户的素质（知识、经验、技能）——请问您是从事什么行业/职业的呢？

客户对北京现代品牌的了解程度——您肯定对我们品牌很了解吧？（肯定式提问）

★客户对特约店了解程度——我们店的客户口碑很好，请问您是通过什么途径了解我们特约店的呢？

★周围有没有朋友已经使用北京现代车？使用情况怎样——您周围的朋友有开我们品牌的车的吗？他们对我们车的反映如何？

★对北京现代车的了解程度——如果请您给北京现代品牌的车做个评价，您怎么看？

★对其他相关竞争品牌和车型的了解程度——您还在关注哪些车呢？您觉得它好在哪里？还有什么不满意的地方呢？

★客户之前是否使用车——您以前开什么车？……哦，那也是不错的车，那您为什么还考虑换一辆呢？

★有没有使用过北京现代的汽车——您开过我们品牌的车吗？感觉怎样？有兴趣的话，我可以替您安排一次试乘试驾，您现在有时间吗？

★新车购买的主要用途——您买车主要是用来？

★对购买车辆的期望值、颜色喜好——您买车最关注（性能、配置、颜色……）什么呢？

★客户的家庭情况——这关键要看经常乘坐的是哪些人了，没猜错的话，你是三口之家吧？

★采购决策人——这是您自己的意思，还是家人的决定呢？

★意向车辆必需装备、价格要求、颜色要求——您买车一定要考虑的装备有哪些？

各种询问方法不一定单独运用，常常是在分析客户需求的时候同时运用多种方法。下

面的案例就可以说明这一点。

案　例

销售人员：你们工厂安装了节电设备没有？（背景问题）

客户：没有。

销售人员：你们工厂的电费一年大约是多少？（背景问题）

客户：800万元左右。

销售人员：电费的开支在你们运行成本中占据多大比例？（背景问题）

客户：除去物料和人工开支外，就是电费，居第三。

销售人员：据我所知你们在控制成本方面做得相当不错，在实际操作过程中有没有困难？（问题询问）

客户：在保证产品质量和提高职工待遇的前提下，我们一直致力于追求生产效益最大化，因此在控制物料和人工的成本方面着实下了一番功夫，确实取得了一定的效益，但在控制电费的支出上，我们还是束手无策。

销售人员：那是不是说你们在民用高峰期也要支付超常的电费？（问题询问）

客户：是的，尤其是每年的6、7、8三个月的电费高得惊人，我们实在想不出还有什么可以省电的办法啦。事实上那几个月我们的负荷也并不比平时增加多少。

销售人员：除了电费惊人，你们是否注意到那几个月电压也不稳？（问题询问）

客户：的确是这样，工人们反映那几个月电压往往偏高，也有偏低的时候，不过并不多。

销售人员：为防止民用高峰期电压不足及减少供电线路的损耗，电力部门供电时会以较高的电压传输，电压偏高对你们费用的支付意味着什么？（暗示问题）

客户：那肯定会增加我们实际的使用量，使我们不得不支付额外的电费。

销售人员：除了支付额外的电费，电压偏高或不稳对你们的设备比如电机有什么影响？（暗示问题）

客户：温度升高缩短使用寿命，增加维护和修理的工作量和费用，严重的可能直接损坏设备，使生产不能正常进行，甚至全线停产。

销售人员：有没有因电压不稳损坏设备的情况发生？最大的损失有多少？（暗示问题）

客户：有，去年发生了两起，最严重的一起是烧毁一台大型烘干机，直接损失就达50万元。

销售人员：如此说来，节约电费对你们工厂控制成本非常重要？（需求—效益问题）

客户：是的，这一项支出如能减少那就意味着我们的效益增加。

销售人员：稳定电压对你来说是不是意义更为重大？（需求—效益问题）

客户：是的，这不仅可以维持生产的正常运行，还可以延长我们设备的使用寿命。

销售人员：从你所说的我可以看出，你们对既能节约电费又能稳定电压的解决办法最

为欢迎,是吗?(需求—效益问题)

客户:是的,这对我们来说至关重要,我们非常需要解决电费惊人和电压不稳的问题,这样不仅使我们降低成本增加效益,而且还可以减少事故发生频率,延长设备的使用寿命,使我们的生产正常运行。(明确需求)

(四)倾听的技巧

真正成功的销售人员都是一个好的听众。要善于倾听,从繁体"听"字的结构进行分析就知道听的学问很大,见图4-23。作为汽车销售人员要把握倾听的要点:

(1)创造良好的倾听环境,没有干扰,空气清新、光线充足;

(2)眼睛接触,精力集中,表情专注,身体略微前倾,认真记录;

(3)用肢体语言积极回应,如点头、眼神交流等和感叹词(哦、啊);

(4)忘掉自己的立场和见解,站在对方角度去理解对方、了解对方;

图4-23 客户倾听的技巧

(5)适度的提问,明确含糊之处;
(6)让客户把话说完,不要急于下结论或打断他;
(7)将客户的见解进行复述或总结,确认理解正确与否。

某汽车公司的销售人员小赵正在接待一个女客户,女客户与他谈得非常愉快,谈着谈着就到了定金先付多少这个话题上了。女客户说:"我看看我包里带了多少钱,如果带得多我就多付点,少我就少付点,我凑凑看,能凑两万我就把两万块全付了。"

女客户一边打开包整理钱,然后一边说话。因为这件事情基本上已经定下来了,她很开心,就把她家里的事情说出来了,主要是说她儿子考大学的事情,而这名销售人员在旁边一句没听进去。

这时又过来一名销售人员,问他:"小赵,昨天晚上的那场足球赛你看了没有?"

小赵也是个球迷,这两个人就开始在那里聊起昨天晚上的那场足球赛了,把女客户晾在了一边。女客户愣了一会儿,把拉链一拉,掉头走了。

小赵感觉不对劲,他说:"这位女士,刚才不是说要签合同的吗?"

女客户一边走一边说:"我还要再考虑考虑。"

小赵说:"那您大概什么时候过来啊?"

"大概下午吧。"小赵没办法,只能看着女客户走了。

到了下午3点钟,女客户还没来。他一个电话拨过去,接电话的人说:"你要找我们总经理呀,你就是上午接待我们杨总的那位销售人员吧。"

小赵说:"是呀。她说好下午要来的。"

对方说:"我是上午送杨总过去的驾驶员。你就别想了,我们老板不会在你那儿买车了。"

小赵问:"为什么呀?"

对方说:"为什么你不知道啊,我坐在旁边都替你着急。我告诉你,我们杨总她儿子考上名牌大学了,她不仅在我们公司这么讲,只要一开心她见谁跟谁说,而你在那边聊足球,把她晾到旁边了,你没发现这个问题吧?"

小赵听了之后就傻了,煮熟的鸭子飞了。所以倾听是有很多学问在里边的。

想一想: 汽车销售人员应运用哪些倾听的技巧?

(五)诱导的技巧

在汽车销售中诱导策略就是对不同心理模式的客户,有针对性地采取不同的方式进行诱导,让客户开口说话,确定或引导客户的真正需求进而促成购买。这里介绍两种简单有效的方法。

1. 赞美诱导性技巧

在赞美客户的时候,要恰当地选择赞美的内容。不同的客户喜欢被赞美的内容是不一样的,也就是说客户的得意之处并不一样。比如,爱炫耀的客户喜欢被人夸事业有成,爱美的女士喜欢别人说她的衣服好看,老年人喜欢人家赞美他的身体健康,而如果客户带着小孩来购车,一般可以选择赞美客户的小孩长得漂亮、可爱,等等。也就是说,赞美要看对象的喜好而行之。

特别提示

在赞美过程中要注意具体明确地赞美客户。所谓具体明确地赞美,就是在赞美客户时,有意识地说出一些具体而明确的事情,而不是空泛、含混地赞美。比如,与其说"小姐,您长得好漂亮喔",不如说"小姐,您长得好漂亮,尤其这对眼睛乌黑明亮、大而有神,真令人羡慕"。前者因没有明确而具体的评价缘由,令人觉得不可接受,而后者让人感到真诚,有可信度。

2. 优惠诱导性技巧

当人发现自己的某项行为将会给自己带来好处时,那么这种好处将会成为其行为的推动力。客户在购买商品时同样抱着这样的心理,如果买了某件商品而获得某项利益,那么他的购买欲望将会大大提高。这种优惠包括了赠品、折扣等,其中尤以价格优惠对客户的吸引力最大,因为在通常情况下,客户在购买商品时首先会考虑商品的价格。例如,他会翻看价格牌,这个时候,如果他所关注的商品打了折,那么这件商品对他的诱惑力就会相应地增加。

所以，如果要打开客户的话匣子，可以使用优惠诱导法。如：告诉他所浏览的车型现在是特价；如果他正在看的汽车没有打折，那么可以提醒他，让他知道有什么车型在做特价酬宾，并强调特价带来的好处。

每日一练

说一说客户需求的技巧。

客户需求分析技巧知识拓展

1. http://my.tv.sohu.com/us/175076775/59734709.shtml.

2. http://v.ku6.com/show/iiqxmSiCF2cHeZnsbR475A...html.

任务 5

车辆介绍

任务导引

车辆介绍的最终目的是让客户了解汽车,相信汽车给客户带来的性能能够满足客户所需。车辆介绍是汽车销售流程中最关键的步骤,专业的汽车介绍能够帮助客户建立对汽车和销售人员的信心,从而促成后期交易。所以,汽车销售人员要特别重视车辆介绍。本任务由展厅内车辆介绍和试乘试驾两个子任务组成。

任务目标

知识目标	能力目标	素质目标
1. 了解车辆展示要点; 2. 熟悉车辆展示标准流程; 3. 掌握车辆介绍的原则和方法; 4. 了解试乘试驾准备工作内容; 5. 掌握试乘试驾时车辆介绍要点; 6. 理解试乘试驾结束以后的服务内容	1. 能够抓住展示要点进行标准的六方位绕车介绍; 2. 能够在车辆介绍中灵活运用一定的方法和技巧促进成交; 3. 能够在试乘试驾中提升顾客对车辆的良好感受促进成交	1. 培养学生爱国情怀; 2. 培养学生语言表达能力; 3. 培养学生随机应变能力; 4. 培养学生团队协调能力

总学时:6 学时。

任务 5.1 展厅内车辆介绍

 任务布置

王先生夫妇和儿子一家三口已经打电话和王艳预约来店看车，通过王艳的介绍，他们对本店的一款车很感兴趣，需要王艳进一步为他们介绍有关这款车的信息。作为汽车销售顾问，王艳应该抓住机会为他们进行静态车辆介绍，那么王艳应按照什么样的流程来介绍车辆呢？在介绍车辆的时候运用哪些方法呢？

 知识准备

一、车辆介绍流程

车辆介绍包括的要点很多，但是主要是围绕客户感兴趣点进行重点介绍，包括车辆展示、绕车介绍和试乘试驾介绍，车辆介绍流程见图 5-1。同时在车辆介绍的过程中时刻需要面对和解决的是客户的异议。所以，在汽车销售流程中车辆介绍是至关重要的。

二、车辆展示要求

1. 外观要求

（1）展车应始终保持清洁，无手纹、尘土；

（2）漆面要光滑，车身无划痕；

（3）玻璃内外应擦拭干净，确保无水痕及手纹，玻璃胶条要保持完整、清洁；

（4）车辆的轮胎轮毂应无损，胎压正常，车轮的标识应始终保持水平，保持轮胎导水槽整洁，无异物、小石子；

（5）内轮毂擦拭干净，及时上轮胎蜡，展车需要配备有标识的车轮垫；

（6）车身各种装饰条、车型标识、标牌齐全无损，展车有标明车型的前后牌；

（7）中控门锁、遥控门锁应开关正常，四门两盖应开关灵活；

（8）前窗全部打开，后车窗全部关闭，钥匙取下，车门不能上锁。

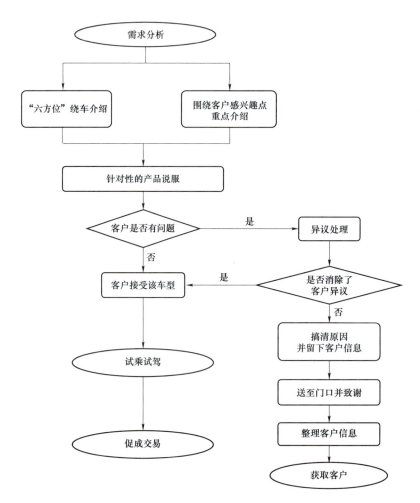

图 5-1 车辆介绍流程

2. 内部要求

（1）内饰、仪表板、车门内饰板、顶棚、座椅、地毯应清洁无破损；

（2）座套塑料罩与方向盘保护罩应除去，方向盘上车辆标识保持水平；

（3）各项电器设施使用正常，电瓶需有电；

（4）车内气味保持清新；

（5）驾驶座椅调到适宜位置；

（6）音响系统音量适中，预设频道全部有设置，不同曲风的 CD 可供试听；

（7）发动机保持干净，无灰尘，无油渍，排水沟需擦拭干净；

（8）行李箱干净、整齐、无杂物，与展车无关的物品应全部清除。

各家汽车销售店每天都很重视对展厅中展车的检查，并填写检查表，表 5-1 就是某家 4S 店对展车的检查表。

表 5-1　展厅车辆摆放与清洁检查表

检查人：_____ 检查日期：_____年_____月_____日

遵循原则

整理—整顿—清扫—清洁—素养—安全—印象的 6SI 管理原则

车辆摆放

1. 颜色搭配：合理 □　调整 □　展车数量：____辆
2. 摆放顺序：合理 □　调整 □　车辆角度：合理 □　调整 □
3. 车辆说明牌卫生及摆放：合格 □　不合格 □
4. 轮胎垫：有□　无□；轮胎垫轮毂中心车标：合格 □　调整 □
5. 车内座椅位置：合格 □　调整 □

车辆清洁

展厅车辆应保持清洁，要做到无尘土、无污渍、无指纹，具体清洁及检查的部位：

1. 发动机舱内发动机罩、电瓶、电线等外露零配件卫生：合格 □　不合格 □
2. 车辆轮胎、轮胎垫、轮毂、备胎、挡泥板、踏板卫生：合格 □　不合格 □
3. 轮毂盖上车标摆放：合格 □　不合格 □
4. 车辆仪表板、方向盘、工作台卫生：合格 □　不合格 □
5. 车内脚垫：需要更换□　卫生清洁：合格 □　不合格 □
6. 车内饰、座椅卫生：合格 □　不合格 □
7. 门边板、迎宾踏板处卫生：合格 □　不合格 □
8. 前格栅及车标、前大灯、尾灯卫生：合格 □　不合格 □
9. 风挡玻璃、车窗玻璃、倒车镜卫生：合格 □　不合格 □
10. 车门把手、车身、车顶及行李架、天窗卫生：合格 □　不合格 □
11. 展车附加饰品卫生：合格 □　不合格 □

问题备注：

改进方式：

三、车辆介绍的方法

（一）FAB 法

1. FAB 法介绍

所谓"FAB"，是三个英文单词的缩写，见图 5-2，F（Feature 或 Fact）是指特征或属性，指产品的独特设计、配置、性能特征，也可以是材料、颜色、规格等用眼睛可以观察到的事实状况；A（Advantage）是指优势或优点；B（Benefit）是指利益或价值，就是产品的特性和优势能带给客户哪些方面的利益。

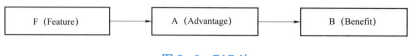

图 5-2　FAB 法

F 指特征或属性，即产品有哪些特征或属性。特征或属性是指产品所有可以感觉到的物理的、化学的、生物的、经济的特征，是可以用一系列指标、标准等予以表示和说明的，例如原料构成、成分构成、数量、质量、规格、构造、功能性能、外观款式、色泽味道、包装、品牌、送货、安装、用途等。对于汽车产品而言，F 是指汽车所固有的功能，例如 ABS 系统。

A 是优势或优点，即自己与竞争对手有何不同。销售人员在介绍产品优势时一定要注意比较不同产品特点的相同与不同之处，从不同之中发掘优势。应该说找出各种产品的特点特征还是比较容易的，而要从特点之中找出优势，就需要下点功夫了，应多收集一些信息。销售人员在说明产品优势的时候，一要说得客观准确，二要能够提供某种证明或证据，以使客户信服。在汽车产品中，要介绍此款车型区别于其他车型的优势功能，例如："同价位的车中，此款车型的轮胎抓地力特别强。"

B 是客户利益或价值，即这一优势带给客户的利益。在汽车产品中，B 主要是指汽车的功能及优势功能能够给客户带来的好处、使用价值、利益……例如："有了这个功能，您的车子也有了越野的性能了。"

谈到 FAB 法，销售领域内还有一个著名的故事——猫和鱼的故事。

见图 5-3：一只猫非常饿了，想大吃一顿。这时销售人员推过来一摞钱，但是这只猫没有任何反应——这一摞钱只是一个属性（Feature）。

见图 5-4：猫躺在地下非常饿了，销售人员过来说："猫先生，我这儿有一摞钱，可以买很多鱼。"买鱼就是这些钱的作用（Advantage）。但是猫仍然没有反应。

图 5-3　　　　　　　　　　　　　　　图 5-4

见图 5-5：猫非常饿了，想大吃一顿。销售人员过来说："猫先生请看，我这儿有一摞钱，能买很多鱼，你就可以大吃一顿了。"话刚说完，这只猫就飞快地扑向了这摞钱——这个时候就是一个完整的 FAB 的顺序。

见图 5-6：猫吃饱喝足了，需求也就变了——它不想再吃东西了，而是想见它的女朋友了。那么销售人员说："猫先生，我这儿有一摞钱。"猫肯定没有反应。销售人员又说："这些钱能买很多鱼，你可以大吃一顿。"但是猫仍然没有反应。原因很简单，它的需求变了。

图 5-5　　　　　　　　　　图 5-6

上面这四张图很好地阐释了 FAB 法则：销售人员在推荐产品的时候，只有按 FAB 的顺序介绍产品，才能有效地打动客户。

FAB 法是将一个产品分别从三个层次加以分析、记录，并整理成产品销售的诉求点，说服客户，促进成交。但需要注意的是，客户本身所关心的利益点是什么，然后投其所好，使我们诉求的利益与客户所需要的利益相吻合，这样才能发挥效果。切不可生搬硬套，不加以分析就运用。

利益是产品能够满足客户某种需要的特定优势，这种优势可以给客户带来期望的或意想不到的好处，这个好处就是利益。它可能是优越的质量所带来的使用上的安全可靠、经久耐用，可能是新颖的构造和款式所带来的时尚感，可能是使用上的更加快捷方便，可能是操作上的简单易行，可能是省时、省力、省钱，也可能是著名品牌所带来的名望感等。

可见，产品的属性是客观存在的，产品的优势是在与其他产品的比较中发掘出来的，而产品的利益则需要把产品的特征和客户的消费需求、购买心理结合起来，需要与特定的客户联系起来。同一产品对不同的客户可能意味着不同的利益，不同的产品对同一客户可能意味着相同的利益。

案 例

某款车有一个倒车雷达,我们用 FAB 方法向客户做一个介绍,见图 5-7。首先用属性来说,这辆车上有一个倒车雷达,销售人员在向客户介绍的时候,不能只告知客户这款车有倒车雷达就完了,还应提示客户倒车雷达有什么作用,即它在倒车的时候怎样提示客户车后面有没有障碍物,从而让客户避免出现人、车、物的意外伤害。通过这样的介绍,客户就会了解这个装备会给他带来什么样的利益。如果销售人员只是告知客户这款车有倒车雷达,那么客户并没有考虑到倒车雷达会给他带来什么样的利益,就不会在自己的脑子里加深这款车优越性的印象。

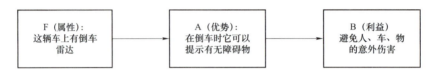

图 5-7 倒车雷达的 FAB 法

汽车销售人员利用 FAB 法介绍中控锁可以这样介绍(见图 5-8):

F:中控锁全称是中央控制门锁。为提高汽车使用的便利性和行车的安全性,现代汽车越来越多地安装中控锁。中控锁的功能:中央控制、速度控制、单独控制。

A:中控锁的无线遥控功能是指不用把钥匙键插入锁孔中就可以远距离开门和锁门。其最大优点是:不管白天黑夜,无须探明锁孔,可以远距离、方便地进行开锁(开门)和闭锁(锁门)。

B:可以随意地远距离地控制门锁,给车主带来很大的方便。

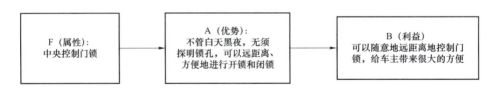

图 5-8 中控锁的 FAB 法

2. FAB 法使用原则

我们在使用 FAB 法时要注意几个原则:

(1)实事求是。实事求是是非常重要的。在介绍产品时,切记要以事实为依据,夸大其词,攻击其他品牌以突出自己的产品都是不可取的。因为客户一旦察觉到你说谎、故弄玄虚时,出于对自己利益的保护,就会对交易活动产生戒心,反而会让你失去这笔生意。每一个客户的需求是不同的,任何一种产品都不可能满足所有人的需求,如果企图以谎言、夸张的手法去推销产品,反而会失去那些真正想购买的客户。

（2）清晰简洁。一种产品本身会包含许多元素，比如特性、成分、用法等。在介绍时可能会涉及许多专用术语，但是客户的水平是参差不齐的，并不是每一个客户都能理解这些术语，所以要注意在介绍时尽量用简单易懂的词语，逻辑清晰，语句通顺，让人一听就能明白。

（3）主次分明。介绍产品除了实事求是、清晰简洁，还要注意主次分明。不要把关于产品的所有信息都灌输给客户，这样客户根本无法了解到产品的好处和优点，那么他也不会对产品有兴趣了。在介绍产品时，应该是有重点、有主次；重要的信息，比如产品的优点和好处，可以详细地阐述；对于产品的一些缺点和不利的信息可以简单地陈述，而且这种陈述必须是有技巧地说出来。

（二）六方位绕车介绍法

奔驰汽车公司是最先运用六方位绕车介绍法向客户销售汽车的。后来，日本丰田汽车公司的凌志汽车也采用了这种销售方法，并将之发扬光大。我国绝大多数汽车销售公司也采用了这种方法，并举办了一些六方位介绍技巧竞赛。

环绕汽车的六个方位进行介绍，有助于销售人员更有条理地记住汽车介绍的具体内容，并且更方便地向客户介绍汽车的主要特征和好处。在进行环绕介绍时，销售人员应确定客户的主要需求，并针对这些需求作讲解。销售人员必须通过传达直接针对客户需求和购买动机的相关产品特性，帮助客户了解一辆车是如何符合其需求的，只有这时客户才会认识其价值。直至销售人员获得客户认可，所选择的车合他心意，这一过程才算完成。而六方位绕车介绍可以让客户更加全面地了解汽车，其流程见图5-9。

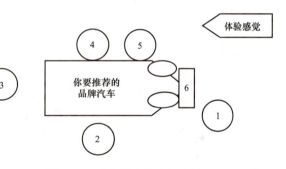

图5-9 六方位绕车介绍法流程

1. 第一方位——车前45度（见图5-10）

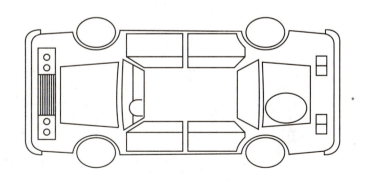

图5-10 车前45度

当客户接受销售人员的建议,愿意观看推荐的车型的时候,到底应该从哪里开始?图5-10中"1"——车前45度的位置应该是销售人员开始的位置。汽车的正前方是客户最感兴趣的地方,当汽车销售人员和客户并排站在车前45度时,客户会注意到汽车的标志、保险杠、前车灯、前风挡玻璃、大型蝴蝶雨刷设备,还有汽车的高度、越野车的接近角等。汽车销售人员在这个时候要做的就是让客户喜欢上这辆车。

例如:销售人员向客户介绍的是捷豹XJ车系的车,那么销售人员就可以邀请车主和自己并排站在捷豹轿车的车前45度,然后说:"捷豹轿车一贯表现得优雅而经典,周身流淌着高尚的贵族血统,耐人寻味。看,由车头灯引出的四条拱起的发动机盖线条、大型的镀铬进气栅格、四个圆形头灯都延续了XJ车系的传统,品质自然出众。车头看起来蛮精致、蛮漂亮的,是吧?"趁着这个大好时机,销售人员可以给客户讲讲关于捷豹轿车车标的故事,强调所销售的车子与众不同的地方,以便吸引客户,让其产生购买兴趣。

东风CR-V六方位绕车介绍法之第一方位话术

展现在您面前的是CR-V大气的外形,流畅的曲线显得非常俊朗。令人难忘的圆润前脸造型稳重、大方,配合大坡度的设计,给人一种美的感受,同时又有效地降低了行驶时的风阻力度,大大提高了燃油经济性,配上本田大尺寸的镀铬格栅和简洁明快的标志设计,体现了驾车者的尊贵身份以及品位。两侧超大晶钻组合前大灯,亮度超强,配多角度反射曲面,照射范围宽广,给你提供充足的路面信息,夜间驾驶轻松掌握前方路况。宽大的前保险杠和车身保护,外形美观大方,使整个线条更加圆润饱满。内附防撞钢梁,结构坚固,可有效抵御前方意外磕碰。下部内嵌式水晶雾灯,穿透力强,广角式多反射曲面,照射范围宽广,在雾天行驶时更安全。新款2.4AT/MT CR-V新增加了发动机下护板,提高了通过性且非常实用。

2. 第二方位——车侧方(见图5-11)

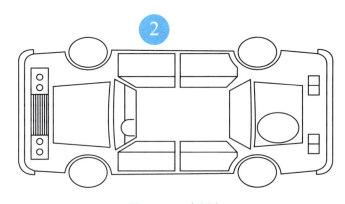

图5-11 车侧方

到达图5-11中"2"的位置——车侧方时，客户开始进入感兴趣状态，销售人员根据发掘的客户的深切需求，有针对性地介绍汽车的侧面。无论哪一类客户，看到汽车的第一眼就怦然心动的都不多见，哪怕客户看起来与汽车很投缘，客户还是要进一步考察他们心仪已久的"梦中情人"是否像传说中那么出色、那么优秀，更何况是他们初次接触的、心动神摇的"漂亮女孩"或"潇洒男生"呢？因此，最重要的还在于气质的匹配程度。而车子的气质个性是否与购车者匹配呢？走到一辆轿车的侧面，让客户听听钢板厚实的声音，看一看豪华舒适的汽车内饰，摸一摸做工精致的仪表盘，感受良好的出入特性以及侧面玻璃提供的开阔视野，体验一下宽敞明亮的内乘空间，客户就能将自身的需求与汽车的外在特性对接起来，再加上汽车销售人员的介绍和赞美，客户一定心神摇曳。

案　　例

东风CR-V六方位绕车介绍法之第二方位话术

刚才我们看了CR-V车前方，那么现在就让我们看看CR-V车侧方的一些特点。与车身同色的门把手，后视镜和防擦条显得非常整洁。后视镜四向可调，在驾驶座位置便可轻松操控，方便实用。前后可折叠功能让车辆瞬时瘦身，具有良好的通过性，走街串巷，停放车辆轻松自如。全车采用G-force控制安全车架，两侧设有防撞钢梁，大大加强了A、B、C、D柱和车顶两侧对冲击的吸收能力，可以阻挡来自侧方的撞击，很好地保护车内人员安全，其舒适性也是非常良好的。全车采用的是轿车级的底盘，新型的悬挂，四轮独立悬挂。前轮采用麦克弗森并带有稳定杆的前束控制连杆，提高了车的转向性；后轮采用双叉独立悬挂，提高了您乘坐的舒适性。智能化的适时四驱系统，可根据路况自行调节切换，反应时间短，切换顺畅，无论是在城市还是在山野都会给您以超凡的驾驶感受，在高动力和低油耗之间达到理想平衡。结合了215/65R 98T宽轮胎，抓地性好，行驶更加平稳。全车采用四轮盘式制动，铝合金车轮具有良好的散热性。制动盘直径较大，且后轮采用盘鼓结合方式，制动效果更加灵敏有效，大大提高了燃油使用率。良好的制动防抱死系统通过对四轮制动液的独立控制，能够消除在湿滑路面上刹车和紧急制动下造成的车轮抱死现象，使得制动的稳定性和方向的操控性更加卓越，再配合电子制动与分配系统，优化四轮制动液缩短了刹车距离。

3. 第三方位——车后部（见图5-12）

汽车销售人员陪着客户一起站在图5-12中"3"的位置——车后部，全面介绍，仔细回答。站在汽车的后部，距离汽车约60cm，从行李箱开始，依次介绍高位制动灯、后风窗加热装置、后组合尾灯、尾气排放、燃油系统，开启行李箱进行介绍，掀开备胎和工具箱外盖进行介绍。千万不要以为这一步骤多余，很多挑剔的客户不是抱怨车尾太短，就是抱怨车子不够大气，抱怨车子没有行李箱。由于客户刚刚走过汽车左侧方的时候过于关注体验，或许忽略了一些问题，这时汽车销售人员要征求客户的意见，在给他们全面地介绍后仔细地答复。

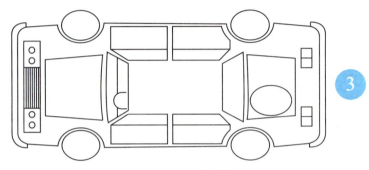

图 5-12　车后部

尽管汽车的正后方是一个过渡的位置，但是，汽车的许多附加功能可以在这里介绍，如后排座椅的易拆性、后门开启的方便性、存放物体的容积大小、汽车的尾翼、后视窗的雨刷、备用车胎的位置设计、尾灯的独特造型等，让客户进一步认识本车。

东风 CR-V 六方位绕车介绍法之第三方位话术

新款 CR-V 的尾部造型是典型的 SUV 车型设计，造型粗犷充满了越野风格，配上超大型直立组合后尾灯且设计位置较高，有利地保持了与后面车辆的距离，减少了追尾的发生。时尚小巧的微型天线提高了收音机的收听效果。大型雨刷并带有除霜功能，电动开启式后车窗，让你无须打开后门而随意取出后备箱内的物品，后风挡玻璃上的加热除霜线能够确保后窗在雨雪天气里清洁，从而使驾驶员获得一个清晰而安全的后部视线。与车身同色的硬型备胎护罩更加突出多功能越野风格，宽大的后部保险杠给您的出行带来了更大的安全。90 度侧开式尾门空间超大，527 L 空间可以任意放下大型物品。后排座椅折叠以后容积为 952 L，可以同时放两辆 26 英寸自行车，为同级别车型最大的。您看到的是很多微型尾门挂钩，方便挂一些物品、毛巾、衣物等，还有货物地板固定钩，既节省了空间又保证了物品的安全性。地板垫非常柔软耐磨，下设有一个多功能野餐桌，当您在户外旅游时方便就餐，本田人性化的设计让您时刻感受到家的感觉。下方设有湿物凹槽，方便放湿的物品，非常实用。还配有后仓照明灯和 12 V 电源插座，不会因为旅行时电器没电而产生烦恼。

4. 第四方位——后排座（乘客席，见图 5-13）

到达图 5-13 中"4"的位置——后排座时，销售人员需争取客户参与谈话，销售人员应该邀请客户打开车门、触摸车窗、观察轮胎，观察客户的反应，邀请客户坐到乘客的位

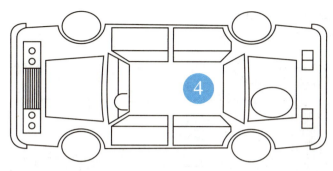

图 5-13 后排座

置。注意观察客户喜欢触摸的东西,告诉客户车子的装备及其优点,客户会做一番审慎的衡量的。认真回答客户的问题,不要让客户觉得被冷落,但是要恰到好处地保持沉默,不要给客户一种强加推销的感觉。

汽车销售人员在汽车侧方客户介绍车时,可以告诉客户一些非正式的信息,但是,要牢记不要误导客户或混淆视听。在欧美国家,汽车销售人员用于非正式沟通的时间不到介绍产品时间的10%;在我国,汽车销售人员用于非正式沟通的时间占介绍产品时间的比例却高达50%以上。在奥迪A4上市之初,许多奥迪汽车的销售人员都会有这样的经历,那就是只要一说"第一批奥迪是德国原装的",客户就会很快做出购买决定。如果销售人员喜欢一些汽车的奇闻逸事的话,比如某国家元首或体育明星喜欢乘坐哪个品牌的汽车,那么尽可以告诉客户。在客户还缺乏相应的品牌忠诚度的时候,告诉客户一些非正式信息也是促成交易的好办法。客户察看了汽车的外形,检查了汽车的内饰,对汽车的性能有了大致的了解,那么接下来就是告诉客户驾驶的乐趣以及操作方法了。

东风 CR-V 六方位绕车介绍法之第四方位话术

新款 CR-V 的后座空间也是相当宽大的,60/40 可分开式折叠滑动座椅配有可上下调节的头枕,在您疲劳时仰卧其中的感觉也是相当舒适的,座椅可前后翻动,节省了空间。中央设有带杯架的扶手,让您的手臂得到轻松。为了获得与前排乘客同样的安全保障,CR-V 的后排座椅的两侧均配备了三点式安全带;另外在中间配备了一个两点式安全带,坐在后面您也可以安全无忧享受 CR-V 带给您的温馨与舒适。此外 CR-V 两个后门还专门配备了儿童安全锁,这样就可以消除后排乘坐儿童时不经意的开启造成的伤害,让您的孩子可以在车内尽情玩耍而您在前方也可以专心驾驶丝毫不必分心。全车采用了绿色隔热防紫外线玻璃,能够有效地抵挡车外热量的侵入,又能阻挡86%以上的紫外线,确保了车内乘坐环境的舒适性。

5. 第五方位——驾驶室（见图5-14）

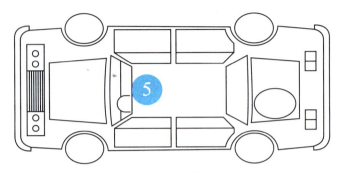

图5-14 驾驶室

到达图5-14中"5"的位置——驾驶室时，汽车销售人员可以鼓励客户进入车内，先行开车门引导其入座。如果客户进入了车内前乘客的位置，那么应该告诉客户的是汽车的操控性能如何优异，乘坐多么舒适等；如果客户坐到了驾驶员的位置，那么应该向客户详细解释操作方法，如雨刷器的使用、如何挂挡等。最好让客户进行实际操作，同时进行讲解和指导，介绍内容应包括座椅的多方位调控、方向盘的调控、开车时的视野、腿部空间的感觉、安全气囊、制动系统的表现、音响和空调、车门发动机盖等。

案 例

东风CR-V六方位绕车介绍法之第五方位话术

下面让我们一起到车的驾驶室看一下，CR-V四车门均可大角度开启，这样极大方便了驾驶人员的进出。您看，新款CR-V在原有的基础上，室内空间感更大，非常宽敞，无压抑感。内饰色彩为双色，这是目前国际比较流行的色彩，时刻营造一种温馨的家居感。内饰都采用了防火阻燃材料，不但经久耐用，而且不易燃烧，非常安全。方向盘高度可自动调节，并带有音箱控制键，免去了您在驾驶过程中用手调音调台的麻烦，提高了您的驾车安全性。同时2.4 L排量的还配有巡航定速键，当您在长途驾驶时，锁定速度，松开油门，让您长途驾驶的脚踝也可时刻得到轻松，同时也节省了燃油。新款CR-V采用的是自发光式仪表盘，上面配有外部温度显示、前大灯开启提醒和发动机防盗工作指示，以及瞬间油耗量显示，位于驾驶者自然视线的中心位置，这就更加符合人体工程学的原理，有效缩短了视线上下移动的距离，给驾驶者一个宽广安全的驾驶空间。设在中控台上的AT皮革换挡杆操作方便，挡位清晰，并增加了D3超速挡，瞬时提速非常顺畅、平稳，减少了冲击感，更加提高了您驾驶的乐趣。变速箱为5速（2.0 L排量的为4速）自动排挡。目前新增配2.0/2.4MT，变速箱更为紧凑化，从而使布局更为合理，反应更快捷、灵敏，同时也增加了燃油的经济性。下方配有手刹，它的独特位置设计为驾驶舱节省了更大的空间，操作起来很方便。音箱方面配有 AM/FM 双声道收放机、磁带播放机以及 6 碟连放 CD 机,外形美观,操纵方便,自动吸入设计换片轻松自如,配上 6 个扬声器,各音域俱佳,让您有置身于音乐厅的感受。下方配有全自动空调调节装置,双向 180 度全角度出风口设计,配合高性能斜坡式压缩机运转,阻力低、效率高。双安全气囊范围超大,配上预紧的三点式安全带,为您的安全又增加了一份保险。您的上方设有顶置的眼镜盒,方便存取,节省空间。旁边是地图阅读灯以及两侧豪华型遮阳板,内设有化妆镜。顶部的电动可开启天窗为您营造良好光线的同时也净化了室内空气。座椅采用的是人体工程学设计,配有上下调节装置,同时可以前后拉动,使您的坐姿更为正确。2.4 L 排量的为真皮座椅,两前座椅带电加热功能,人性化的关怀让您在长途驾驶时得到更贴心的服务。两前座椅设有中央扶手,让您手臂得到轻松的同时给了您身体安全的固定点和支撑点,提高了您的安全感。下设有可折叠杯架托盘。轿车级的配置既节省了空间又可让前后排穿行更加方便。两侧的储物盒及前座椅下的储物盒多样、方便,实用的储物空间设计对驾驶者的关爱更是尽心尽力。四门的车窗均采用电动控制,室内操作非常方便。驾驶侧的车窗采用一触式的设计,轻轻一按,玻璃自动下降到底,省心省力并带防夹功能,更好地体现了本田人性化的关怀。门锁为中央控制,并带有 15 秒的二次自动上锁功能,这样的设计可以避免在误操作之后打开车门造成车内物品的丢失和车辆失窃。新 CR-V 还配有最为先进的防盗报警系统、发动机防盗锁止系统、一体式电控遥控钥匙,让您放心方便休闲。此外,车钥匙带有智能芯片,当钥匙插入点火开关后,通过发动机的 ECU 密码认证,能够防止钥匙被复制导致车辆被盗,这样让 CR-V 拥有了主动防盗能力。在驾驶座下方另设有油箱盖以及行李箱后风窗的控制开关,您只要在驾驶舱内就可以轻松打开油箱盖和行李箱后风窗,避免了频繁上下车的动作。

6. 第六方位——发动机舱(见图 5-15)

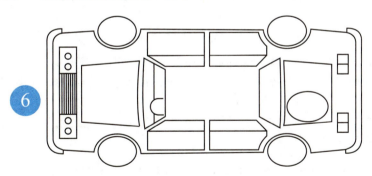

图 5-15 发动机舱

到达图 5-15 中"6"的位置——发动机舱时,销售人应该开始介绍汽车发动机。介绍时发动机的动力表现是非常重要的一个方面。汽车销售人员站在车头前缘偏右侧,打开发动机盖,固定机盖支撑,依次向客户介绍发动机舱盖的吸能性、降噪性、发动机布置形式、防护底板、发动机技术特点、发动机信号控制系统。合上舱盖,引导客户端详前脸的端庄造型,把客户的目光吸引到品牌的标识上。

所有的客户都会关注发动机，因此，汽车销售人员应把发动机的基本参数，包括发动机缸数、气缸的排列形式、气门、排量、最高输出功率、最大扭矩等，给客户做详细的介绍。

由于介绍发动机的技术参数时需要专业知识，因此，在打开发动机前盖的时候，最好征求一下客户的意见，询问是否需要介绍发动机。如果客户对汽车知识懂得很多，他会认为自己懂得比你多，因此不要说得过多；对汽车知识懂得不多的客户，太多的技术问题会让他害怕，言多无益。

作为汽车销售人员，要能说出发动机是由哪家汽车生产厂家生产的。

东风 CR-V 六方位绕车介绍法之第六方位话术

让我们看一看 CR-V 的心脏——发动机舱。新款 CR-V 发动机舱布局合理，整洁。它配有日本本田公司目前最为先进的 I-VTEC 技术的全铝发动机。它最大的特点是经济性和动力性的完美结合，出色的经济性并没有减少您对动力的要求，118 kW 的功率和 220 N·m 的最大扭矩为同级别车最大的。这款发动机运转起来非常安静，配上具有降噪、隔音、减震的双层发动机罩，在高速行驶时车内的噪声也是非常小的；并且达到欧 IV 排放标准，体现出 CR-V 的环保性与经济性的优势。

六方位绕车介绍法是从车前方到发动机，刚好沿着整辆车绕了一圈，并且可以让汽车销售人员把车的配置状况做一个详细的说明和解释。这样的介绍方法很容易让客户对车型产生深刻的印象。

经过调研，一个汽车消费者在购车时大约耗时 90 分钟，其中有 40 分钟被用来做汽车介绍。所以，这样的一个六个标准步骤的介绍应该耗时 40 分钟，每一个位置大约耗时 7 分钟，有的位置时间短一些，有的要长一些，比如，在位置 4 和 5 就比较耗费时间。

对于汽车介绍的要求是，熟悉在各个不同位置应该阐述的对应的汽车特征带给客户的利益，即展示出汽车独到的设计和领先的技术，也通过介绍来印证这些属性满足客户利益的方法和途径。

作为销售人员，在向客户介绍汽车的过程中，还要讲究一些方法和技巧，抓住重点，既讲个性，也讲共性。

上面六方位汽车的具体介绍内容可以概括为汽车产品的 5 大特征：

（1）外形与美观；

（2）动力与操控；

（3）舒适实用性；
（4）安全性能；
（5）超值性表现。

上述介绍方法你并不需要死记硬背，而是在实际工作中你需要灵活地掌握和使用所学到的知识，根据客户的实际情况，如客户在靠近车辆的什么位置、客户最关心什么配置、客户凝神在观察什么地方，有针对性地向客户做介绍。

四、车辆介绍的技巧

产品劝购是一门艺术。销售人员在进行劝购时应该注意自己的语气和用词，说话不能太多太快，或者漫不经心；劝购要委婉得体，要让客户自己拿主意，满足客户受尊重的需要。

（一）巧妙赞美客户

在展示产品的过程中，将产品的优点与客户的利益点有效地结合起来，巧妙地赞美客户，赢得客户的好感与信任，这就是聪明的销售人员必须学习的成功秘诀。

（二）打个恰当比喻

有时候又臭又长的产品说明，不但不能起到劝购的作用，反而会引起客户的反感。这是个讲究效率的社会，几乎没有人愿意花费太多的时间来听销售人员长篇大论的产品介绍。

因此，打个恰当的比喻，用最简短、最精练的语言，最恰当、最形象的比喻，将它们表达清楚，这是销售人员在产品劝购中的一项重要技能。

（三）将缺点"全盘托出"

任何产品都会存在一些缺陷，这些缺陷对销售存在着诸多不利的因素，很多时候，它们是销售失败的罪魁祸首。然而，永远不要把产品的缺陷当作一项秘密，因为这是一种欺骗行为，一旦客户发现你有意隐瞒，势必会导致你信誉的丧失。

所以，当产品的某一项性能不符合客户的要求时，你应当将这个缺点当着客户的面"全盘托出"，然后，再想办法把客户的眼光引向产品的优势，着重表现出产品高于其他同类产品的地方。只有如此，才能化缺点为优点，化"腐朽为神奇"。

（四）让客户参与其中

在销售时，最巧妙的做法是提供一个不完整的方案，给客户留下调整的余地；提供一个不完美的产品，赋予对方修改的权利。"人之患，好为人师"，当客户参与了"使方案或产品更完美的工作"之后，客户会更乐于接受你的建议。

五、车辆介绍中应注意的问题

（一）对自己所介绍的内容要有信心

客户在向销售人员了解情况时，非常注意销售人员非语言部分的信息表达，客户除了要对销售人员所讲的内容进行分析，还会根据销售人员讲话时的表情、语气、声调和态度来做出判断。如果销售人员对自己讲的内容有所怀疑、缺乏信心时，自信心将会受到影响，随之面部表情也会发生微妙的变化，尽管销售人员可能会竭力掩饰，但这种微妙的变化会马上让客户察觉到。对于客户而言，销售人员自己都不认可的产品，凭什么他还要去买。这就是为什么要求销售人员在进行产品展示与说明时应充满自信、充满激情、面带微笑。

（二）介绍中不能涉及太多的知识与概念

从心理学角度讲，客户在接收任何信息时，一次只能接收 6 个以内的概念。但较多的销售人员不理解这个道理，在与客户洽谈的过程上，就怕讲得不多客户不接受，于是拼命将自己知道的向客户叙述。结果，当客户离开时只记住了几个不重要的概念，而真正影响客户决策的要点都被客户抛在了脑后。所以，找出客户购车最关注的方面，只需用 6 个关键的概念让客户选择标准就可以。如介绍发动机时，最关键的概念有输出功率、输出扭矩、油耗、气缸数量、涡轮增压、噪声、气缸排布方式、压缩比、单顶置凸轮轴或双顶置凸轮轴等，但是这么多的概念一下子介绍给对汽车并不专业的客户，客户就会如坠云雾之中，根本不知道什么最重要。此时销售人员只要告诉客户，一般 1.3 L 排量的发动机，如果输出功率能够达到 6 kW、输出扭矩能够达到 100 N·m 以上，而且气门数量在 16 个以上，就是一款好的发动机。这里只用了 3 个概念，就让客户有了一个自己的选择标准。此时，如果客户对发动机兴趣浓厚，希望多了解一些情况的话，可以再把气缸数、压缩比、凸轮轴等概念介绍给客户。注意这样的介绍不能单纯只是一个概念，而应该把该概念的含义及对客户的利益清楚地表达出来。如单凸轮轴和双凸轮轴，两者不同的是用一根轴还是两根轴来控制进气和排气，相比之下双凸轮轴的结构对发动机的性能有提升，但会增加投资成本。如果客户关注发动机的性能而对投资不作计较的话，选择双凸轮轴的发动机会更好。归结一点，在向客户介绍汽车时，必须针对客户关注的那一点说清楚，同时最多只能给出 6 个概念，除非客户在这方面够专业或客户对销售人员的介绍非常感兴趣并愿意接纳。

（三）介绍时不要太积极

这里所指的"不要太积极"不是说可以用消极的态度对待客户，而是指在介绍中当客户没有提出要求时，不要卖弄自己专业知识的渊博。如果不相信，最终吃亏的还是自己。

客户：除了刚才介绍的情况，我想问一下这款车的后备箱有多大？

销售人员：您真是慧眼，这款车最值得炫耀的就是 500 L 的行李箱，除了菲亚特的西耶那，家用车系列中没有一款超过这款车，包括广州本田的三厢飞度，号称空间设计最合理，也才 500 L。

客户：西耶那的行李箱有多大？

销售人员：525 L。

客户：这不错，还有飞度也达到了 500 L。

销售人员：您是否现在确定买这款车呢？

客户：既然西耶那轿车达到了525 L，飞度也有500 L，那我还是再考虑一下这三款车中哪一款更合适我。

（四）要学会处理意外情况

汽车介绍中经常或有意外的情况发生，可能是销售人员介绍错误，更可能是客户的看法错误，此时，要注意做好以下几点。

1. 马上修正自己的错误并向客户表示歉意

任何人都不可能不出错，关键的是出错后的表现。

案　　例

一次，一位汽车销售人员在向客户介绍千里马的发动机时，讲到一个错误地方，销售人员告诉那位客户说千里马的发动机是起亚公司原装发动机，共有16个气门，所以动力性能相当不错，输出功率和扭矩大。同时，销售人员还特别指出，在10万元以内的家庭轿车中只有千里马的发动机是16个气门，像羚羊轿车的发动机只有12个气门。当时，客户对销售人员的说法表现出了异样，但该销售人员并未发觉，后来自己意识到了错误也没有及时做出修正。当然，该客户最终没有与该销售人员成交。

2. 如果是客户的错误，应表示出"不要紧"的微笑

在销售中经常会遇到一些对汽车有一定了解但不那么专业的客户，他们为了在洽谈中左右谈判的局面，往往会表示出自己很专业的样子，但是他们对某些问题提出的看法又往往不正确。此时，销售人员最容易冲动的行为，是试图纠正客户的说法。如果销售人员这样做了，就会让客户很难堪，下不了台，甚至感觉非常没有面子，结果就是该客户再也不会找这位销售人员买车。遇到这种情况，最佳的处理方式是：如果客户没有意识到这样的问题，销售人员千万不要自作聪明地去纠正；如果客户已经认识到自己出错了，要面带微笑地说："不要紧，谁都会发生这样的错误，刚开始时我也出了错。"如果此时销售人员给足了客户面子，客户反过来也会回报销售人员。

3. 别在客户面前说"第三者"的坏话

这里的"第三者"主要指竞争对手。一般而言，客户为了降低自己购车的风险，往往会花大量的时间去广泛调查，因此，对调查过的销售商和销售人员可能会建立好感。往往会有一些汽车销售人员由于经验不足，当客户提及竞争对手时他们会紧张，生怕这些对手会抢走自己的生意，因此会针对这些"第三者"提出直接评价，这些评价中就有相当一部分与客户已经建立起来的好感发生冲突，结果不但没有降低客户对第三者的认同，反而再一次地引起客户对竞争对手的关注和认同。此时如何巧妙地处理这样的情况就成为销售人员是否专业的一个标志。最佳的做法是用轻描淡写或忽略的方式，或先认同客户的看法，再以"只是""不过""如果"等转折词进行变换，千万不能用"是的……但是"这样非常

强硬的语气来表达。如果销售人员对客户提出的竞争对手的优势表示出不以为然的表情，客户就会觉得他提出的问题不应该是汽车选购中最应关注的问题，反而有利于提高客户对销售人员所介绍的内容的关注度。

特别提示

这里的"第三者"也包括销售人员的同事。有些销售人员为了自己的业绩，会在销售中对客户提及的之前与客户打交道的同事进行贬低，殊不知越贬越让客户觉得这家公司不可信，这位销售人员不值得合作。如果能够在客户面前对自己的同事大加赞美的话，不仅不会失去客户，反而会让客户对销售人员产生敬佩，更有利于达成交易。

4. 保全客户的面子

一次成功的销售是让客户高高兴兴地来，满满意意而归。谁也不希望在与销售人员的接触过程中发生不愉快的行为，但有时会由于销售人员无意识的行为让客户动怒，从而不利于销售的顺利进行。

有一个案例：一个小孩用玩具敲打宝马车车盖，当时那位销售人员告诉小孩如果敲坏的话要父亲赔，父亲听到这句话后说了一句"不就才一百多万，有什么了不起"！如果此时销售人员换一种说法就可以让客户挽回面子，如："实在对不起，我说的不是这个意思，我只是不希望您买回去的是一部不完美的宝马轿车。"

每日一练

六方位绕车介绍法中所说的六方位是哪六方位？

客户接待技巧知识拓展

1. http://v.ku6.com/show/4zVs5R4du2AH2oA－2fnscw...html.

2. http://v.ku6.com/show/sQBcHyAPmal77bn－e9b5nA...html?from=my.

3. http://v.youku.com/v_show/id_XMjMwNDY4MTg0.html?tpa=dW5pb25faWQ9MTAyMjEzXzEwMDAwMl8wMV8wMQ.

4. http://v.ku6.com/show/BD1_－TKG3xY6G9KO.html.

任务 5.2 试乘试驾

任务布置

王先生夫妇和儿子一家三口经过多次考察初步打算购买王艳推荐的那款轿车,为了更好地了地解该车的性能,他们三口人确定周六来店参加试乘试驾活动。汽车销售顾问王艳和试乘试驾专员张超为他们提供试乘试驾服务,那么王艳和张超应如何做好试乘试驾准备工作,才能为客户提供最好的试乘试驾服务呢?

知识准备

试乘试驾是让客户感性地了解车辆有关信息的最好机会,通过切身的体会和驾乘感受,客户可以加深对销售人员口头介绍的认同,强化其购买信心。每个汽车销售店都按照一定的流程进行试乘试驾活动,各家汽车销售店的试乘试驾的流程不完全一致,但大体的流程是相似的,见图 5-16。

在试乘试驾过程中,销售人员应让客户集中精神进行体验,并针对客户需求和购买动机进行解释说明,建立起信任感。

一、试乘试驾的目的

(一) 产品体验
通过详细与深度的产品介绍—静态感观—亲自操控或乘坐感受,带给客户关于车辆最直接、全面的感观冲击和真实的细节体验。

(二) 品牌宣传
无论是目标客户,还是舆论领袖、传媒工作者,一次有效的试乘试驾将带来:正确的认识+产品的好感+正面的舆论扩散。

(三) 加强客户满意度
通过试乘试驾过程的巧妙设计和引导,体验者大多会对所试乘试驾的车辆留下良好的印象,有效提升客户对车辆和服务的满意度。

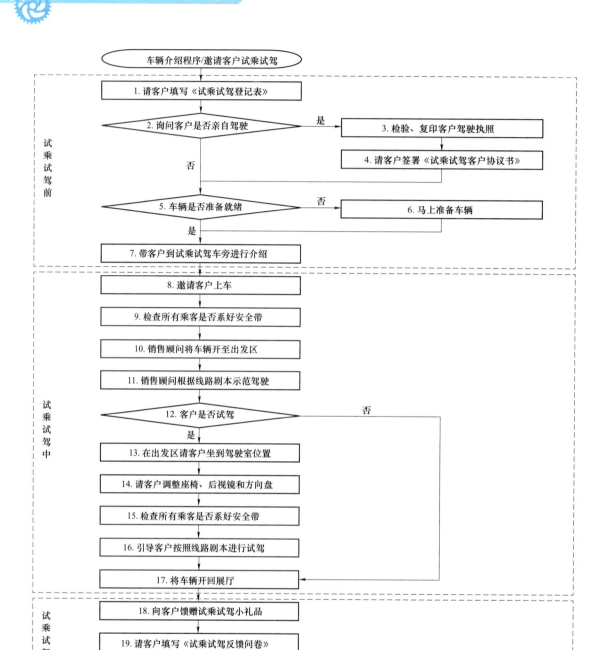

图 5-16 试乘试驾流程

（四）促进销售提升

试乘试驾，是有效的媒体推广和销售促进手段。销售人员借此机会获取目标客户线索和其对车辆的关注重点，并在试乘试驾活动中稍加引导或跟踪，便能有效促进销售的达成。

二、试乘试驾前的准备

(一) 试乘试驾的路程安排

试乘试驾的路线应该选择有变化的路段进行,试车路段可以满足加速性能、刹车性能、转向性能,应该避免建筑工地和交通拥挤的地区,在半途中有一地点可以安全地更换驾驶员。一般试乘试驾的预计时间在 10~20 分钟,既能满足试车的需求,也不必浪费过多时间。应将试乘试驾路线制作成路线图,并摆放在展厅,便于销售人员在试乘前向客户进行路线的说明。图 5-17 为东风雪铁龙汽车销售商的试乘试驾路线图。

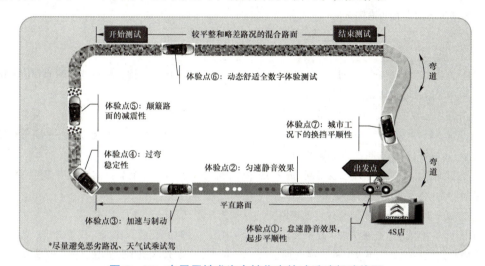

图 5-17　东风雪铁龙汽车销售商的试乘试驾路线图

(二) 试乘试驾的车辆准备

管理员每天上班首先要检查车辆的行驶性能,包括发动机、变速箱、刹车系统、音响、空调、座椅调节、雨刮器、轮胎等是否正常,如发现问题要及时进行调整和维修,确保车辆处于最佳状态。每天检查油量,确保油箱内至少有 1/2 箱燃油。应保持车内外清洁,车辆加贴试乘试驾标识,CD 碟中有 CD,车内有脚垫。

(三) 试乘试驾车辆证件的准备

试乘试驾车的证照要齐全,必须是上好车牌的车辆,行驶证、保险卡、养路费、车船税等一应俱全,严禁用商品车进行试驾。客户必须持有国家规定的 C 级或 C 级以上的机动车驾驶证,才能亲自驾驶相应的试乘试驾车辆。

(四) 试乘试驾前销售人员的准备

进行试乘试驾的销售人员应具有合法的驾驶执照,在试乘试驾前应熟悉试车路线,至少在试车路段驾驶过两次以上,并经过系统的培训,知道在试乘试驾过程中的注意事项。销售人员应熟悉试乘试驾中产品介绍的要点和时机,能够处理突发事件以及交通事故。

（五）签订试乘试驾协议书

准备好《试乘试驾协议书》，见图 5-18，请客户填写。协议书具体内容由销售公司自行编写，明确界定双方的权利和义务，以规避不应承担的经济、法律责任。

××××汽车销售有限公司
试乘试驾协议

甲方：××××汽车销售有限公司
乙方：姓　　名_____联系电话_____
联系地址_____

为保证试乘试驾活动安全、有序、顺利地实施，甲乙双方本着相互支持、相互理解的原则，就试乘试驾××汽车达成如下协议：

1. 甲方在甲乙双方协商约定的时间内，向乙方提供××汽车的试驾服务；
2. 试车前，乙方必须出示真实有效的身份证和驾驶证正本，实际驾龄必须两年以上，并留驾驶证复印件给甲方，每次试车连同试驾者最多为两人；
3. 乙方试车时，必须在甲方代表陪同下，按照甲方代表的指定路段进行，试驾过程中车速不得超过甲方要求的 70 公里/时；
4. 乙方试车时，必须遵守国家规定的道路交通法规相关之规定：
5. 如因试车者不遵守交通法规，发生交通违章，应由乙方及时到交通管理部门接受处理；如因试驾者不遵守交通法规（试驾协议）而造成交通事故，应由试驾者本人承担事故责任；如将试乘试驾车辆损坏，乙方应承担甲方为恢复试驾车辆完好状态所产生的一切费用；
6. 甲方保留随时终止试车服务的权利；
7. 驾驶证为 A 本或 B 本时，试驾者必须提供体检证明，否则甲方可以拒绝乙方的试驾请求；
8. 雨雪或大风等恶劣天气 甲方有权拒绝乙方的试驾请求；
9. 试驾路线：
试驾车资料由甲方代表_____填写
车型_____ 车牌号_____
本试车活动最终解释权归××××汽车销售有限公司所有。
甲方：　　　　　　　　　　　　　　乙方：
　　　　　　　　　　　　　　　　　年　　　月　　　日

您的光临是我公司全体员工的荣幸，感谢您的试驾！

试乘试驾人（签字）：
身份证号：　　　　　　　　　　　驾驶证号：

图 5-18　试乘试驾协议书

想一想：汽车销售人员在为客户提供试乘试驾前的准备工作有哪些？

这是试乘试驾的路线，您先看一下，就在展厅附近，从试乘试驾区出发，沿 A 路到 B 路，左转到 C 路，再左转到 D 路，直走到 A 路左转，最后回到展厅，一圈大概要 10 分钟。

您可能不太熟悉这附近的道路，没关系，我先开车，您试乘，熟悉一下路线；回来后第二圈您再试驾，这样能让您体验车型特性，也比较安全，您看如何？没什么问题的话我们就出发了。

三、试乘试驾时的服务

（一）不同车况与路况下的演示重点

汽车销售人员在试乘试驾过程中要针对不同的路况为客户介绍车的相关情况，具体见表 5-2。

表 5-2　车况与路况演示表

演示路段	演示重点
起动与怠速	介绍如音响、空调等需起动后才可使用的功能；体验怠速静谧性。
起步时	体验发动机加速性、噪声、功率/扭矩的输出、变速器的换挡平顺性。
直线巡航	体验室内隔音、音响效果、悬挂系统的平稳性。
减速时	体验制动时的稳定性及控制性。
再加速时（依车速选择有利的挡位）	体验传动系统灵敏度、变速器换挡的平顺性及灵活性、发动机提速噪声。
高速巡航	体验风切噪声、轮胎噪声、起伏路面的舒适性、方向盘控制力。
上坡时	体验发动机扭矩输出、轮胎抓地力。
转弯时	体验前风挡玻璃环视角度、前座椅的包覆性、方向准确性（悬挂系统与轮胎抓地力）。
行经弯道时	体验转弯时车辆操控性及油门控制灵敏性。
空旷路段	示范行驶中使用方向盘上的音响/空调/电话控制键的便利与安全性。

案 例

以北京现代悦动为例进行试乘试驾时的车辆介绍，见表5-3。

表5-3 试乘试驾时的车辆介绍

客户试乘时	客户试驾时
一、起动车辆，发动机怠速运转	
1. 悦动的发动机采用了现代先进的发动机芯片滚码防盗技术，如果不是原车钥匙，发动机是绝不会被非法起动的。 2. 现在起动发动机，您听发动机怠速的声音很轻，不仅发动机技术很成熟，而且发动机舱的隔音、整车的密封效果也很好，有几次别的客户还以为发动机没起动呢。	给您钥匙，起动发动机，感受一下起动发动机与怠速时车内的静谧性。
二、起步	
现在我们要起步了，您可以感受一下起步时车辆的平顺性。	1. 您看悦动的前风挡玻璃很宽大，视野很好，而且前风挡玻璃采用了低于A柱的凹陷式设计，如果是下雨天，刮下的雨水会沿着A柱向下流，不会飘到两边的车窗上，侧面视线也不会受到影响，开车更安全；而且这种设计，还有很好的导流作用，有利于减少风阻，配合整车造型，悦动的风阻系数达到了跑车级的0.29，不仅降低行驶的油耗，还可以减少风噪，提高了驾乘的舒适性。悦动采用全新的变速箱，换挡非常平顺，既有驾驶乐趣，又有良好的节油性。悦动自动变速箱采用阶梯形换挡布置方式，有效防止误挂挡位。 2. 现在可以起步了，您可以感受一下起步时车辆的平顺性。
三、直线提速	
1. 前面是一条直路，车辆比较少，路况较好，我们来试一试直线加速，请您坐好了…… 2. 悦动的动力系统经过全新匹配与调校，动力强劲，推背感很强；不仅如此，还很省油，1.6L和1.8L手动挡的综合工况百公里油耗只有6.7L和7.5L，所以悦动不仅动力充沛，而且经济省油。	1. 前面是一条直路，车辆比较少，路况较好，您可以试一试直线加速，感受一下油门踏板的感觉和发动机动力输出的响应，以及变速器换挡的平顺性…… 2. 怎么样，反应很灵敏，换挡很轻，提速很快吧？

续表

客户试乘时	客户试驾时
四、高速过弯	
1. 前面要过弯了，我们进弯会减速，出弯会加速，看看动力系统与全新底盘系统的配合，您注意抓紧了…… 2. 您看悦动使用了全新的底盘，采用了加大尺寸的前通风盘，刹车效果非常好；不仅转向很精准，而且侧倾很小，也没有出现侧滑和甩尾，非常稳定、安全、舒适，同时加速动力输出连贯平顺。	1. 前面要过弯了，您可以感受一下高速过弯时，悦动动力系统与全新底盘的表现…… 2. 刹车灵敏、转向精准、侧倾很小，又稳定又舒服；动力输出也很连贯。
五、连续过弯	
1. 前面有几个小弯，感受一下悦动全新底盘的性能，主要是转向系统和悬架系统的性能。 2. 悦动采用了最新的拖曳臂扭力梁式后悬架，配合转向系统，转向循迹性非常好；连续过弯抗侧倾能力强，同时前后排座椅都配有侧面腰部支撑，车辆摆动很小，乘坐非常舒适；而且轴距达到2650毫米，行驶更稳定，具有优秀的操控稳定性。虽然定位家庭轿车，但依然能够满足您的驾驶乐趣；在行车过程中，变线、规避障碍物会很安全。	1. 前面的路有几个连续弯道，您可以连续打方向，试试悦动的操控稳定性。 2. 悦动拥有比较好的驾驶乐趣，速度感应式的助力转向，手感适中，转向精准稳定；悬架循迹性好、侧倾小，加上长轴距，行驶稳定舒适。
六、减速行驶	
1. 前面的路段有减速段，需要减速慢行，我们试一下悦动的减速行驶性能。 2. 悦动的刹车系统经过全新优化布置，制动管路大大缩短，配合加大加厚的前刹车盘，刹车轻轻一点就有，反应相当灵敏。	1. 前面的路段有减速段，需要减速慢行，您试一下悦动的减速行驶性能。轻轻点刹车，反应相当灵敏吧。
七、颠簸路段	
1. 现在的路面比较颠簸，我们来试试悬架的减震性能和乘坐的舒适性。 2. 悦动的全新悬架不仅在行驶过程中转向灵敏精准、侧倾小、稳定舒适，而且悬架采用了充气式液压减震器，车身过减速段上下跳动比较小，乘坐也很舒适。 3. 悦动的车身采用很多加强结构，而且整车不同部位都做过隔音或吸音处理，同时四轮都使用了绿色静音轮胎，行驶在各种路面上，车厢内都很安静。	1. 现在的路面比较颠簸，您感受一下悬架的减震性能和乘坐的舒适性。 2. 您看车身在过减速段时上下跳动比较小，噪声也很小，乘坐又安静又舒服。

客户试乘时	客户试驾时
八、紧急制动	
1. 最后，来试一下急刹车，我会一脚刹车踩到底，您注意抓好拉手了…… 2. 悦动配备了全新 8.0 版本 ABS+EBD 的电子刹车辅助系统，刚才您在展厅也看到了，ABS+EBD 移到发动机后面的前围板上，离刹车泵和车轮都很近，紧急刹车时 ABS+EBD 会迅速工作，不仅方向性很好，很稳定，而且制动距离也很短。 3. 悦动制动距离在同级车中最短，100公里/时到0只有41.7米；座椅都经过防滑处理，不仅人的前冲比较小，还不会向下潜滑，非常安全。	1. 最后来试一下急刹车，您只要轻握方向盘，一脚刹车踩到底，其余的就交给 ABS+EBD 来做好了…… 2. 好了，刹车踏板是不是有明显弹脚的感觉？那是 ABS+EBD 在工作，正常的；刹车很灵敏、很稳定吧。
九、停车	
悦动转弯半径比较小，后风挡玻璃和后视镜宽大，倒车视野很好；而且配备有倒车雷达，停车很方便。	您可以试着把车停到试乘试驾区，我们的试乘试驾就结束了。
十、试乘/试驾结束	
刚才您乘坐了一圈，线路和状况大概清楚了，下面一圈您来开车，注意安全，给您钥匙。	1. 两圈下来，相信您对悦动又有了进一步的了解。有些客户以为悦动只是外观和内饰变了，其他的和老伊兰特没多大差别，其实像动力匹配、操控、舒适等性能的不同只有通过试乘试驾才能感受到，这些您应该有深刻的体会。 2. 我们试乘试驾活动会给您一份小纪念品，到展厅休息一下，喝点饮料，我去给您取。 3. 您看这段时间来看车、参加试乘试驾的人很多，购车的人可能会比较多，不知您打算什么时间订车，我好先给您准备，到时就方便了，看能不能提前一点。

（二）试乘试驾服务要点

1. 客户试乘试驾前服务要点

（1）充分了解客户的背景资料，如职业、现有车辆、驾照确认等，了解客户的真正需求，以便确定车辆介绍的主要方向。

（2）针对客户的需求作适当的车辆介绍，并想方设法引导客户一起参与，以使客户对车辆有一定的认同和爱好。

（3）开启发动机盖，将本车的发动机有别于其他车型发动机的特点简要地介绍给客户，以吸引客户。

（4）上车前，示范操作高灵敏度的遥控式安全中控门锁，将车门解锁并将四门车窗和天窗降下和打开，展示其活动自如。

2. 客户上车时的服务要点

（1）与客户寒暄问候；

（2）向销售人员了解客户；

（3）替客户开关车门，防止客人头部碰到车门；

（4）客户进入车内并坐好后，轻轻关闭车门，不可用力过大；

（5）从车前绕过，进入驾驶位；

（6）提醒客户系好安全带。

3. 客户试乘时的服务要点

（1）动作执行要点：

① 为客户开门请客户上车；

② 为客户调整座椅至合适；

③ 探寻客户对车的关注点；

④ 带客户体验。

（2）注意事项提醒：

① 多做主动介绍；

② 被动回答客户疑问时，注意放慢车速；

③ 注意遵守交通规则，为客户试驾做好表率；

④ 在试车路线的关键点做好路线介绍；

⑤ 危险动作提前告知。

4. 更换位置时的服务要点

（1）动作执行要点：

① 将车停在安全地带，打开双闪；

② 熄火，带钥匙下车，并请客户上车；

③ 将钥匙交给客户并帮助客户调整坐姿；

④ 从车头走到副驾位并提示客户系好安全带；

⑤ 为客户简单介绍行车相关操作及仪表显示。

（2）注意事项提醒：

① 更换司乘人员时一定要将车辆停靠在设定的安全地带，开启双闪；

② 一定要熄火拉手刹，带着钥匙下车，并注意上下车安全；

③ 客户就座后，提示客户调节好座椅、方向盘、后视镜，确认客户坐姿舒适并系好安全带；

④ 引导客户熟悉车内常用操作按键；

⑤ 再次提示安全驾驶及遵守交规。

5. 客户试驾时的服务要点

（1）动作执行要点：

① 提醒客户体验：起步的平顺性、匀速静音效果、加速与制动、过弯稳定性、颠簸路面的减震性、换挡的平顺性、倒车入库操作；

② 遇复杂路况时，提醒客户行驶路线和注意安全；

③ 对于客户的关注点，提示客户着重感受。

（2）注意事项提醒：

① 客户试驾时，主动提示指引路线让客户专心驾驶，及时提醒客户注意安全；

② 不失时机地称赞客户的驾驶技术，让客户自由体验试驾乐趣；

③ 点明体验感觉，有步骤地引导客户认同产品的性能与配备；

④ 避免此时进行卖点介绍，避免用数据介绍以免分散客户注意力；

⑤ 观察客户驾驶的熟练程度，及时终止试驾预防危险发生；

⑥ 为客户创造轻松的试驾环境；

⑦ 起步前建议打开车窗，行驶稳定后关闭车窗，营造行驶噪声由大到小的过程，让客户充分感受车身密闭性。

四、试乘试驾后的服务

在客户试乘试驾完毕后，引导客户回到展厅，让其坐下来好好休息一下，可为客户倒上一杯茶水，舒缓一下客户刚才驾车时的紧张情绪，并适当地称赞客户的驾驶技术，并请客户填写《试乘试驾意见调查表》，见图5-19。

在试乘试驾后，应针对客户特别感兴趣的地方再次有重点地强调说明，并结合试乘试驾中的体验加以确认。如果客户试乘试驾后对车型产生疑虑，应该立即向客户进行合理和客观的说明。趁客户试乘试驾后对车辆的热度尚未退却之际，趁热打铁地自然促使客户签约成交；对于暂时不能成交的客户，要留下客户的相关信息，并及时与客户保持联系。最后与客户道别，并感谢客户参与试乘试驾活动。

客户信息：

姓名：_____ 身份证号：_____ 驾驶证截止日期：_____

职业：_____ 现有车辆：_____

联系电话：_____ 固定电话：_____ 移动电话：_____

试乘试驾：_____ 出发时间：_____ 返回时间：_____

销售顾问姓名：_____ 车型：_____

评估：	极好	好	一般	差
驾驶体验				
外观				
内部设计				
结构质量				
人机工程学				
舒适性和驾驶感受				
机动性（发动机）				
操控				
总体印象				
其他意见				

图 5-19 试乘试驾意见客户调查表

每日一练

汽车销售人员在为客户提供试乘试驾后的服务工作有哪些？

客户接待礼仪知识拓展

1. http://my.tv.sohu.com/us/212311625/71968415.shtml.

2. http://v.youku.com/v_show/id_XNzQ1NjYwOTk2.html?tpa=dW5pb25faWQ9MTAyMjEzXzEwMDAwMl8wMV8wMQ.

3. http://v.ku6.com/show/naXrbeAJ8KBmHkcv0Ep6MQ...html?from=my.

任务 6

促 成 交 易

任务导引

促成交易环节是汽车销售流程中关系到是否能够成功销售的一个环节,是汽车销售人员和客户建立在相互信任的基础上讨价议价,求大同,存小异,最终达成协议的过程,见图6-1。本任务由客户异议处理、报价议价、成交信号的识别与把握、签约成交四个子任务组成。

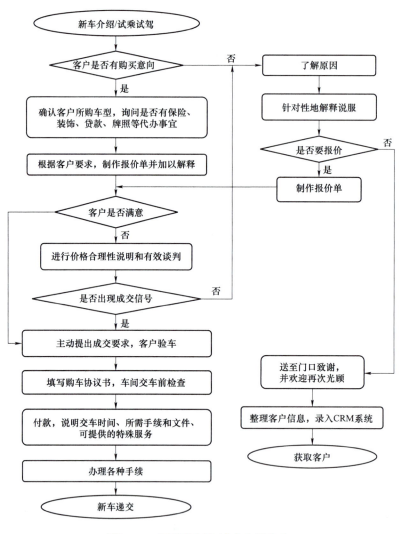

图6-1 需求分析与达成交易程序

任务6 促成交易

 任务目标

知识目标	能力目标	素质目标
1. 了解顾客异议类型； 2. 理解客户产生异议的原因； 3. 掌握顾客异议处理的原则和步骤； 4. 掌握处理顾客异议的方法； 5. 理解成交信息； 6. 掌握促成交易的技巧。	1. 能够在销售过程中准确把握处理顾客异议的时机； 2. 能够在销售过程中灵活运用处理顾客异议的方法和技巧，针对不同类型的顾客异议进行准确处理； 3. 能够在销售过程中根据顾客表现出来的成交信号，准确抓住成交机会； 4. 能够在销售过程中灵活运用促成交易的方法和技巧	1. 培养学生同理心； 2. 培养学生语言表达能力； 3. 培养学生随机应变能力； 4. 培养学生团队协调能力； 5. 培养学生法律意识； 6. 培养学生沟通能力

总学时：6学时。

任务 6.1 客户异议处理

王先生一家三口试乘试驾后挑出了一些对车不满意的地方,他们感觉车的乘坐空间有点小,并且认为这么小的车指导价还较高,没有那么多购车预算,希望能给他们提供更好的优惠条件。王艳作为一名汽车销售顾问,应该如何弄清楚客户的真实异议,分析其异议产生的原因,然后对症下药,化解客户异议呢?

所谓客户异议,是客户对销售人员或其推销活动所做出的一种在形式上表现为或怀疑或否定或反对的反应。简单地说,被客户用来作为拒绝购买理由的意见、问题、看法就是客户异议。

异议处理贯穿于汽车销售过程的始终。汽车销售人员在寻找客户到达成交易的整个过程中,不可避免地会遇到客户的各种异议。销售过程实质上就是处理异议的过程,客户的异议得到妥善的处理,销售才能进入下一个阶段,否则,销售工作就会被迫中断。是否具有丰富而娴熟的处理异议的技巧,往往是销售人员能否成功的关键!所以,任何一个销售人员都必须做好心理准备和思想准备,正确对待客户的异议,善于分析和处理各种客户异议,努力促使客户产生购买行为。

一、客户异议类型

客户异议有时是真实的,有时是虚假的。所谓真实的异议是那些现实存在着的、客户的真实顾虑。而虚假的异议往往是隐含的,表现在客户只提出一些表面问题或在没有明确理由下的推托,或犹豫不决。客户异议类型大致有以下几种,见图6-2。

(一)真实异议

真实异议是指客户提出的异议是有事实依据的,因而是真实有效的,例如,对汽车功能、价格、售后服务、交货期等方面的考虑。在这种情况下,客户会十分注意汽车销售人员所做出的反应。此时,销售人员必须做出积极的响应,或有针对性地补充说明汽车的有关信息,或对汽车存在的问题做出比较分析和负责任的许诺,如用质量性能好来化解价格高的异议，用允许退换、长期保修的承诺来消除客户对汽车某些质量不足的疑虑。汽车销售人员如果回避问题、掩饰不足将会导致销售的失败；承认问题，并提出解决问题的办法，才能解决这类客户异议。

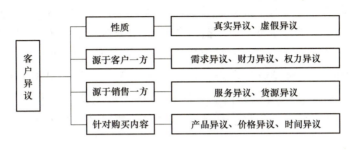

图6-2　客户异议类型

客户说："这款车怎么价格都超过了14万元，但还只配一个织绒的座椅？"如果这位客户已经对大众品牌建立了信心，并且已经看中了车价142 300元宝来1.6L/5V 5-G MT基本型的话，此时客户的异议就是一种真实的异议。对于客户而言，他也许对比过车价为141 800元的北京现代伊兰特1.8L手动豪华型，该车配有高档真皮座椅，提出这样的异议是为了解决异议，从而购买。

（二）虚假异议

在实际销售活动中，虚假异议占客户异议的比例比较多。日本有关推销专家曾对387名推销对象做了如下调查："当你受到推销人员访问时，你是如何拒绝的？"结果发现：有明确拒绝理由的只有71名，占18.8%；没有明确理由，随便找个理由拒绝的有64名，占16.9%；因为忙碌而拒绝的有26名，占6.9%；不记得是什么理由，好像是凭直觉而拒绝的有178名，占47.1%；其他类型的有39名，占10.3%。在汽车销售过程中客户也会提出各种虚假的异议来。

客户说："大众品牌就是不怎么样，宝来1.6L/5V 5-G MT基本型的车价都已经达到了142 300元，配置还不如北京现代伊兰特1.8L手动豪华型，该车车价为141 800元，便宜了500元，不仅配有高档真皮座椅，而且带座椅腰垫，还有全车座椅加热功能。"此时，如果客户在讲这个话的时候身体的姿势并没有变动，眼光还透出一种期待的话，就是一种找借口的虚假异议，目的是要让销售人员在价格上做些优惠；即使得不到价格优惠，也希

望得到一些让步。

（三）需求异议

需求异议就是客户自以为不需要销售人员所销售的产品而形成的一种反对意见，直接表明自己不需要。从异议的性质上看，需求异议是属于客户自身方面的一种异议。真实的需求异议是销售成交的直接障碍，汽车销售人员如果发现客户真的不需要产品，那就应该立即停止营销。虚假的需求异议是客户拒绝销售人员及其销售产品的一种借口，也可表现为客户没有认识或不能认识自己的需求。汽车销售人员应认真判断客户需求异议的真伪性，对虚假需求异议的客户，先设法让他觉得产品所提供的利益和服务，符合他的需求，使之动心，再进行营销。

（四）财力异议

财力异议是客户以缺乏货币支付能力为由拒绝购买的异议。财力异议也属于客户自身方面的一种常见的购买异议。财力异议的主要根源在于客户的收入状况和消费心理。一般来说，在客户资格审查和接近准备阶段，汽车销售人员对于客户的财务承受能力要进行严格审查，这样在实际销售中才能够准确辨认真实的财力异议或虚假的财力异议。

（五）权力异议

权力异议是客户以缺乏购买决策权力为由而提出的购买异议。事实上，无论是集团购买还是家庭购买，购买决策权力都不是平均分布在每个成员手中的，多数成员可以对决策形成影响，但不一定具有决策权力。权力异议的主要根源在于客户的决策能力状况或心理成见。销售人员在进行客户资格审查时，应该对客户的购买资格和决策权力状况进行认真的分析，找准决策人。面对没有购买权力的客户极力推销产品是推销工作的失误。

（六）服务异议

服务异议指客户针对购买前后一系列服务的具体方式、内容等方面提出的异议。这类异议主要源于客户自身的消费知识和消费习惯，处理这类异议，关键在于提高服务水平。

（七）货源异议

货源异议是客户对企业或销售人员不满意而拒绝购货。货源异议属于销售人员方面的一种客户异议。当客户提出货源异议时，通常表明客户愿意按照销售人员的报价购买这种产品，只是不愿向眼下这位销售人员或其所代表的公司购买。汽车销售过程中的货源异议主要来自企业形象欠佳、知名度不高、汽车销售人员态度不友善、服务安排不周到等原因。货源异议有一定的积极意义，有利于促使汽车销售人员努力改进工作态度和服务质量，提高企业信誉。

（八）产品异议

产品异议是客户认为销售人员本身不能满足客户的需求而产生的异议。这种异议表现为：客户对产品有一定的认识，具有比较充分的购买条件，但就是不愿意购买。有关汽车方面的具体异议有质量太差、设计陈旧、型号不对、颜色不符、结构不合理、造型特色不突出等。产品异议的根源也是十分复杂，客户的认识水平、带有强烈感情色彩的偏见和购买习惯以及广告宣传等因素,都有可能导致产品异议。

(九)价格异议

价格异议是指客户以推销产品的价格比相似产品价格偏高为由而拒绝。价格异议产生于需求异议、财力异议、产品异议和权力异议之后。在汽车销售过程中当客户提出价格异议时,往往表明客户对汽车产生了购买兴趣和购买意愿,只是认为价格高了,要千方百计通过讨价还价迫使汽车销售人员降低售价。价格异议的根源比较复杂,外部推销环境、客户的购买习惯和购买经验、价格竞争、客户的认识水平等因素,都可能导致客户的价格异议。

(十)时间异议

时间异议是指客户通过拖延时间来拒绝推销或达到其他目的的一种购买异议。这种异议的真正根源一般不会是时间问题,而是价格、产品或客户自身问题。当然,客户存货过多,资金周转困难,也会导致真实的时间异议。

想一想:汽车销售人员面对的客户异议的类型有哪些?

二、客户异议产生的原因

客户异议产生的原因是多种多样的:既有必然因素,又有偶然因素;既有可控因素,又有不可控因素;既有主观因素,又有客观因素。但归纳起来主要有以下四方面原因,见图6-3。

图6-3 客户产生异议的原因

(一)客户方面的原因

1. 客户的自我保护

人有本能的自我保护意识,在没弄清楚事情之前,会对陌生人心存恐惧,自然会心存警戒,摆出排斥的态度,以自我保护。当汽车销售人员向客户推销时,对于客户来说销售人员就代表了卖家,客户会表示出一种本能的拒绝,或者提出这样那样的问题乃至反对意见。绝大多数的客户所提出的异议都是在进行自我保护,也就是自我利益的保护,他们总是把得到的与付出的做比较。因此,汽车销售人员要注意唤起客户的兴趣,提醒客户购买本车所能带来的利益,这样才能消除客户的不安,排除障碍,进而达成交易。

2. 客户缺乏汽车知识

汽车的科技含量大，其产品特点与优势并不能立即被客户认识和接受，从而导致了客户异议的产生。同时汽车价值高，属于高档消费品，占家庭花销比例大，客户买车时的顾虑更多一些。因此汽车销售人员应从关心与服务客户的角度出发，以各种有效的展示与演讲方式深入浅出地向客户推荐汽车，进行启蒙和普及宣传工作，使客户正确认知所售汽车，以便有效地消除客户异议。

3. 客户的情绪不好，心情欠佳

人的行为有时会受到情绪的影响。有时客户遇到不开心的事情时，就很可能提出各种异议，甚至恶意反对，借题大发牢骚，肆意埋怨。此时，汽车销售人员需要理智和冷静，正视这类异议，做到以柔克刚，缓和气氛；反之，就可能陷入尴尬境地。

4. 客户的决策权有限

在实际的汽车销售过程中，汽车销售人员会遇到客户说"对不起，这个我说了不算""等我和家里人再商量一下"等托词，这可能说明客户确实决策权力不足，或客户有权但不想承担责任，或者找借口。汽车销售人员要仔细分析，针对不同的情况区别对待。

5. 客户缺乏足够的购买力

客户的购买力是指在一定的时期内，客户具有购买商品的货币支付能力，它是客户满足需求、实现购买的物质基础。如果客户缺乏购买力，就会拒绝购买，或者希望得到一定的优惠。有时客户也会以此作为借口来拒绝销售人员，有时也会利用其他异议来掩饰缺乏购买力的真正原因。因此，汽车销售人员要认真分析客户缺乏购买力的原因，以便做出适宜的处理。

6. 客户周围人的影响

客户在购买汽车过程中会向身边的朋友和亲属收集资料，而亲属和朋友的看法和意见往往影响着客户的购买行为。如果客户身边的人在以往购买实践中有过较大的经验教训，客户可能会对汽车品牌或汽车销售人员产生成见。成见是客户认知中一个错误的知觉，是导致销售失败的一种障碍，尤其对汽车这样新产品与高新技术产品而言。

7. 客户的购买经验与成见

客户在购买活动中的经验往往用以指导后续的购买行为。如果客户在以往购买实践中有过较大的经验教训，客户可能会牢记心中并形成对某个或某类推销品或销售人员的成见，从而影响其后期的购买行为。

（二）汽车方面的原因

汽车自身的问题致使客户产生异议的原因也有很多，大致可归纳为以下几方面。

1. 汽车的质量

汽车的质量包括性能、规格、颜色等，如果客户对汽车的上述某一方面存在疑虑、不满，便会产生异议。当然，有些异议确实是汽车本身有质量问题，有的却是客户对汽车的质量存在认识上的误区或成见，有的是客户想获得价格或其他方面优惠的借口。所以，汽车销售人员要耐心听取客户的异议,去伪存真,发掘其真实的原因,对症下药,设法消除异议。

2. 汽车的价格

客户产生价格异议的原因主要有:客户主观上认为销售产品价格太高,物非所值;客户希望通过价格异议达到其他目的;客户无购买能力。要解决价格异议,汽车销售人员必须加强学习,掌握丰富的汽车知识、市场知识和一定的销售技巧,提高自身的业务素质。

3. 汽车的品牌

汽车的品牌一定程度上可以代表汽车的质量和特色。在市场中,同类同质的商品就因为品牌不同,售价、销售量、美誉度都不同。一般来说,客户为了保险起见,也就是客户为了获得的心理安全度高些,通常在购买产品时都会挑选名牌产品。汽车品牌是汽车的有机组成部分,如果客户对它有什么不满,也可能引起客户异议,汽车销售人员对此要能灵活处理,企业也应该重视汽车的品牌创建。

(三)汽车销售人员方面的原因

客户的异议可能是由于汽车销售人员造成的,例如,汽车销售人员的推销礼仪不当,不注重自己的仪表,对汽车知识一知半解、缺乏信心,推销技巧不熟练等。因此,汽车销售人员能力、素质的高低,直接关系到销售的成功与否,汽车销售人员一定要重视自身修养,提高业务能力及水平。

(四)汽车销售企业方面的原因

在汽车销售过程中,客户的异议有时还会来源于企业。例如,企业经营管理水平低、产品质量不好、不守信用、企业知名度不高等,这些都会影响到客户的购买行为,客户对企业没有好的印象,自然对企业所生产的汽车就不会有好的评价,也就不会去购买。

想一想:汽车销售人员应从哪几个方面分析客户产生异议的原因?

三、处理客户异议的原则

处理客户异议的原则,是指销售人员处理客户异议时应遵循的准则或基本规范。汽车销售人员在处理客户异议时候要遵循一定的原则,见图6-4。

图6-4 处理客户异议的原则

(一)正确对待异议原则

1. 把客户异议看成一种正常现象

俗话说:"褒贬是买主,喝彩是闲人。"对客户来说,表示异议是其权利。客户有权利获得最优惠的价格、最好的质量和最佳的服务。而保证客户获得这些权利的唯一途径就是对销售提出质疑,即使客户发现这笔交易总体上是可以接受的,客户也总是会提出一些这样或那样的疑问来获取有利的成交条件。

2. 汽车销售人员应该欢迎客户的一些异议

客户提出异议体现了客户对销售产品感兴趣，当客户不知道销售人员的产品如何能满足需求时就会提出异议。如果销售人员不能有效地回答客户的问题或解决异议，销售人员就不能达成交易。通过客户提出的异议，销售人员还可以了解客户到底在想什么，同时也有助于确定客户处于购买过程的哪一个环节，是注意、兴趣、欲望，还是准备购买。根据调查发现，异议在销售过程中有着很重要的作用，当异议不存在时，交易只有54%的成功率，当客户有异议时，交易的成功率达到了64%。

3. 客户异议是一种挑战

销售工作是一种具有挑战性的工作，如果没有客户拒绝，还要销售人员干什么？销售的本身就是要求销售人员去改变客户以往的观念和行为而接受新的观念、新的产品、新的消费方式等。这是很困难的，不付出足够的努力是不可能实现的。而不断接受挑战，正是销售人员应具备的素质。

（二）避免争议原则

客户对汽车销售活动产生疑问、抱怨和否定态度，总是有一定原因的。客户对物美价廉的汽车和优惠的交易条件缺乏了解而提出异议，也正说明了销售活动还存在不足之处。因此，要避免和客户争议，尊重客户异议，这也是汽车销售人员具有良好素质与修养的一种体现。只有尊重客户异议，才能在此基础上做好转化工作。要知道，客户之所以购买产品，并非完全出于理智，在许多情况下是出于感情。所以，对持有异议的客户，要尊重、理解、体谅他，并找出异议的真正原因，然后帮助他、说服他。另外，销售人员还要学会洞察客户的心理，认真分析客户的各种异议，把握住到底有哪些是真实的异议，哪些是客户拒绝购买的托词，并探寻其异议背后的"隐藏动机"。

要弄清这一"隐藏动机"，需要汽车销售人员向客户提出问题，并细致地观察。只有认真准确地分析各种客户异议，才能从中了解客户的真实意图，才能在此基础上有针对性地处理各种异议，从而提高销售的成功率。

汽车销售人员用心辨别客户的虚假异议时，可以采用以下技巧：

1. 仔细倾听客户异议的内容

只要汽车销售人员仔细倾听客户异议的内容，就会发现客户会提出一些与汽车毫无关系的异议，而有的客户却非常认真，具体化地讲述异议，提出一大堆异议等销售人员给予确切回答。

2. 认真观察客户提出异议的神态

有的客户不太了解汽车销售人员所推销的汽车，又不愿花时间去听销售人员讲解，直接就否定了销售人员推销的汽车。反之，如果客户说"再看看""有空再给您电话"之类的话作为搪塞，就表明客户不想告诉销售人员真正的异议。

3. 关注解答异议后客户的反应

在解答异议后，若客户还是左右摇摆，迟迟不签单，有两个可能性：一是客户根本就没有购买的意愿；二是销售人员解说时感染力不强，双方没有交集点，答案不清晰。

避免争辩的原则，需要把握一个合适的度，既要使客户注意到你的意见的正确，又不使客户难堪产生对立情绪。

灵活应对需求异议

场景：国产宝马的展厅里，范小姐和她的家人正在销售人员的引导下看3系宝马，他们半年前就有买车的打算，价格控制在45万元左右，今天是第二次来这里，第一次来的时候，通过交流，销售人员得知他们买车主要就是为了谈生意。

销售人员：范小姐，您好，考虑了几天，决定了吗？

范小姐：上次我忘记问您了，这款车的市场定位是怎样的？

销售人员：面向家庭的高档用车。

范小姐：如果是家里人开，的确很舒服，但我们买车主要是为了谈生意，那就不太合适了。

销售人员：范小姐，有一点我要向你澄清，虽然这款车是面向家庭，但在同价位的车里，宝马车的知名度和豪华程度不亚于任何一款车。您说要用来做生意，这绝对是佳选中的佳选，开宝马车一定有助于您打动顾客的心，将每一单生意做成、做好。"

范小姐：哦，是这样！

课堂讨论：如果你是汽车销售人员，怎样处理范小姐的异议？

（三）把握时机原则

对于客户提出的异议，销售人员不一定立即答复，应选择适当的时机。有的异议是销售人员必须答复的，而且能够给客户一个圆满的答复的，应立即处理，称为"热处理"；有的异议是销售人员不能自圆其说或是偏离主题的，可不必马上答复，甚至不予理睬，称为"冷处理"；有的异议已在预料之中，销售人员应做好准备，先发制人，在客户提出异议之前及时解答，消除客户的疑虑，争取客户的信任。所以，销售人员一定要把握好处理客户异议的时机。

美国某权威机构通过对几千名销售人员的研究发现，优秀的销售人员所遇到的客户严重反对的机会只是普通的销售人员的1/10，主要原因是优秀的销售人员对客户的异议不仅能给予一个比较圆满的答复，而且能选择恰当的时机进行答复。可以说，懂得在何时回答

客户异议的销售人员会取得更好的成绩。销售人员对客户异议答复的时机选择有4种情况:

1. 在客户提出异议之前答复

选择这种时机包括两种情况：一是销售人员在推销前已经考虑到客户可能会提出什么问题，提前制定处理方案，在推销过程中替客户说出并回答，消除可能发生的异议，这会使客户感到销售人员的诚实、可信；二是在推销过程中，销售人员觉察到客户马上会提出某种异议，而这种异议又事关重大时，为争取主动，应抢先回答，引导客户顺着销售人员的思路走，不给客户提出新异议的思考时间。但不是所有的异议都能预测得那么准确，有时会把不属于客户异议或客户根本没有想到的问题提出来，从而引起更多的新异议。

2. 在客户提出异议后立即答复

事实上，对于客户提出的异议，销售人员都应该立即答复，但从策略和有利于解决问题的角度考虑，有些异议立即回答并不见得会取得好的结果，应暂时放一放。但在大多数情况下，对于客户提出的有效异议都应该立即予以回答，特别是那些明显而简单且容易答复的问题，必须立即答复，否则，就有可能失去销售机会。

3. 在客户提出异议后暂缓回答

在对客户提出的异议马上做出回答会影响推销顺利进行，或销售人员不能给予客户一个满意的答复，或异议会随洽谈的深入而不解自答，或客户异议无关紧要时，应暂缓回答。需要注意的是，不立即回答客户异议有时会对推销工作产生不良影响，客户会对销售人员、销售人员所在的公司、推销品产生怀疑而造成新的异议，因此一定要慎用。

客户：雅阁车油耗有点高啊？

销售人员：张先生！您肯定知道油耗和动力有直接的关系！您知道我们这款车发动机的功率有多大吗？

4. 对客户的某些异议不必回答

当客户异议只是一些明显的借口、肤浅的见解、明知故问的发难、顺便提及的问题，或与购买决定无关时，可以不予以回答，因为言多必失。对那些本来与交易无关的异议，如果有问必答的话，弄不好会节外生枝，引起不必要的麻烦或纠纷，从而影响整个推销工作。

想一想：汽车销售人员在处理客户异议时候应遵循哪些原则？

四、处理客户异议的步骤

无论销售人员的推销能力多么出色，但是在交易过程中总会有一些异议发生。因此，事先规划好一个处理异议的步骤非常重要，具体步骤见图6-5。

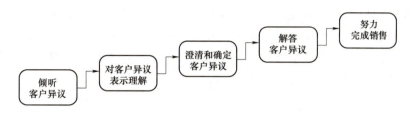

图6-5 处理客户异议的具体步骤

1. 倾听客户异议

倾听客户异议是收集信息的一个过程,这些信息非常有助于解决问题。

(1)要耐心听完,不要急于做出反应,否则,会让客户感到你非常敏感而起疑心;
(2)不可打断客户,因为这样会激怒他;
(3)听取客户意见时要诚心。

总之,要多听少说。

2. 对客户异议表示理解

在对一个异议做出反应之前,应保证完全理解客户。这种理解包括两个方面的内容:一是正确把握异议的真实含义;二是向客户表示自己对客户异议的善意、诚意。对客户提出的意见要表示感谢,态度要诚恳,表现出赞同客户观点,充分理解客户的感受。

3. 澄清和确定客户异议

客户提出异议后,销售人员必须澄清其真伪性,通过一系列的提问,确定真实的客户异议,然后表述一下对客户提出的异议的理解是否与客户的出发点一致,对自己的判断予以确定。找不到真实的客户异议,就不能解决客户心中最大的顾虑;就像医生看病一样,只有找出病根,才能对症下药。

4. 解答客户异议

澄清客户异议的同时,要掌握处理异议的技巧,选择最佳的回答。需要强调的是,最佳的回答总是取决于客户当时的情况和异议本身的特点,只有完全满足了客户的一切需求,异议才会消除。

5. 努力完成销售

在汽车销售人员圆满地处理客户异议之后,就有可能达成交易,但是如果客户对销售人员的解答仍然摇头,则说明销售人员没有真正弄清客户的需求,仍要进行沟通,直至客户满意,推销才能成功。

想一想:汽车销售人员应按照什么步骤来处理客户异议?

五、处理客户异议的方法

(一)转折法

转折法是销售人员处理异议时常用的方法。销售人员应用这种方法,首先要承认客户的看法有一定的道理,也就是向客户做出一定让步,然后才根据有关事实和理由来间接否定客户的意见，提出自己的看法。从转折法的基本思想来看，它不适用于那些敏感的、固执的、个性强且具有理智型购买动机的客户提出的异议，也不适用于探索研究型的、疑问型的客户异议，而适用于那些因客户成见、偏见及信息不通而产生的异议。转折处理法适宜在"以柔克刚"的情况下应用，不得滥用。

1. 转折法的优点

（1）销售人员不是直接驳斥，而是间接否定，有利于保持良好的人际关系和融洽的销售气氛；

（2）销售人员尊重异议，承认异议，态度委婉，客户容易被说服；

（3）销售人员利用回避赢得时间去分析异议的性质和根源，可为处理异议的方案留有余地。

2. 转折法的不足

（1）可能削弱销售人员及其推销提示的说服力量，增大推销的难度；

（2）由于故意回避客户的异议，容易使客户产生各种错觉，认为销售人员可信度低；

（3）转折处理法需要时间，不利于提高工作效率。

客户：你们公司的服务肯定有问题，电话打了老是没人接，我还以为你们公司关门了。

销售人员：有这种情况发生，我们一定会从严查处。但我相信、也请您相信，这肯定是个别现象。我们公司的经营理念是服务第一、客户至上，在实际工作中要求所有工作人员，包括后勤人员的手机全天24小时开机，为了与客户联系畅通，同时每一个号码只能有一条线，没有通过分机转接。

（二）转化法

转化法是利用客户的反对意见本身来处理异议的方法。客户的反对意见有双重属性，它既是交易的障碍，同时又是很好的交易机会，销售人员要利用其积极因素去抵消消极因素。

1. 转化法的优点

（1）销售人员利用异议处理异议，不必回避客户异议；

（2）销售人员可以改变有关客户异议的性质和作用，将客户拒绝购买的理由转化为说服客户购买的理由；

（3）销售人员直接承认客户异议，有利于保持良好的人际关系和营造融洽的推销气氛；

（4）有效利用了推销哲学，把客户异议转化为推销提示，把推销异议转化为推销动力，把不利因素转化为有利因素。

客户:你们的产品又涨价了,我买不起。

销售人员:您说得对,这些产品的价格又涨了。不过现在它所用的原材料的价格还在继续上涨,所以产品的价格还会涨得更高。现在不买,过一段时间价格会更贵。

2. 转化法的不足

(1)可能使客户产生抵触情绪;

(2)客户希望自己的意见受到尊重,但采取转化法容易使客户失望;

(3)如果滥用,会导致客户提出更多异议,弄巧成拙,适得其反。

(三)补偿法

如果客户的反对意见的确切中了产品和服务的缺点,销售人员千万不可以回避或直接否定,明智的方法是承认有关缺点,然后淡化处理,利用产品的优点来补偿甚至抵消这些缺点。

1. 补偿法的优点

(1)销售人员不是利用和转化利益,而是肯定和补偿客户异议,因而有利于改善销售人员与客户之间的关系;

(2)销售人员实事求是,承认缺点,提示优点,有利于客户达到一定程度的心理平衡;

(3)由销售人员直接提示优点,有利于开展重点推销;

(4)用途比较广泛,适宜处理各种有效的客户异议。

2. 补偿法的不足

(1)可能产生负效应,易使客户认为销售人员无法处理所提异议;

(2)会使某些客户自以为是,纠缠不放,甚至提出更多异议;

(3)有些客户异议,尤其是来源于客户购买动机和认识水平的异议,很难抵消和补偿。

客户:你所说的这个价格我无法接受,这款车的价格太贵了,我不打算买这么贵的车。

销售人员:我知道这辆车的价格比较贵,但它的性能真的很不错。根据我们的调查,这款车的车主都反馈说很满意;也很少有去修理厂维修的,相对其他品牌的汽车来说,这可以为您省下不少维修费用。与其说买一辆经常需要"治疗"的汽车,还不如买一辆不怎么"生病"的汽车,事实上它们的价格也相差不了多少,没多久,您就会把这差价赚回来的。总的来说,这价格还是很划算的。

客户:你说的也对。

（四）询问法

在没有考虑好如何答复客户的反对意见时，销售人员不妨先用委婉的语气，把对方的反对意见重复一遍，或用自己的话重复一遍，这样可以削弱客户的气势，有时转换一种说法会使问题容易回答得多。注意，销售人员只能减弱而不能改变客户的看法，否则客户会认为是在歪曲客户的意思而对销售人员产生不满。销售人员可以复述之后问一下"您的意思是这样吧"？然后再说下文，以求得客户的认可。询问法主要适用于处理各种不确定型的客户异议，不宜处理各种无关异议。

1. 询问法的优点

（1）通过询问，可以得到更多的反馈信息，有利于找出客户异议的根源，明确客户异议的性质；

（2）销售人员直接追问客户，请教客户，有利于销售人员进一步处理好客户异议；

（3）询问可以迫使客户说出异议根源，既可使销售人员处于主动地位，又可暴露客户的弱点；

（4）询问法方式灵活，能让客户自己来处理自己所提出的有关购买异议。

2. 询问法的不足

（1）如果客户希望得到销售人员直接的答复或者得到明确的澄清，而销售人员不理解客户的心理活动，不仅不能给予客户简单明确的答复，反而滥用询问法去追问客户，就会引起客户的反感，甚至产生抵触情绪；

（2）客户本来就存在不少异议，在销售人员的进一步追问下又会引发新的异议，就会造成对销售更为不利的局面；

（3）销售人员对客户的异议一再追问，会破坏销售气氛甚至可能导致最终无法成交。

案 例

客户：这款车油耗挺高吧？这车多少钱啊？

销售人员：那您认为这款车的价位应该是多少钱呢？

（五）反驳法

从理论上讲，应该尽量避免使用反驳法处理异议。直接反驳客户容易使气氛不友好，使客户产生敌对情绪，不利于客户接纳销售人员的意见。但如果客户的反对意见是由于对产品的误解或销售人员手头上的资料恰好能帮助说明问题时，销售人员不妨直言不讳。反驳法只适用于处理因客户的无知、误解、成见、信息不足等原因而引起的有效客户异议，不适用于处理无关的、无效的客户异议，不适用处理因情感因素或个性问题引起的客户异议，亦不适用于有自我表现欲望与较为敏感的客户提出来的异议。

1. 反驳法的优点

（1）通过摆事实，讲道理，可以增大推销说服力量，增强客户的购买信心；

（2）直接说明有关情况，可以节省推销时间，提高推销效率；
（3）用途十分广泛，而且符合多数客户的习惯；
（4）有利于道破客户的各种借口，促使其接受推销。

2. 反驳法的不足

（1）直接否定客户异议，容易引起抵触、反感情绪，形成不融洽气氛；
（2）容易增加客户的心理压力，导致客户回避推销；
（3）如果客户的异议正确或有一定道理，利用反驳法只会降低企业、产品及销售人员在客户心目中的信誉度。

（六）处理客户异议的其他方法

1. 预防法

预防法是指销售人员预知客户将要提出特定的反对意见，在客户尚未主动提出之前主动抢先替客户提出异议的一种处理方法。在销售活动中，有些客户提出的各种公开的异议只是拒绝的一种借口，而隐藏在内心深处的秘密异议才是成交的真正障碍。在这种情况下，销售人员可以通过预防法抢先提出客户实际上存在的购买异议，先发制人，排除成交故障。

2. 忽视法

忽视法是指对于客户的一些不影响成交的反对意见，销售人员最好不要反驳，只要面带微笑地同意其意见就够了。

想一想：汽车销售人员可以运用哪些方法来处理客户异议？

 趣味知识

避免异议的话术

客户：这是新上市的××车吧！
说明：客户提出了他关心的问题。
销售人员：没错，看来您对这款车挺关注的，需要了解哪方面的情况？
技巧：诊断客户的关注点。一般而言，客户首先提出的问题就是他最关注的问题，也是今后购车时会优先考虑的问题。
客户：听说这款车配置挺高的，甚至有高档车才有的ESP和随动转向大灯等配置。
说明：表明客户关注该车最具有竞争力的配置，如果这些配置的影响力大到足以克服该车的"弱项"带给他的影响时，客户购买的决心就会增强。因此，接下来的销售过程就要围绕这些买点进行强化。
销售人员：太对了，这也是很多像您这样的客户购买该车的一个很重要的原因，正因为如此，该款车已经出现了供不应求的情况。顺便请教一下，关于这款车，您的朋友是怎么评价的？
技巧：予以肯定，强化客户的认同，特别是"像您这样"词语的应用，能够让客户感到自己的想法并不孤单。同时，为了避免在随后的销售中客户提出异议，可以先试探客户周边的朋友对这款车的评价，其实，这种评价也是客户本人的看法。这里，避免客户异议的方法就是在这种异议未出现前，将其化解掉。

客户：有一些朋友有一个担心，就是你们公司一直是做家用车的，这款车是你们公司的第一款商务车，不知道车的性能与售后服务怎样？

说明：客户表达出他的担心，具有一定的代表性。当然，这样的意见也可能是竞争对手给你设置的销售障碍。

销售人员：看来您比较倾向于选择这款车，要不然不会提出这样的问题。您一定知道，经过10多年的努力，我们公司彻底转变了整个中国消费者对两厢车的看法，引领了两厢车的消费潮流。同时，您肯定也知道，我们公司的合作方不仅在家用车的领域有上乘的表现，同时他们更擅长于商务车，相信您已经在这方面做过了解，也会同意这样的观点：我们公司同样也会引领商务车的消费潮流。

技巧：首先再次强调客户对这款车的认同，接下来从两厢车消费潮流的引导到商务车市场未来成功的开放，从心理上诱导客户消除担心。这里，"您一定知道""肯定也知道"这样的用语，也是一种心理诱导的常用表达方式。需要说明的是，客户的异议总会存在，如果销售的早期不能将这些异议化解的话，随着竞争对手的不断强化，就会增强到排斥你的地步。

消除异议的话术

客户：哈弗CUV有没有ABS？有没有安全气囊？

说明：客户在购买过程中总会提出他们关心的问题。

销售人员：两位朋友，看来你们对这款车已经关注很久了吧？

技巧：当客户提出异议时，千万不能去反驳客户，同时也不能马上回答。应该先拉近与客户之间的关系，然后通过转换技术转移客户的关注点，在弄清楚他们真正关心的问题后，再来就他们提出的异议进行说明，求得认同。这里，不要直接回答客户的问题，要先找出客户的问题，再寻求化解的方法。

客户：是的，我打算买一款越野性比较好同时又兼顾舒适性的车。

说明：客户关注的问题是舒适性和越野性。

销售人员：那么，当你们最后选车时会首先考虑越野性还是舒适性？

技巧：在越野性和舒适性中，要认清哪一点客户更关注，这样便把他们关注的重点进行强化，其次关注的重点作为附加利益来对待。

客户：当然最好两者都能照顾到。

说明：这正是哈弗CUV的卖点。

销售人员：两位朋友，你们算是找对了品牌和车型，这款哈弗CUV正是符合你们使用要求的一款不可多得的产品。

技巧：充分肯定客户的选择，进一步强调自己的产品能够符合客户的购买目标。

客户：但听旁边那家公司的销售顾问说，哈弗CUV没有ABS，也没有配备安全气囊。

说明：客户提出了自己的异议。

销售人员：看来您对我们这款车已经做了大量的调查，也在考虑这款车是否符合你们的使用要求，要不然你们也不会花时间来到这里，我说得没错吧？

技巧：求证客户对自己汽车的认同程度。

客户：是这样的，因为考虑在这几款车中进行选择，但还没有定。

说明：表明客户的选择范围。

销售人员：买车不是一件轻松的事情，要考虑的问题很多，慎重一点是对的。不过我想请教一下，是不是你们在最后买车时一定要求该车配备了安全气囊和ABS？

技巧：拉近与客户的心理距离，同时把自己的汽车不如竞争产品的地方用询问的方式提出，试探客户的态度。

客户：因为有ABS和安全气囊才会更安全，JP2500价位差不多却配置了ABS+EBD。

说明：因为竞争产品有，所以CUV也要有，似乎这样才符合逻辑。

销售人员：我知道了，你们关注的是今后使用过程中的安全问题。为了避免你们购车过程中的风险，我们可不可以花点时间来讨论一下这个问题？

技巧：求得客户同意，对他们不太了解的问题进行讨论，目的是避免他们投资的风险。"风险"二字非常有效，因为任何一个客户在选车、购车的过程中，首先要解决的就是"风险"问题。

客户：正好，我们有点时间，你说吧！

说明：求得客户的认同。

销售人员：谢谢你们给我这个机会一起来讨论如何消除购车中风险的难题，也要谢谢你们自己多了一个降低风险的机会。正如你们所知道的，ABS和安全气囊是汽车的安全配置，但整车的安全性不仅仅局限于ABS、安全气囊等配置，而是一个需要从车身设计、结构等方面综合考虑的系统。只有全面认识了安全性，才能在购车时货比三家，才能有效降低自己的投资风险。很多像你们这样选车的朋友，他们在最终决定购买哈弗CUV时，正是看中了中外专家在该车设计之初就确立的原则：要用增加科技含量来保证乘客的安全。为此，首先，这款车采用越野化底盘，前悬架为独立双叉臂结构，后悬架为螺旋簧四连杆结构，车架采用刚性强大的梯形结构，使车身更具备运动越野性，通过行强，能对付复杂恶劣的路面，稳定性和舒适性兼备。其次，在用户看不见的地方，以"R2"双区安全为设计理念，将车体分为前后两个安全区："冲击溃缩区"吸收撞击时的能量，来减少座舱区所受冲击；"高强度座舱区"的设计则注重结构的刚性，包括四门防撞钢梁、地板防撞梁、支撑车顶的各组高强度支柱等重要的部分都做了特殊的加强，最大限度地保持座舱区的完善和人员的安全。这借用了VOLVO轿车的安全设计概念，你们也知道VOLVO轿车是全世界最安全的轿车。另外，车身采用高强度钢板及镀锌防锈蚀钢板笼形车体，突出了对乘员的保护功能；乘员头部支撑系统在车辆遇到紧急状况时有效保护乘员颈部。这些所带来的安全保障是某些仅仅装备了ABS和安全气囊的汽车所不具备的。当然，除了中高档汽车，这些配置不会同时出现在一部车上。所以，在以上这些方面都不能同时具备的情况下，专家的意见是结构比配置所提供的辅助安全性更为重要。

技巧：首先寻求与客户拉近心理距离，转变他们的立场。在此基础上，应用"谢谢你们""正如你们所知道的""很多像你们这样""专家的意见是"这样一些表达方式，说服和转变客户的看法。应该说，这些用词非常有效，表明所有哈弗CUV在安全方面的特点与保障并非销售人员自己"王婆卖瓜、自卖自夸"，而是所有购买了哈弗CUV客户的意见，也应该是眼前这两位客户的意见，求得他们对安全性的正确认识。

客户：原来是这样的，我还以为只要有了ABS，有了安全气囊就万事无忧了。

说明：客户表达了他们对汽车安全的误解。

销售人员：对了，行车的安全首先是驾驶者本人，这一点大家都知道的；其次是该车是否有一个更安全的保障系统，正像哈弗CUV所提供的。

技巧：进一步对客户已经转变的认识进行强化，求得双方认识上的一致。

客户：那这款车的价格是多少？能不能再优惠？

说明：客户表示了成交的欲望。

客户异议处理知识拓展

http://finance.sina.com.cn/hy/20050924/10111995747.shtml.

任务6
促成交易

任务 6.2 报价议价

 任务布置

王先生一家三口在王艳没有报价之前就对车辆的指导价格提出异议,这给王艳很大的压力,特别害怕在报价成交环节出现问题,于是王艳不断地收集报价方面的知识,希望报价能让王先生一家人满意。那么王艳应该如何报价,与客户进行议价,最后达成共识,确定成交价格呢?

 知识准备

报价商谈是在销售人员和客户建立充分信任后再展开的,通常关系到销售能否顺利成交,同时,客户的异议也会出现在这个阶段。因此销售人员应该详细解说所有相关文件,并考虑到客户的实际需求和他所关心的问题。

一、报价前的准备

(一)掌握销售流程中的价格体系

在汽车销售过程中,一般而言,价格体系是由5个价格组成的:市场价格、优惠价格、展厅报价、客户心理价位和最终成交价。

1. **市场价格**

市场价格是厂家对市场公布的终端销售价格。如4S店展厅价格标牌、网络上、广告中公布的价格一般都是市场价格。

2. **优惠价格**

各个经销商依据市场价格、厂家商务政策、市场状况等因素制定市场优惠价格,其可能是市场价格也可能高于或低于市场价格,其优惠的形式一般表现为现金。

3. **展厅报价**

一般各个经销商为了促进销售会在优惠价格的基础上再制定各种优惠政策(一般形式为赠品)在展厅中应用。展厅报价=优惠价格(现金优惠)+赠品(大礼包)。

4. **客户心理价位**

任何一个客户在购买汽车时几乎不会知道该汽车的进价(或成本价),他在充分了解并认同该汽车的同时也形成了自己对它的价格取值，这就是客户心理价位。

5. 最终成交价

汽车的最终成交价格，一般是展厅报价与客户心理价位之间的取值。

按照这个价格体系理论，销售的报价协商环节就是销售人员同客户在展厅报价与客户心理价位之间寻找平衡点，这个平衡点就是最终成交价。在汽车销售过程中，销售人员认识并掌握了这个理论以后，就能够顺利地解除一直以来困扰他们的困惑。

（二）掌握相关信息

1. 客户信息

了解客户基本信息，确定客户正确的姓名、工作及家庭地址和电话号码，确定谁是名义上的购买者以及由谁支付款项。

2. 竞争者产品的价格信息

了解其他品牌店的竞争产品的情况。

3. 注意收集其他有关的一般信息

这些信息一般包括具有影响力的人、重要事件（出生、周年纪念）、入学情况、最近住所的变化、居住条件的变化等。

（三）准备必要的材料

要确保销售人员有一整套完整的材料以完成这笔交易。所有必要的文件应用一个写有客户姓名的信封装起来；同时准备好所有必要的工具，如计算器、签字笔、价格信息和利率表。

想一想：汽车销售人员在报价之前应该做哪些准备工作？

二、汽车价格说明的要点

（一）确定价格和价值的平衡点

汽车销售人员在报价时候一定让客户认定物有所值，否则客户心理很难接受销售人员的报价，容易产生异议。因此，要确定价格和价值的平衡点，见图6-6。

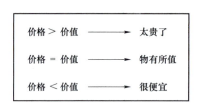

图6-6 价格和价值的平衡点

（二）掌握报价时机

客户来电和来店的目的不同，销售人员服务的细节也不同，也就确定了销售过程和服务目的的不同，见图6-7。

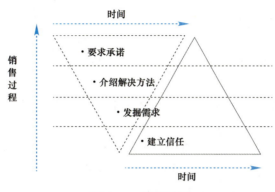

图 6-7 销售过程

随着销售过程的推进，客户离购买成交越来越近，必然涉及报价。如果不及时报价容易使得客户流失，所以，一定要抓住报价时机，在客户成为 H 级客户时候，报价已经成为必然，见图 6-8。

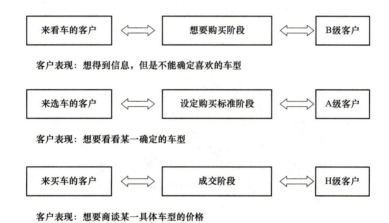

图 6-8 报价时机

汽车客户级别划分：
H 级：7 日内有订车可能；
A 级：15 日内有订车可能；
B 级：30 日内有订车可能；
C 级：2~3 个月内有订车可能；
N 级：新接触客户；
O 级：已签合同、未提车，或订单客户；
D 级：已提车客户；

T级：订单退定客户。

（三）注重报价细节说明

1. 确认重点内容
请客户确认所选择的车型，以及保险、按揭贷款、一条龙服务等代办手续的意向。

2. 根据客户需求拟定销售方案
根据客户需求拟定销售方案，对报价内容、付款方法及各种费用进行详尽易懂的说明，耐心回答客户的问题，让客户有充分的时间自主地审核销售方案。

3. 详细说明车辆购置程序和费用
说明销售价格时，再次总结汽车的主要配置及客户利益，详细说明车辆购置程序和费用。

4. 适当使用"三明治"报价法
"三明治"报价法是：首先，说出认为客户最关心的、适合客户的好处，这些好处针对的是客户的重要购买动机；然后，明确地报出价格；最后，强调一些可能会超出客户期望的、适合客户的好处。具体见图6-9。

图6-9 "三明治"报价法

想一想：汽车销售人员在进行汽车价格说明时的要点有哪些？

三、议价的技巧

（一）初期议价技巧

1. 提出比真正想要的价格还要高的价格（注意拿捏好分寸）
（1）给客户一些还价的空间，避免产生僵局；
（2）提升产品或者服务的价值感（4S店的服务等）；
（3）让客户觉得赢得了谈判。

2. 报价的对半法则
（1）探询客户期望的价格；

（2）在报价和客户的最初期望价格中寻求中间点；
（3）应用对半法则让步，寻求双方接受的平衡点。

3. 千万不要接受客户的第一个提议
若客户要求的某一个期望买价高出销售人员的心理卖价，销售人员也千万不能立即接受，否则客户立即会产生"我可以拿到更好的价格"的想法。这样的话，如果客户感觉到汽车某些方面有问题，在后来的过程中会不停地挑毛病和要求其他赠送。

4. 适当的时候表现出惊讶的态度
（1）在客户提出议价时表示惊讶（注：客户不会认为你马上就会接受他的提议，但是如果你不表示惊讶，等于告诉客户他的价格你愿意接受）；
（2）如果销售人员毫无惊讶的神情，客户的态度会更加强硬，附加条件会更多。

5. 扮演勉为其难的销售人员
（1）这是一个在谈判开始之前先压缩对手议价范围的绝佳技巧；
（2）当销售人员使用这个技巧时客户会放弃一半的议价范围；
（3）小心提防勉为其难的客户。

6. 适当的时候要做到立场坚定、紧咬不放
（1）以立场坚定的态度应对客户的杀价或超低报价，然后让客户给出一个更合适的报价；
（2）如果客户以同样的方法对付销售人员，销售人员应该反其道而制之。

（二）中期议价技巧

1. 借助公司高层的威力
（1）如果客户要求的价格超出销售人员想要成交的价格，销售人员在两次让利之后客户还是要求再让，此时销售人员可以借助高层的力量，表明自己实在无能为力，将决定权推到上面；
（2）取得客户的相对承诺，让客户表明现在就有签单的权力。

2. 避免对抗性的谈判
（1）如果客户一上来就反对销售人员的说法，不要和他争辩，千万不可造成对抗的氛围；
（2）使用"了解、我明白、我同意、感受到、发现"等字眼来化解客户的敌意；
（3）用转化法消除客户的抗拒。

3. 抛回烫手的山芋
（1）销售人员一定避免让客户把问题丢给自己；
（2）当客户把问题抛给销售人员的时候，销售人员要探测这个问题是真实的还是个幌子；
（3）永远记住怎样在不降低价格的情况下解决问题。

4. 交换条件法
（1）在确认能够成交的基础上，如果客户提出更多的要求，销售人员也要提出一些要

求作为"回报";

（2）这种方法可以避免客户再提更多的非分要求。

（三）后期议价技巧

1. 好人/坏人法（红脸/白脸法）

（1）当销售人员和两个以上的客户谈判时，客户可能会采用这样的方法；

（2）两个销售人员一起采用这样的方法的时候，可以有效地向客户施压，同时还可以避免局面尴尬。

2. 蚕食鲸吞法

（1）当客户基本决定购买的时候让他同意之前不同意的事情；

（2）销售人员一定要在最后做出进一步的努力。

3. 拟订合同法

（1）谈得差不多的时候销售人员可以借给客户倒茶水的机会离开，再次回到位置上的时候顺便拿上一份合同在自己的手上；

（2）给客户解释合同上的条款，往有利的方向引导客户；

（3）让客户感觉不好意思不签合同。

想一想：汽车销售人员在报价时应该运用哪些技巧？

好处（利益）：张先生，我们北京现代的途胜属于SUV中的新一代车型。它不仅外观设计考究，而且动力和越野行驶性能方面都很出色。就您目前的需求来说，它对您可能是再适合不过的了。

价格：这一款途胜的价格是×××元。

好处（利益）：目前我们正在举行推销活动，您只要再另付×××元，我们就可以提供额外的、按您要求进行的装饰服务，这样，您的车看起来就更有个性了。

以小组为单位模拟报价业务（要求运用"三明治"报价法来报价）。

  报价议价知识链接

1. http://v.youku.com/v_show/id_XNTUxMDcwMTIw.html?tpa=dW5pbn25faWQ9MTAyMjEzXzEwMDAwMl8wMV8wMQ.

2. http://www.56.com/u85/v_NTA5NTc4ODI.html.

任务 6.3　签约成交

任务布置

王先生一家经过讨价还价后，对价格基本接受。王艳最紧张和最兴奋的签约时刻就要到来了，她怎样才能发现王先生他们有成交的信号，准确抓住成交机会，灵活运用促成交易的方法和技巧，最终促成交易呢？

知识准备

一、促成交易的必要条件

所谓促成交易成交是指客户接受销售人员的购买建议及推销演示，并购买推销产品的行动过程。成交是整个销售环节中的重要一环，气氛比较紧张，容易使销售人员产生一些心理上的障碍，直接影响成交。如果要想达成交易，还应具备以下条件：

1. 客户必须对销售人员所推销的产品有一个全面的了解

客户一般不会在自己还不完全了解产品的时候就接受销售人员的销售建议，这也是决定能否进入成交阶段的基础。销售人员可以通过提问来检查客户是否了解产品，是否有成交意愿。

2. 客户对其所面对的销售人员及其代表的公司信任和依赖

这也是达成交易必不可少的一个条件。没有这种信任的态度，不管产品多么吸引人，客户都会对达成交易产生动摇。因为客户考虑更多的是购买产品使用后的效果，销售人员如果不能给客户一个可靠的信誉保证，客户是不会轻易地签订购买合同的。特别是那些推销质量不合标准的产品的销售人员，客户更是厌烦和他们打交道。因此，要想成功推销产品，必须取得客户的信任。

3. 客户必须有购买产品的欲望

客户只要现对产品有购买欲望，才会对销售人员的推销介绍感兴趣，这时销售人员才能吸引他的注意力。销售人员只能以自己的活动影响客户的购买决定而不能取代客户做购买决定。因此，销售人员的工作中心是产生影响。

4. 要在适当的时机促使客户做出购买决定

推销工作中"急于求成"反而会"欲速则不达"，因此与客户达成交易要等待适当的时机。每一次的洽谈也有高潮和低潮之分，如果销售人员没有能够在这个高潮中与客户达成交易，应该争取在下一个高潮中尽量与客户达成交易。不要为了达成交易而做出太大的让步，这样反而更容易引起客户的疑虑，从而最终影响到推销的成功。

5. 必须将最后阶段的洽谈准备好

销售人员在对客户的情况有全面了解的基础上，还要对自己的推销工作有一个全面的考虑。推销说明要有方向和目标，知道每一步该怎样进行，针对客户的情况制定相应的对策，尽快帮助客户做出购买决定。

二、成交信号的识别与把握

在销售的成交阶段，销售人员若想很快达成交易，就必须看准成交的信号灯，即客户表现出来的各种成交信号。成交信号，是客户在接受销售人员推销的过程中，通过语言、行动、情感等表露出来的各种成交信息。这些信息有的是有意表示的，有的则是无意流露出的。尽管成交信号并不必然导致成交，但销售人员应把成交信号的出现当成促成交易的有利时机。在销售活动中，一般情况下，有意向购买产品的客户的购买兴趣是逐渐高涨的，且在购买时机成熟时，客户心理活动趋向明朗化，并通过各种方式表露出来，也就是向销售人员发出各种成交信号。这时，销售人员若能及时捕捉到成交信号，就能很快促成交易。但是有些销售人员又往往在将要达成协议的紧要关头，由于缺乏与客户达成协议的技巧，导致不能最终达成协议，造成自己此前的努力都付之东流。因此，销售人员掌握一些达成协议的技巧非常重要，其中最重要的一个技巧是销售人员要在合适的最佳时机主动地提出交易。

无论与客户的关系多么密切，销售人员如果没有询问过客户是否考虑签约，客户也不会主动提出签约，那么销售人员的一切工作仍然没有最后的结果。相关的调查证明，在即将达成交易的谈判中，如果双方都没有主动地提出达成交易，结局往往是60%的谈判将最终以没有达成交易而告终，见图6-10。因此，如果不适时地主动提出交易，将会失去很多成交的宝贵机会。

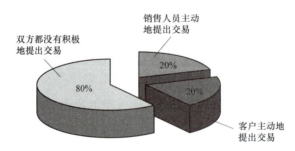

图6-10 主动提出交易的比例

经过仔细分析总结，可以发现，客户流露出的成交信号可分为以下几种：

（一）语言信号

所谓语言信号，是指销售人员在与客户的交谈中发现的客户某些语言所流露出来的成交信号，这种信号可以从客户的询问及措辞中觉察到。在销售过程中，若有以下情况出现，就可能是客户发出了成交信号：客户对销售人员的几次提问都做出积极的反应，并且主动提出成交条件；客户对销售人员的推销说明表示满意，如客户十分肯定地说"这辆车的确不错"或者"很好！这件产品真的值得购买"；客户在听完销售人员的介绍后，高兴地与销售人员谈论自己的利益；客户提出的问题转向了销售细节，例如："可以分期付款吗？""如果我们购买，你们是否能帮助我们再讲解一些知识？""我们再试乘试驾一下你们的产品好吗？""你们公司有现车吗？""你们公司的售后服务有何保障？"不难看出，客户有购买意向时往往会通过一定的语言信号流露出来。

一般来说，可以把客户的语言信号总结为以下几类：

（1）肯定或赞同汽车，对汽车表示欣赏；

（2）向销售人员提出参考意见；

（3）向销售人员请教使用汽车的方法；

（4）向销售人员打听有关汽车的详细情况；

（5）提出购买细节问题；

（6）和身边的人议论汽车；

（7）重复问已经问过的问题；

（8）询问售后服务问题；

（9）询问交车时间和限制条件等；

（10）询问汽车的使用性能及注意事项和零配件的供应问题等；

（11）询问价格折扣问题，开始讨价还价；

（12）用假定的口吻与语气谈及购买，例如，问"要是……"的问题。

总之，客户的语言信号有很多种，有表示欣赏的，有表示询问的，也有表示反对意见的。应当注意的是，反对意见比较复杂，反对意见中，有些是成交的信号，有些则不是，必须具体情况具体分析，既不能都看成是成交信号，也不能无动于衷。只要销售人员有意捕捉和诱发这些语言信号，就可以顺利地促成交易。

（二）行为信号

行为信号是销售人员在向客户介绍产品的过程中，从客户的某些细微行为中发现的成交信号。一旦客户完成了认识与情感过程，拿定主意要购买汽车时，便觉得一个艰苦的心理过程完成了，于是，会做出与听销售人员介绍汽车时完全不同的动作，汽车销售人员可以通过观察客户的动作识别客户是否有成交的倾向。常见的客户发出成交信号的行为见图6-11。

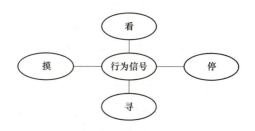

图6-11 常见的客户发出成交信号的行为

1. 客户的注意力集中在车的某一点上

客户的注意力集中在汽车的某一点上，表明客户对这款汽车产生了深入了解、想要购买的想法，这时销售人员要抓住良机。销售人员可以这样恭维客户："您真有眼力。""您的风度高雅，开这种款式的汽车，真是太合适了！您现在签合同，就可以把这辆车开回家了。"

2. 客户触摸汽车

客户仔细地观看、触摸并摆弄汽车也表明他对汽车产生了兴趣。客户的动作表明，他希望通过销售人员的介绍更多地了解汽车，他已经喜欢上了这辆车。汽车销售人员应利用这种机会促成交易。

3. 客户注视汽车后，寻找微不足道的"瑕疵"

客户在注视汽车后，长时间地寻找自己"不满意"和"瑕疵"的地方，并且他所说的"瑕疵"并不是真的缺点，他是想为打压价格做准备。此时，销售人员应抓住时机，促成交易。

4. 客户停留时间长，迟迟不愿意离去

当客户一直默默地带着喜悦的表情欣赏着某辆车，迟迟不离去时，说明他正在做决定阶段，销售人员应抓住时机，促成交易。

以上行为，或许是客户想重新考虑推荐的新品，或许是购买决心已定，紧张的思想松弛下来，总之，都有可能表示一种"基本接受"的态度。这时，销售人员建议客户进行试乘试驾，客户是绝不会拒绝的；即使客户资料中有不利于销售汽车的信息，也没关系，只要充分展示你的汽车就行了。

（三）表情信号

表情信号，是销售人员在向客户介绍产品时，从客户的面部表情和体态中发现的成交信号。人的面部表情不容易捉摸，眼神更难猜测，但经过反复观察与认真思考，销售人员仍然可以从客户的面部表情中读出以下成交信号：

（1）频频下意识地点头或眨眼睛；

（2）表现出感兴趣的神情，变得神采奕奕；

（3）腮部放松，情绪逐渐变得明朗轻松；

（4）眼睛转动加快；

（5）眉毛开始上扬；

（6）表情由冷漠、怀疑、深沉变为自然、大方、随和；

（7）嘴唇开始抿紧，好像在品味着什么；

（8）神色变得活跃起来；

（9）态度更加友好；

（10）原先造作的微笑让位于自然的微笑。

以上这些表情信号都表明了客户已经有了强烈的购买欲望，促成交易的最佳时间已经到来，这时销售人员完全可以大胆地提出成交的要求了。

(四)事态信号

事态信号是销售人员向客户介绍产品时,随着形势的发展和变化表现出来的成交信号。

一般来说,事态信号主要表现在以下几种情况:

(1)客户征求其他人的意见;
(2)客户要求看销售合同书;
(3)客户接受销售人员的重复约见或主动提出会面时间;
(4)客户的态度逐渐转好。

以上这些,都已比较明显地表现出客户的成交意向。

在汽车销售过程中,客户的语言、面部表情和一举一动,都表明客户在想什么。从客户明显的行为上,完全可以判断出他是急于购买,还是抵制购买。及时发现、理解和利用客户表露出来的成交信号,并不十分困难,其中,大部分能靠常识解决。具体做法是:既要靠细心观察和体验,又要靠销售人员的积极诱导。

三、促成交易的方法和技巧

在推销洽谈的最后阶段,销售人员除了应密切注意成交信号,做好成交的准备,还要学会运用不同的成交技巧与方法。所谓成交技巧与方法是指在最后成交过程中,销售人员抓住适当的时机,启发客户做出购买决定、促成客户购买的推销技术和技巧。

(一)优惠成交法

优惠成交法是销售人员向客户提供各种优惠条件来促成交易的一种方法。这种方法主要是利用客户购买商品的求利心理动机,通过销售让利,促使客户成交。供销售人员选择的优惠条件有广告补助、批量折扣、附赠品、优先供货优待、提供特殊服务等。

采用优惠成交法,既使客户感觉得到了实惠,增强了客户的购买欲望,也同时改善了买卖双方的人际关系,有利于双方长期合作。但是,采用此法无疑会增加销售费用,降低企业的收益,运用不当还会使客户怀疑产品的质量和定价。因此,销售人员应合理运用优惠条件,注意进行损益对比分析及销售预测,遵守国家有关政策、法规,并做好产品的宣传解释工作。

(二)假定成交法

假定成交法是销售人员假定客户已经做出购买决策,只需对某一具体问题做出答复,从而促使客户成交的方法。假定成交法不谈及双方敏感的是否购买这一话题,减轻客户购买决策的心理压力,以"暗度陈仓"的方式,自然过渡到实际的成交问题。

假定成交法是一种积极的、行之有效的方法,它自然跨越了敏感的成交决定环节,便于有效地促使客户做出决策,能够适当减轻客户决策的压力,有效地节省推销时间,提高推销效率。但是,如果使用的时机不当,会阻碍客户的自由选择,会产生强加于人、自以为是的负效应,引起客户反感。

销售人员运用假定成交法时,应尽量创造和谐融洽的洽谈气氛,注意研究观察客户的购买心理变化，捕捉客户成交的信号，然后采用此法促成交易。如果客户对推销产品兴趣不浓或还有很多的疑虑时，销售人员不能盲目采用此法，以免失去客户。同时，销售人员应善于分析客户，对于较为熟悉的老客户或个性随和、依赖性强的客户，可以用假定成交法，而对于自我意识强、过于自信或自以为是的客户，不宜采用此法。

假定成交法营销话术

"既然一切都很满意，我们就这样决定了，现在马上着手准备新车去。"

"请允许我打一个电话，告诉公司下月初把货送来好吗？"

"马女士，这款车太适合您了，您交了款项，今天晚上就可以开着这辆车去接您的女儿！"

"李先生，让我为您把它包起来吧！"

（三）从众成交法

从众成交法是销售人员利用从众心理来促成客户购买推销品的成交方法。

在日常生活中，人们或多或少都有一定的从众心理。从众心理必然导致趋同的从众行为。人们的购买行为，当然受到自身性格、价值观念、兴趣爱好等因素的影响，同时又受到家庭、参考群体、社会环境等因素的影响，因而客户在购买产品时，不仅要依据自身的需求、爱好、价值观选购产品，而且也要考虑全社会的爱好，以符合大多数人的消费行为。从众成交法正是抓住了人的这一心理特点，力争创造一种时尚或流行来鼓动人们随大流，以便促成交易。

从众成交法主要适用于具有一定时尚程度的产品销售，且要求客户具有从众心理。如果产品流行性差，号召力不强，又遇到自我意识强的客户，就不宜采用此法。在具体运用从众成交法时应注意把握以下两点：

（1）使用从众成交法推销产品前，先期发动广告攻势，利用名人宣传品牌，造成从众的声势。

（2）寻找具有影响力的核心客户，把销售重点放在说服核心客户上，在取得核心客户合作的基础上，利用核心客户的影响力和声望带动、号召大量具有从众心理的客户购买，同时还要注意为客户提供证据。

（四）解决问题成交法

解决问题成交法是指在成交阶段，客户异议已经发生，销售人员针对客户异议设法予以解决，促使销售成功的一种方法。一般情况下，这时候销售人员可通过异议探测，有针对性地解除客户的疑虑。如果这时客户的异议是真的，客户会慎重选择销售人员提供的方法，而促成交易；如果客户的异议是假的，自然会以别的借口搪塞，这时销售人员就知道如何处理了。

(五)对比平衡成交法

对比平衡成交法也称 T 型法,即运用对比平衡方式来促使客户做出购买决策。在一张纸上画出一个"T",销售人员需要在客户的参与下共同完成对比分析,可以将购买的原因列举在"T"的右边,同时将不购买的原因列举在"T"的左边,见表 6-1。销售人员在与客户共同制作好对比表以后,还得像客户逐一说明,然后邀请成交和提出诸如"对此您感觉如何"之类的坦率问题。

表 6-1 T 型对比平衡表

不购买的原因	购买的原因
1. …… 2. …… 3. …… 4. …… 5. …… ……	1. …… 2. …… 3. …… 4. …… 5. …… ……

销售人员可根据轻重缓急对需要解决的问题进行排序,客观全面地列出购买或不购买的原因,最好邀请客户一起参与,这样不仅提高了销售人员的可信度,而且进一步激发了客户的购买愿望。这种方法适用于驾驭型和分析型客户,因为这符合他们强调沟通理性的风格。

(六)小点成交法

小点成交法是指销售人员通过解决次要的问题,从而促成整体交易实现的一种成交方法。销售人员运用小点成交法时,要注意客户的购买意向,慎重选择小点,以利于创造和谐的气氛,保证以小点的成交促进整体交易的实现。从客户的购买心理来说,重大问题往往会产生较强的心理压力,客户往往比较慎重,不会轻易做出购买决策,如在购房、汽车、高档家电等方面尤为突出。而在比较小的交易问题面前,如购买日用品,客户往往信心十足,比较果断,容易做出成交的决定。小点成交法正是利用客户的这种心理规律,对大型的交易,先就局部或次要问题与客户成交,然后在此基础上,再就整体交易与客户取得一致意见,最后成交。

小点成交法采取先易后难、逐渐推进的方法,避免大笔交易给客户带来的心理压力,运用较为灵活。但是此法如果运用不当,容易分散客户的注意力,不利于突出推销品的主要优点,客户会因次要问题纠缠不清,容易导致失败。

(七)总结利益成交法

总结利益成交法是销售人员在成交阶段,对客户汇总阐述其推销产品的优点,激发客户的购买兴趣,促使交易实现的一种方法。这种方法是在推销劝说的基础上,进一步强调产品的良好性能和特点给客户带来的多方面利益,使客户更加全面了解产品的特性。

总结利益成交法能够使客户全面了解产品的优点,便于激发客户的购买兴趣,最大限度地吸引客户的注意力,使客户在明确既得利益的基础上迅速做出决策。但是采用此法时,销售人员必须把握住客户确实的内在需求，有针对性地汇总阐述产品的优点，不能将客户提出异议的方面作为优点予以阐述，以免遭到客户的再次反对，使汇总利益的劝说达不到效果。

（八）循循善诱成交法

循循善诱成交法与总结利益成交法有类似之处，但销售人员不直接总结产品的利益，而是提出有关利益的一系列问题让客户回答。

值得注意的是，使用这一方法，应该认识到某些客户也可能先假装同意销售人员所陈述的所有产品利益，但当销售人员提出购买请求时却出人意料地拒绝，有意想看到销售人员惊奇的表情。此外，多疑的客户可能会把循循善诱成交法视为陷阱，或看成是对他智商的伤害，无助于购买决策。无论对于哪种客户，心平气和地接待是销售人员必须具备的职业素养。

（九）请求成交法

请求成交法是销售人员直接要求客户购买产品的一种成交方法。在洽谈出现以下 3 种情况时可以果断地向客户请求成交：

1. 洽谈中客户未提出异议

如果洽谈中客户只是询问了产品的各种性能和服务方法，销售人员都一一作了回答后，客户也表示满意，却没有明确表示购买，这时销售人员就可以认为客户心理上已认可了产品，应适时主动向客户提出成交。

2. 客户的担心被消除后

洽谈过程中，客户对产品表现出很大的兴趣，只是还有所顾虑，当通过解释已经解除并取得了客户认同，就可以迅速提出成交请求。

3. 客户已有意购买，只是拖延时间，不愿先开口

此时为了增强客户的购买信心，销售人员可以巧妙地利用请求成交法适当地施加点压力，达到直接促成交易的目的。

请求成交法的优点在于：正确运用的话，能够有效地促成交易。因为从客户心理来看，客户一般不愿主动提出成交要求；为了有效地促成交易，就要求销售人员把握时机，主动提议，说出客户想说又不愿意说的话，从而促成交易。另外，采用请求成交法，可以避免客户在成交的关键时刻故意拖延时间，贻误成交时机，从而有利于节约销售时间，提高销售活动效率。

但是请求成交法也存在局限性。若销售人员不能把握恰当的成交机会，盲目要求成交，很容易给客户造成压力，从而产生抵触情绪，破坏本来很融洽的成交气氛。此外，若销售人员急于成交，就会使客户以为销售人员有求于自己，从而使销售人员丧失成交的主动权，使客户获得心理上的优势，还有可能使客户对本来已认可的条件产生怀疑，从而增加成交的难度，降低成交的效率。

客户对销售人员推荐的汽车很感兴趣，反复地询问汽车的安全性能、质量和价格等问题，但又迟迟不做出购买决定。

销售人员对客户说:"这款汽车是新产品,非常实用,现在厂家正在搞促销活动,享受八折的优惠价格,同时,您还会享受终身的免费维修,这些一定会让您感到满意的,现在我帮着您把定金交了吧。"

(十)选择成交法

选择成交法是销售人员为客户提供一种购买选择方案,并要求客户立即做出购买决策的方法。此法是在假定客户一定会买的基础上为其提出购买决策的选择方案,即先假定成交,后选择成交。选择成交法适用的前提是:客户不是在买与不买之间做出选择,而是在产品属性方面做出选择,如产品价格、规格、性能、服务要求、订货数量、送货方式、时间、地点等都可作为选择成交的提示内容。这种方法表面上是把成交主动权让给了客户,而实际只是把成交的选择权交给了客户,其无论怎样选择都能成交,并有利于充分调动客户决策的积极性,较快地促成交易。

销售人员在应用选择成交法时要注意以下问题:

(1)必须针对客户的购买动机和购买意向,把客户的购买选择限制在有效的范围之内。这就要求销售人员在提供选择方案时,应提供能使客户产生积极心理效应的方案,不要向客户提供非成交性方案或否定性方案。

(2)应掌握主动权,积极促成交易。在使用选择成交法时,销售人员既要把成交选择权交给客户,促使客户自动成交,又要掌握成交的主动权,对客户施加适当的成交压力,主动促成交易。

(3)应主动当好客户的购买参谋,帮助客户做出正确的成交选择。面对众多的成交方案,有时客户会感到无所适从,为提高成交效率,销售人员应主动向客户介绍各种成交选择方案及其特点,帮助客户做出适当的购买决策。

(十一)以退为进成交法

以退为进成交法一般是指销售人员提出第一项方案被客户拒绝后,再提出第二项方案,客户就会认为对方已经做出让步了,于是接受第二项方案,达成交易。以退为进成交法的基本出发点是社会成员间存在着互动共荣的特点。销售人员改变方案意味着已经接受了异议或拒绝,重新提出的成交方案肯定比第一项方案有所让步,否则不可能成交。

(十二)体验成交法

体验成交法是销售人员为了让客户加深对产品的了解,增强客户对产品的信心而采取的试用或者模拟体验的一种成交方法。体验成交法能给客户留下非常深刻的直观印象。目前,在很多高价值、高技术含量的产品领域,体验成交非常流行。体验成交法在汽车销售中运用广泛,每个客户都可以通过试乘试驾活动体验预购车辆乘坐和驾驶的感受。

特殊提示

体验成交法的运用必须要做好充分准备,并对产品中存在的不足要有清晰的认识并安排好应对策略。否则，由于客户试用的时候很容易发现产品存在的不足而导致促销失败。

（十三）机会成交法

机会成交法是销售人员向客户提示最后成交机会，促使客户立即购买的一种成交法。人们一般都有"机不可失，时不再来"的心理认识，遇到有利机会一旦错过，将后悔莫及。机会成交法正是抓住客户在最后机会面前的犹豫将其变为果断购买。机会成交法利用人们怕失去本应得到的某种利益的心理，极大地刺激了客户的购买欲望，减少了推销劝说的难度，增强了客户主动成交的压力，促使交易尽快完成。但是，运用此法要求销售人员必须实事求是，不能欺骗和愚弄客户，否则会影响企业的信誉和客户对销售人员的信任。

 特殊提示

值得注意的是，利用机会成交法对客户施加压力并不是强迫客户来买你的产品，而是运用一种心理战术，使客户无形中感到一种压力，这种压力是客户自己产生的，客户感觉不出这是销售人员造成的。销售人员在进行产品推销时，要想方设法先使客户感到紧张，然后再进行推销。销售人员应该具有高度的说服力，要使所说的话深得人心，能引起客户的共鸣。

（十四）保证成交法

保证成交法是销售人员通过向客户提供售后保证而促成交易的一种方法。客户在购买时有多种不同的心理障碍，有的担心购买后产品质量有问题，有的担心送货不及时，有的无人上门安装修理等。如果不消除客户的这些心理障碍，客户往往会拖延购买或以借口拒绝购买。保证成交法针对客户的忧虑，通过提供各种保证以增强客户购买的决心，有利于有针对性地化解客户异议，使客户迅速做出购买决定，有效地促成交易。

 特殊提示

采用此法促成交易，要求销售人员和销售企业必须做到"言必行，行必果"，否则会失去客户的信任。

（十五）肯定成交法

肯定成交法是指销售人员以肯定的赞语坚定客户的购买信心，从而促成交易实现的一种方法。肯定的赞语对客户而言是一种动力，可以使犹豫者变得果断，拒绝者无法拒绝，从而使客户别无选择地成交。销售人员采用肯定成交法，必须确认客户对产品已产生浓厚兴趣。赞扬客户时一定要发自内心，态度要诚恳，语言要实在，不要夸夸其谈，更不能欺骗客户。

肯定成交法先声夺人，减少了推销劝说难度，销售人员由衷的赞语是对客户的最大鼓励，有效地促进了客户决定的做出，有利于提高销售效率。但是这种方法有强加于人之感，运用不好可能遭到拒绝，难以再进行深入的洽谈。

四、签约

当客户对价格无异议时，及时提出成交要求。

客户所购车型无现货时，填写《购车协议书》，见图6-12，交预订金；有现货，请客

一汽—大众销售有限责任公司FAW-VW

购车协议书

售车方：_____　　　　　　　签订日期：_____
客户：_____　电话：_____　手机：_____
车型：_____　颜色：_____　购车方式：□现款　□按揭
售价：人民币_____（￥_____元整）
备注：_____

销售顾问：_____　　　　　　　销售经理：_____

预订金：_____　　　　　　　收到余款：_____
出厂编号：_____　　　　　　　发票用户名：_____
身份证/企业代码：_____　　　　用户地址：_____
代办上牌（客户签署确认）：_____

说明：

1．交车时间：以购车全款到达售车方账上后交车。

2．交车地点：售车方展厅。

3．客户对所购汽车的数量、外观、品种、颜色、规格有异议的应在验车当场提出，经售车方确认后予以处理，未提出异议，视为符合约定。

4．经客户同意情况下，售车方无偿为客户提供代办上牌服务，客户承担办理费用。代办期间如发生外部原因造成的车辆交通事故或其他车辆损伤，售车方将予以协助进行保险理赔及修复。如系售车方原因造成上述问题，售车方须无偿给予修复，但客户不因此向售车方要求退车换车或索取其他额外补偿。

5．客户将享有"车辆保养手册"中所规定的保养、保修等售后服务的权利。上述售后服务售车方保证将按一汽—大众的要求和规定执行。

6．本协议一式贰份，经客户、售车方代表签字后，开始具有法律效力。双方各执一份。

本人或本公司认同上述陈述（签字确认）。

客户：　　　　　　　　　　　　　　售车方代表：
　　年　月　日　　　　　　　　　　　　年　月　日

大众品牌网络管理部

图6-12　购车协议书

户验车、确认。准确填写《购车协议书》中的相关内容（单位购车填写购车合同书），并协助客户确认所有细节，不同的汽车销售店的购车协议不完全一致，但是大致内容是相同的。

五、成交阶段的风险防范

在成交阶段，还要注意成交方面的风险，避免在成交以后再起争议。达成交易以后，销售人员暂且忘掉一切，不要再去回顾整个交易过程的艰辛情况，特别要注意的是不要被客户牵着鼻子走。

例如：成交之后，假如客户说"你们做汽车销售的也挺不容易的，为了一个订单跑了这么多次，费了这么大的力气，够辛苦的"，此时，如果你接了客户的话题，回忆交易过程的艰难，说"可不是吗，所有的客户就您跟我签了单，其他客户都还没有签呢"，听到这话，客户也许会敏感地认为，是不是你的价格、服务，还是其他什么地方存在问题，因此，很有可能又容易发生一些新的争议，造成客户在购买上的反悔。

（一）成交过程中的风险防范

销售人员要积极地在客户的感情方面多做工作，一旦进入成交过程就不轻易动摇决定；销售人员要不卑不亢，说话短促有力，充满自信，不说没用的话，不使用模棱两可的语言，明确告知"是"或"否"，让客户自己做出决定。

（二）制作订单之前的风险防范

销售人员既然在成交阶段之前已经做了大量的工作，所以，此时要相信自己，相信客户是通情达理、真心诚意的。不要在销售条件上"软"下来，所有的变通都要在规定的条件框内决定。

（三）填写订单阶段的风险防范

销售人员要多听少说，注意言多必失，一定要将承诺和条件互相确认。如对车辆的颜色、车辆的交货期、车辆的代号、车辆的价格确认等避免出现歧义，同时要确认车辆的购买人（单位），确认支付方法、支付银行、交易银行、银行账号等。

（四）签字盖章阶段的风险防范

这个阶段，销售人员要动作迅速，一切按规范处理，一定要确认资金和支付方式，按规定收取订金（注意定金差别），把订单（协议、合同）的一联交给客户，同时把注意事项在事前说清楚。

成交之后，即指签订购车合同后，双方都会出现高兴、得意的表情，但在这个阶段客户对洽谈的内容有时还会存有一些担心，所以要不忘适时地美言客户几句，一定要给客户留下"确实买了一样好东西，物有所值"的印象。

汽车销售人员要学会赞美，赞美语言如下：
"买的正是时候呀！"

"来得早不如您来得巧!"
"您真的是有眼光呀!"
"到底还是给您便宜了呀!"
"您真的是谈判高手,佩服,真的很佩服呀!"

 每日一练

列举促成交易的方法。

 促成交易知识拓展

1. http://v.ku6.com/show/3pNYfeUI9cMx9cNY7e2rPg...html?from=my.
2. http://my.tv.sohu.com/us/63271277/30657835.shtml.

任务 7

交车服务

任务导引

在交车环节中,按约定把一辆客户喜欢的车交给客户,这对于提高客户的满意度起着很重要的作用。在交车服务中与客户建立朋友关系实际就是准备进入新一轮的客户开发,这个观念很重要。人们常说"十个馍吃了九个半",就是说做事情应该有始有终,不要虎头蛇尾,要让客户的这次购车经历以后回忆起来没有一点遗憾,"在操作上,力求注意细节"就是这个道理。所以,汽车销售人员要按照完美的交车服务流程完成交车工作,为客户提供温馨和规范的交车服务,尽最大努力让客户满意驾车而归。汽车销售人员要想为客户提供完美的交车服务,必须了解交车流程(见图7-1),理解交车前的准备工作内容,掌握交车服务工作内容和注意事项。本任务由交车前的准备、交车服务的工作内容两个子任务组成。

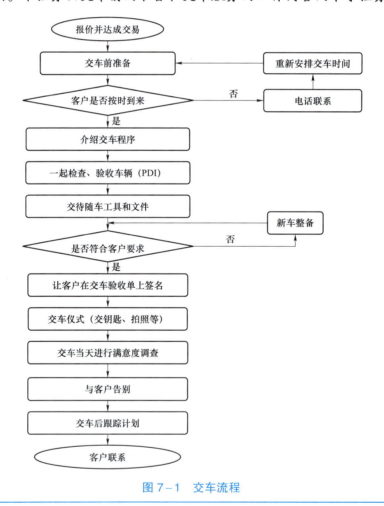

图7-1 交车流程

任务 7 交车服务

 任务目标

知识目标	能力目标	素质目标
1. 理解交车前的准备工作，明确车辆状况检查要点； 2. 掌握交车流程各环节要点； 3. 掌握 PDI 执行方法； 4. 了解汽车 4S 店验车流程	1. 能够按流程对车辆进行验车检查； 2. 能够按公司要求的规范流程完成交车工作	1. 培养学生诚信品质； 2. 培养学生语言表达能力； 3. 培养学生沟通能力； 4. 培养学生团队协调能力

总学时：4 学时。

任务 7.1　交车前的准备

任务布置

王先生一家已经和汽车销售店签订购买车辆合同,并预付了 1 万元的购车款,双方约定一个月内交车。新车两天后到店,王艳作为一名汽车销售顾问,需要提前做好交车前的准备工作,那么王艳需要做哪些准备工作呢?

知识准备

汽车销售过程的每一个环节都应体现对客户关怀备至的服务,销售人员经过了前面那么多的销售环节,做了那么多的努力,到了现在交车的阶段,可以说是历尽千辛万苦。交车是客户最兴奋的时刻,也是销售人员与客户保持良好关系的开始。调查显示,购车客户在提车时都有如下希望:希望在约定的时间内能够顺利地提到车;希望所提到的新车内外是干干净净的;希望销售人员能够在交车时对所购买的车辆做一个使用方面的详细介绍;希望了解新车的使用方法及其注意事项;希望了解新车的保养知识及厂家对新车的保修政策;希望能够认识维修服务站的技术人员;希望销售人员能够协助或直接帮助办理新车的车辆管理登记和上牌手续;希望能够顺顺利利地将车开走,等等。为此通过标准的交车流程,使客户拥有愉快满意的交车体验,可以有效提升客户满意度,保持长期的友好关系,同时也让客户对汽车及其服务产生高度认同,发掘更多的商机。

汽车销售人员一定关注交车的几个重要环节,见图 7-2。

图 7-2　交车的几个重要环节

一、交车前的文件准备

交车前要对涉及车辆的相关文件进行仔细全面的检查，确认无误后，装入文件袋，以便交给客户。这些文件包括：商业单据（发票、合同等）；临时行车牌照；用户使用手册、保修手册、产品合格证等；配件保证书（卡）、所有费用清单；完税证明、保险卡（含强制险及其客户增加的保险）等；名片（销售人员、服务部经理/服务代表）；交车确认表、PDI 检查表等。交车当天销售人员再根据 PDI 检查表对各检车项目进行确认。具体见图 7-3。

图 7-3 交车前准备

二、交车前车辆状况检查要点

车辆必须经过实际的操作，确认所有的功能都处于正常状态。

1. 车辆清洁

车辆清洁包括车身及车体内外，检查车辆的内、外观。

2. 车辆细节检查

车体有没有刮伤，车辆的里程数是不是有超过合理范围（从制造厂运到销售店的过程）；车辆是否有任何异状；车辆型号、制造年份、颜色、原厂配备是否正确；行照的出厂日期与发票是否相同（跨年车问题）；有无组装产生的伤痕或割痕，尤其是外加配件，如技师不小心伤到烤漆保险杠等；试开关每一个车门是否开关顺畅，关上时有无异音；检查车门胶条等是否安装妥当，车门与车体接缝处是否均匀；电动窗及天窗开启上掀等动作是否上下正常，有无异音产生；玻璃与窗框接缝是否密合；喇叭外罩与车门饰板是否安装妥当、有无瑕疵；备胎是否稳固，喇叭是否正常，仪表灯是否正常，车门锁总开关是否运作正常；电动后视镜开关是否正常，有无异音；方向盘上下调整是否正常；安全带扣上是否顺畅，上下调整是否正常。

先把钥匙插进电源"ON"的位置，找人在外面看所有灯是否正常［大灯（远近都调试）、头灯、方向灯、雾灯、倒车灯、刹车灯、小灯、危险警告灯、车内照明灯］，若可以的话，可以试一下大灯照出去的位置是否太高或太低；雨刷开关，每一段都测试，喷水这项也不要忘了检查；若可以，测试一下除雾线，有无被贴隔热纸的厂商给切断；拉手刹拉杆，检查是否正常（最好的测试方式是慢慢拉，听是否有嘎吱声），拉好后，挂入D挡看车有无移动；检查所有皮椅有无外伤或瑕疵；驾驶座高低前后调整及副驾驶座前后调整，椅背角度调整，最好把每一座椅的平放或躺平方式都测一遍；头枕、后座椅扶手是否可正常调整。

建议要在光线明亮的环境下进行交车；在光线不足的情况下，很多刮痕或伤痕就容易被忽略。最好是能白天交车，把汽车停在太阳下，如果汽车有碰撞再喷漆，一目了然。千万别在黄昏交车。

3. 整理PDI检查表

每月由经办人员整理PDI检查表，按新车汇总表的顺序归档，以备检验。

4. 通知与交车工作有关的人员

预先将交车事项通知销售店的相关员工，做好交车前的各项准备工作。

5. 与客户确认相关事项

交车前要和客户确认有关车辆的相关事项，特别是要确认是否要撕掉保护膜等。

6. 选好备件

交车前装配好约定的选用备件。

7. 进一步检查油、水及车内所有电动装置及电路

请服务厂人员检查油、水及车内所有电动装置及电路是否正常（四门电动窗及天窗），即把车内需调整的调整好。

三、交车前的检查

如果想要赢得客户的满意，交车前的检查是绝对必要的工作，因为如果客户对于新车的期望没有被满足，例如车身有刮痕、粗制滥造等，那么客户将会极度地不满，并会严重影响新车的销售。

所谓PDI就是新车送交客户之前进行的一种检查，英文是Per Delivery Inspection，PDI是缩写。PDI是交车体系的一部分，该体系包括一系列在新车交货前需要完成的工作，其中大部分项目是由服务部门来完成的。服务部门的责任是以正确迅速的方法执行PDI，以便使车辆完美无缺地交到客户手中。保质保量地交一辆完美无缺的汽车是使客户满意的首要条件。

（一）进行交车前检查的重要性

新车交车前的检查目的就是在新车投入正常使用前及时发现问题，并按新车出厂技术标准进行修复，同时再次确认各部件技术状态良好，各种润滑油、冷却液是否符合技术要求，以保证客户所购汽车能正常运行。

新车出厂要经过一定的运输方式（或自行行驶）到销售店，通过销售店才到客户手中，其间有的要运输（或行驶）适当里程或者花费较长的时间，在运行中，由于种种原因难免

会发生一些意外。例如，在这段时间内车辆可能遇到极端恶劣的情况：保管过程中的高温，运输过程中的碰撞、飞石、严寒、风雨等。尽管在生产过程中及产品制成后的质量管理工作是持续进行的，但是不能保证车辆完好无损地运到销售店，因此检查新车在运输过程中是否受到损伤是一项非常重要的工作。

在很多情况下，新车是在库存状态，但是如果保存不当，新车也将不可避免地出现一些问题。如果不进行仔细的检查，也会给客户带来不良印象，给今后的销售带来麻烦。

当交车前检查时，可能会发现一些新车在库存中的问题，例如蓄电池会过度放电等，发现这些问题，并及时防止这些问题，将会使服务部门省去不少麻烦。如果必要的话，新车应加以整备，以恢复出厂时应有的品质。

此外，新车出厂时虽有厂检的技术质量标准，各种装备也按一定的要求配齐，但也难免生产线上人为错误导致的差错和损坏。交车前对这些技术质量标准也要一并加以检查，及时反馈给制造厂，这给制造厂提高质量带来了许多宝贵意见。

总之，新车交给客户之前的检查是新车在投入运行前的一个重要环节，涉及制造厂、销售店和客户三方的关系。这是对汽车制造厂汽车质量的再一次认可，是消除质量事故隐患的必要措施，也是对购车客户承诺及系列优质服务的开始。

（二）交车前检查的项目

交车前检查的项目主要包括 VIN 码、发动机号、发动机仓（暖机后）、驾驶室内的装饰、车身周围、门、汽车底部和驾驶操作等内容，各品牌车的检查项目大同小异，具体见图 7-4。

_____ 专营店 PDI 检查表

VIN 码： 发动机号：

发动机舱（冷机时）	检查结果
冷却液（max）	
发动机润滑油（L-H）	
清洗液（min-max）	
制动液（min-max）	
离合器液（min-max）	
冷却液、油脂类有无渗漏	
蓄电池接线柱有无松动、腐蚀	
线束的固定装配位置	
发动机盖的开关、锁止的功能	

右前门	检查结果
安全带的操作状态	
车门的开关、锁止的功能	
座椅的功能	
内装有无脏迹、损伤	

发动机舱（暖机后）	
怠速的状态	
有无异响	
变速箱油（min-max）	
转向润滑油（min-max）	

图 7-4 PDI 检查表

驾驶室	
各灯光（包括仪表、警告灯类）、开关和喇叭	
风挡刮雨器及冲洗开关	
玻璃升降器及中控门锁的功能	
安全带的操作状态	
电动后视镜的功能	
各开启开关/拉手的功能	
座椅的功能	
将钥匙插在点火锁上使之分别处于0、1、2、3、4位，各部位的功能	
内装有无脏迹、损伤	

左后门	
安全带的操作状态	
车门的开关、锁止的功能	
内装有无脏迹、损伤	

后部	
行李箱、汽油盖开关、锁止的功能	
随车用品是否齐全	
备胎气压（300 kPa）	

右后门	
安全带的操作状态	
车门的开关、锁止的功能	
内装有无脏迹、损伤	

处理措施	

车身周围	
车身号、发动机号、铭牌是否和合格证相符	
车门、行李箱钥匙的功能	
遥控装置的功能	
在客户提车前24小时揭膜	
车身、油漆有无损伤	
轮胎气压（前：220 kPa，后：200 kPa）	
车轮螺栓的紧固情况（98～118 N·m）	

汽车底部	
传动轴防尘套是否漏油和破裂	
球头橡胶是否破裂	
制动系统、发动机、变速箱、转向系统、冷却系统是否有渗漏	

驾驶操作	
制动踏板的自由行程及效果	
手制动的拉量及效果	
有无跑偏（上侧滑仪）	
离合器踏板的自由行程及踏量	
换挡、油门、转向、车速表、空调器功能	

检查人：	检查日期：

主管：

说明：1. 检查项目正常的打"√"；不正常的打"×"，并将处理结果写入"处理措施"栏中；无此项目打"/"。

2. 此表一式两份，销售部和服务部各保存一份，保存期两年。

图7-4　PDI检查表（续）

四、交车注意事项

在交车环节，汽车销售人员需要注意的事项主要有：

（1）确定一个对客户而言可行且方便的交车日期与时间；

（2）询问客户是否有足够的时间用于交车；

（3）确保车辆已进行过交车前检查，可按预定时间交车；

（4）如有任何延误交车日期和时间的因素出现，应立即和客户联系表示道歉，同时说明延误的原因并重新确定交车时间；

（5）应事先准备好所有书面文件，以使交车过程更顺利；

（6）车辆到达时应进行检验，确保其按订单规定装备，车况良好；

（7）在交车前一天与客户再次确认交车日期和时间，以确认客户该时间是否可行，同时兼具提醒客户的作用；

（8）确保交车时服务部经理在场，以增加客户对售后服务的信任感；

（9）销售店内必须保证交车区域的明亮、整洁、清新，也要备有桌椅、饮料、点心（销售人员要事前确认），以方便销售人员将各种车辆资料在很轻松、愉悦的气氛下交给客户，以提高交车的满意度。

每日一练

以小组为单位模拟交车前准备工作。

交车的注意事项

1. http://auto.qq.com/a/20110817/000315.htm.
2. http://club.autohome.com.cn/bbs/thread－c－2324－14025443－1.html.

任务 7.2 交车服务内容

任务布置

王先生一家买的车已于昨日到店,王艳也做好了交车前的准备工作。今天王先生一家来店提车,王艳作为一名汽车销售顾问,应该如何为客户王先生一家提供交车服务呢?

知识准备

递交新车是一个让人心动的时刻,对客户来说意味着从此之后他将从他的汽车经销商那得到:守信、服务能力、关心和友谊。

因此递交新车时,重要的是自始至终贯彻在销售过程中制定的标准,甚至加上一种感觉:必须让客户体会到,销售顾问、其他所有销售店的工作人员都在分享他的欢乐与喜悦。

一、交车前的预约

(1)车辆到达 4S 店并经过 PDI 确认无问题后,销售顾问应及时和客户联系预约交车时间。

① 确认客户身份,自我介绍(用客户乐于接受的称呼或方式);

② 祝贺,第一时间恭喜客户(用百分之二百的真诚和热情);

③ 告知客户交车的流程和时间(可询问客户最关注哪个步骤并记录,或与客户确认一条龙服务及延伸服务的需求及完成状况);

④ 征得客户同意,以客户方便的时间约定交车时间及地点;

⑤ 提醒客户带齐必要的文件、证件和尾款;

⑥ 询问客户交车时将与谁同来,并鼓励客户与亲友一起前来;

⑦ 感谢客户,约定时间前 15 分钟二次确认,以便接待准备。

(2)重要客户可安排车辆接送。

(3)预定交车日期发生延迟时,第一时间主动向客户说明原因及解决方案。

二、交车日的接待

(1)在展厅门口设立欢迎立牌,祝贺客户提车。

（2）销售顾问（主管或经理有空时也可参与）到门口迎接并祝贺客户。
（3）为客户挂上交车贵宾的识别标志。（建议做）
（4）销售店每位员工见到带有交车贵宾识别标志的客户均应热情道贺。
（5）引领客户至商谈桌（室）坐下，并提供饮料。

三、商谈桌（室）的应对

（1）向客户概述交车流程和所需的时间并征询客户意见及认可。
（2）利用准备好的各项清单与客户结算各项费用。
（3）移交有关的物品：用户使用手册、保修保养手册（报完牌、结算完才给）、保险手续、行驶证、车辆钥匙（按揭贷款车辆只能给一套）等。
（4）文件手续工作应在最短时间内完成，如有必要其他部门人员应到场协助，避免客户奔波及久等。
（5）用户使用手册结合车辆试车说明，其余各项文件皆应打开逐项逐条说明，让客户了解，并提醒客户详细阅读。
（6）注意饮料的添加。
（7）不要犯下面错误：
① 交车时口头说明，未使用相关资料；
② 交车时未充分照顾客户，忙于书面文件的填写。

四、车辆的点交

在第一时间将车钥匙郑重地交给客户，并予以恭喜、祝贺。
（1）销售顾问将客户带到新车旁，利用交车确认表首先确认车辆并点交原厂配件、工具、备胎、送构件、装潢件等。
（2）陪同客户绕车检查，分享客户欣喜的心情，同时携带一块毛巾及清洗剂，因为新车难免有洗不净的印迹，须随时替客户清除。
（3）点交完车辆后，还须点交证照、票据等书面文件，与客户逐一核对，需勾选签字的地方恭请客户签名，同时准备好签字笔。
（4）确认无误后将材料装入资料袋，交给客户，具体材料见表7-1。

表7-1 交给客户的文本材料

票据	有	无	票据	有	无
购车发票			购销合同		
购置税证			行驶证		
发车单			保险单证		

（5）提醒车船税的时间，并告知地点。

五、试车说明与试车

（1）结合用户使用手册，针对要项，向客户介绍如何操作，每一个开关、每一个步骤须讲解清楚，切忌用"你自己回去慢慢找""用户使用手册上有说明"等语句，并依据客户的了解程度进行说明。

（2）提醒客户阅读用户使用手册，尤其是注意事项。

（3）如客户对车辆的操作或功能仍不熟悉，应开车带客户行驶一段，边开边做介绍，然后换客户开一段。换位时应主动为客户开启车门，请客户坐上驾驶座，并协助调整座椅、方向盘、后视镜等，并且帮助完成个性化设置。

六、保修事项与售后服务说明

汽车销售人员要为客户做保修事项与售后服务说明，主要说明的内容有：

（1）在交车区销售顾问介绍服务经理、维修接待等人员及交换名片。

（2）售前和售后的衔接。

（3）售后服务经理向客户介绍售后流程及其注意事项。

（4）让客户感觉到，维修接待是对客户进行一对一的管家式服务。

（5）保养手册必须打开面向客户，让客户明确看到保修政策的内容。销售顾问对保养手册的各项内容进行详细说明，以免日后因误解产生不必要的麻烦，说明项目主要包括：

① 免费首次保养内容说明；

② 定期保养项目表；

③ 全国服务网点一览表；

④ 服务电话和 24 小时救援电话及"快乐体验"服务承诺说明；

⑤ 紧急情况处理。

（6）维修接待介绍车辆检查、维修的里程及日程，重点提醒首次保养的服务项目和公里数以及免费维护项目。

（7）维修接待说明保修内容和保修范围，强调保修期限。有关保修事项的说明，主要包括：

① 保修时间或保修里程数（以先达到者为限，即两者其中之一，不管哪个出现，都表示保修期已到）；

② 保修项目和非保修项目（如易损件和维修材料等）。

（8）提醒客户在新车磨合期中的注意事项。

（9）介绍售后服务的营业时间、服务流程及服务网络、服务特色等。

七、交车仪式

随着汽车销售商对客户满意度重视的加强，大多数销售店也越来越重视交车环节。交

车仪式在一定程度上,可以缓解客户在销售过程中产生的不满情绪。主要的交车仪式内容有:

(1)所交新车用红绸缎盖住,准备好车钥匙、鲜花、CD 等小礼品。

(2)销售经理/展厅经理、服务经理、客服经理等人员出席参加交车仪式,销售服务店有空闲的人员都可参与交车仪式并向车主道贺。

(3)销售经理/展厅经理进行现场组织,指挥销售店人员在车旁列队。

(4)由总经理/销售经理/展厅经理奉上鲜花(由女士赠予女宾),再将车钥匙交予客户,同时向其家人赠送 CD 等小礼物。

(5)现场全体人员与新车合影留念,全体鼓掌,表示热烈祝贺。

八、对客户进行满意度调查

在客户要离店之前引导客户填写满意度调查,见图 7-5。

客户现场满意度调查表

尊敬的客户您好!为使我们大众品牌经销店给客户提供更好的服务,请您对购车中接待您的销售顾问,从服务态度、专业性等方面给予公正、合理的评价。非常感谢您的配合。

1. 依据以下的评分标准,请选择最恰当的分值。

非常满意		满意		有些满意		有些不满意		非常不满意	
10	9	8	7	6	5	4	3	2	1

【1】销售员的态度热情友好

【2】销售员主动了解顾客的需求

【3】销售员花费一定时间来提供具体的建议和产品信息

【4】销售员产品讲解让人信服

【5】销售员说明了 7 500 公里免费保养及详细的索赔条款

【6】销售员为您详细讲解了新车的操作要点和使用注意事项

2. 您在购买前是否被邀请试乘试驾? □是(请回答4题) □否

3. 您没有被邀请试乘试驾的原因是:

□不提供此项服务 □您要求的车型不可以试乘试驾

□其他原因:(请说明)

4. 根据您的新车交付当天情形,请回答下列问题:

【1】等待时间是否长? □是(请说明) □否

【2】交付车的质量是否令您满意? □是 □否(请说明)

【3】是否提醒有送车服务? □是 □否

图 7-5 客户满意度调查表

九、欢送客户

销售顾问要重视客户来店,更要重视客户提车离店,做到有始有终。客户离店也要做好欢送客户工作,主要从以下几方面入手:

(1) 销售顾问取下车辆上的绸带,必须亲自陪同客户加满一箱油(也可以事先加满油)。
(2) 告之客户将来可能收到销售或售后服务满意度电话或问卷调查,请客户予以支持。
(3) 请客户推荐客户前来赏车试车。
(4) 再次恭喜并感谢客户。
(5) 微笑目送客户的车辆离去,挥手道别一直到看不见为止。
(6) 详细填写"客户信息卡"交予客服部。
(7) 估计客户到家后再致电问候客户。

十、交车关键执行点总结

交车后要及时做好总结,总结的主要内容有:

(1) 做好交车准备。
(2) 交车确认表上让客户签字,见图 7-6。
(3) 售后人员参与交车并介绍保修政策。
(4) 销售顾问要把保修卡第一页和行驶证复印件留底。
(5) 交车是客户最喜悦的时刻,销售顾问与客户分享其快乐的同时,要尽量以满意度调查的形式让客户认同汽车品牌服务的品质,以求口碑的宣传,并请求介绍亲友以寻找销售的机会。

```
_____专营店交车确认表
车主姓名:_____     移动电话:_____
VIN 号码:_____     发动机号码:_____
钥匙号码:_____     牌照号码:_____
车型:_____     车色:_____
内饰颜色:_____     交车日期:_____
地址:_____
电话:(H)_____     (O)_____
一、首先谢谢您对东风乘用车公司的厚爱,并恭喜您拥有了这样一部好车并开始享受更加美好的生活。
    在您使用这部车之前,让我们来为您的爱车做点交与说明。谢谢您!
    1. 交车前准备(含 PDI)□
    2. 证件点交
       保险卡□   保修手册□   使用说明书□   合格证□   完税证明□   其他_____
    3. 费用说明及单据点交
       发票□   保险单据□   上牌费□   车船使用税□   车辆购置税□   其他_____
    4. "使用说明书及保修手册"内容说明
       使用说明书□       800 免费专线电话□       服务保证内容□       紧急情况处理□
       定期保养项目表□   24 小时救援服务□        1 000、5 000 公里免费保养内容说明□
```

图 7-6 交车确认表

```
5. 介绍服务站
   营业地点□    营业时间□    介绍服务代表□    介绍服务部经理□
6. 车子内外检查
   车内整洁□    外观整洁□    配备□    千斤顶□    工具包□
   故障警示架□    备胎及轮胎气压□    其他_____
7. 操作说明
   座椅、方向盘调整□    后视镜调整□    电动窗操作□    儿童安全锁□
   油、水添加及汽油种类及号数□    空调、除雾□    灯光、仪表□
   音响□    特有配备及 E 配备□
8. 温馨特别的服务
   拍照留念□    FM 设定□    其他_____
二、车价：_____
   保险费：_____
   税金（共）：_____
   其他费用：_____
   其他选配服务费用：_____
                            以上请车主确认无误后签名：_____
   说明：本表一式两份，客户和专营店各存一份，专营店的保存期为两年。
   销售部经理：        业务代表：        服务部经理：        PDI 人员：
```

图 7-6　交车确认表（续）

每日一练

说一说车辆点交的工作内容。

交车工作内容知识拓展

1. http://www.56.com/u69/v_NTA5MjA4MTg.html.
2. http://www.docin.com/p-450977238.html.

任务 8

售 后 服 务

任务导引

售后服务是汽车销售人员工作职责所在，这既是对汽车销售商负责，也是对客户负责的一种行为，有远见的企业家和销售人员，对于具有延续性销售作用的售后服务都很重视。完美的售后服务是新的销售工作的开始，所以，汽车销售人员必须了解为客户提供售后服务的作用和流程（见图8-1）。本任务由售后跟踪服务、客户投诉处理两个子任务组成。

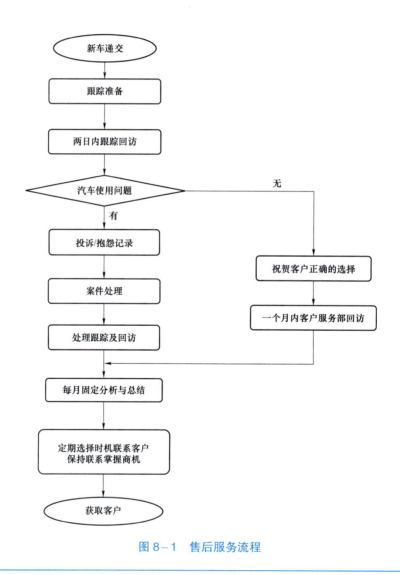

图8-1 售后服务流程

任务 8 售后服务

 任务目标

知识目标	能力目标	素质目标
1. 理解售后跟踪服务的意义； 2. 掌握满意的售后跟踪服务的内容； 3. 掌握处理投诉的方法和技巧	1. 能够很好地完成客户回访； 2. 能够按照公司规定做好客户跟踪服务； 3. 能够按照公司的规定和法律规范来处理客户投诉业务	1. 培养学生爱国情怀； 2. 培养学生语言表达能力； 3. 培养学生随机应变能力； 4. 培养学生团队协调能力

总学时：4 学时。

任务 8.1 售后跟踪服务

任务布置

王先生一家喜提新车,对汽车销售顾问王艳提供的服务也很满意。汽车属于耐用消费品,每次客户购买完成后,他们的满意程度会各不相同。为了让王先生一家购车无遗憾,王艳应该如何为王先生一家提供售后服务呢?

知识准备

汽车销售大师乔·吉拉德坚持的目标就是"卖给客户一辆能用一生的汽车",他就是用这种随叫随到、保证满意的销售方式使客户每当想起买新车时总想到他。这就是他的诀窍。在他写的一本畅销书《如何向任何人销售任何东西》中,他讲到有些客户宁可等一两个小时也要向他咨询买车,而不愿意和其他销售人员接触。故而,和客户保持长期联系,为客户提供跟踪服务是十分必要的。

一、售后跟踪服务的意义

乔·吉拉德有一句名言:"我相信推销活动真正的开始是在成交之后而不是之前。"所以,汽车销售人员进行售后跟踪的意义重大,主要表现为提高客户的满意度和拓展新客户,见图 8-2。

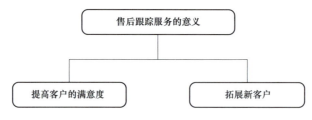

图 8-2 售后跟踪服务的意义

(一)提高客户的满意度

为客户提供满意的售后服务,能提高客户对产品的满意度,具体表现见图 8-3。

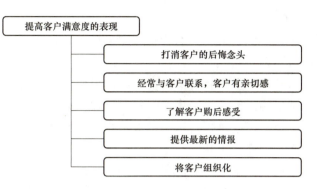

图 8-3 提高客户满意度的表现

1. 打消客户的后悔念头

购买一般商品，如果不满意，可以要求退换。但是汽车进行退换会涉及公安、银行、保险公司等许多机构，并且确定汽车故障责任是很麻烦的，会给客户带来很大的困扰。

汽车作为需要客户高度介入的耐用消费品，一旦过早地出现故障、维修困难、后期费用过高等现象，引起客户不满，又无法退换，会给客户造成极大的伤害，甚至是终身的悔恨。此时，作为该品牌汽车的生产商和销售商，如果站在客户的立场上该有何感想呢？

销售商通过成交后的跟踪服务，可以减少或打消客户的后悔心理，维护品牌和销售人员的信誉，为扩大客户群打下良好的基础。

2. 经常与客户联系，客户有亲切感

很多销售商会抓住客户的特殊日子，如生日或结婚周年纪念日等，给客户寄去贺卡。给老客户寄推销信函、贺卡、调查表、小礼品等，是保持联系的好方式；登门拜访老客户，电话问候老客户，发电子邮件和手机短信也是加深感情的好方式。关键是要经常提醒客户，你不只是客户的朋友，更是客户的知心朋友。此外"保养提醒""车辆托管服务""代为年检服务"和"违章曝光提醒服务"等，也是保持与客户经常联系的方法。

3. 了解客户购后感受

对于购买过汽车的客户，销售人员应及时收集反馈信息。客户对其购买的汽车是否满意呢？如果答案是肯定的，那么将来一定有机会再次与该客户做成交易；但是如果答案是否定的，那么应该做些什么才能让客户从不满意到满意呢？如果能竭尽全力解决问题并让客户满意，那么销售人员就留住了客户与未来的生意机会。

事实上，如果销售人员和客户一直保持联系，最终双方一定建立一种相互受益的伙伴关系。伙伴关系是基于相互信赖和相互满意，双方从中都可受益，一方得到了满意的服务，另一方得到了利润。客户因为能得到高水平的服务而从中受益，缩短了决策时间，减少了冲动性的行为，节省了费用；销售人员的销售额增加，费用降低，业绩提升。伙伴关系有一个额外的益处，就是它给销售人员带来了新的交易机会。客户之间的口碑传递，给销售人员的服务带来广告效益，从而吸引更多的客户找上门来。

4. 提供最新的情报

维系客户的方法还包括销售人员向客户提供最新资料，这也是一项有力的售后服务。产品的资料一般包括以下两种：

（1）商情报道资料。有许多产品的销售资料常以报道性的文件记载，销售人员可用它作为赠送客户、联络感情的媒介，如销售人员每月给客户寄一份汽车杂志。这样做，一方面可以给客户提供参考资料，同时也可以借此商情报道，使客户对产品有持续的好感，起到间接的宣传效果，吸引更多的客户。

（2）产品本身的资料。汽车售出后，客户基于某些理由，常常希望了解汽车本身的动态，此时销售人员应尽快将车的升级、维修、驾驶等方面的变动资料提供给客户，客户收到提供的信息以后，会感到汽车生产企业和销售人员在真正地关心他们。销售人员还可以利用专业技能为客户提供新的思路。而有些销售人员在客户购车以后，却疏于提供最新的资料，这是一种很不妥当的做法。

5. 将客户组织化

把现有的客户组织起来，并不断地把该客户组织扩大，这是一种行之有效的方法。对于汽车行业，最有效的方法是成立"汽车俱乐部"或"汽车会"。这种客户组织化的方式，常常使客户产生对该企业或品牌的认同。客户会以为自己"最受该企业的重视和欢迎"；参加了某"汽车俱乐部"，客户会在有意无意间帮助企业宣传产品，充当"义务推销员"的角色。近些年来，中国企业界也开始采用这种客户组织化的方式，成立了许多类似的客户组织，如各种产品用户协会、客户学校、客户联谊等。

组织是一种相对比较稳定的联系，客户组织化有助于建立比较稳定的主顾关系，使短期联系变成长期联系，使松散的联系变成紧密的联系，使偶然的联系变成必然的联系，使暂时的联系变成固定的联系，从而有利于发展客户关系，开发客户资源，实现客户关系固定化。成功的企业不仅创造了独特的企业文化，而且用共同的企业精神来团结和激励员工，创造了相应的产品文化，用共同的客户精神来吸引客户，稳定和发展客户关系。

对汽车销售商来说，组织成立"汽车俱乐部"是一种行之有效的方法。汽车俱乐部成立后，需经常开发活动，如组织自驾游、相互探讨驾驶技术、开展节油比赛活动等。通过活动可以与客户保持密切联系，增进客户对企业的了解，培养客户对企业的感情，从而形成好的口碑，相互传递，树立企业在公众中的形象。

因此，销售人员不仅要善于推销产品本身的物质使用价值，而且应该学会推销产品本身所附加的精神使用价值。创造科学美好的消费文化，培养良好的客户精神，就能够使客户产生认同感，长久地吸取客户。

销售人员是联系企业和客户的重要媒介，要使这种联系长期固定化，就必须积极开展经常性的企业公关活动。客户关系是企业公关的一个主要组成部分，直接关系到企业的生存和发展。对于现有客户开展公关活动，有利于加深相互了解和信任，争取客户的理解和谅解，发展主顾关系，增进友谊和合作。

（二）拓展新客户

通过保有客户的引荐可获得新客户。引荐是指从保有客户那里得到潜在客户的消息或通过保有客户的介绍来认识潜在客户。获得引荐的机会是以客户为中心的销售所带来的好处。如果销售人员能够真正帮助客户找到最优解决方案，就有可能获得更多的引荐机会。当然要想成功获得引荐的话，还必须遵循一定的方法。

1. 用声誉获得客户的引荐

获得客户引荐，关键是声誉和方法。首先要确认自己的产品和服务能真正让客户满意。只有真正建立了自己的信誉，客户相信你以及你的产品和服务，并把你看作可信赖的朋友，客户才愿意把你介绍给其他人。

2. 获得客户引荐的方法

通过保有客户的引荐以结识更多的潜在客户，要特别注意方法的运用。如果方法不对，即使有良好的信誉，也未必能够获得客户的引荐。在向保有客户寻求帮助时，要用具体、确定、简洁的语言描述出自己的理想客户，要注意避免提封闭型的问题。在客户介绍被荐人时——当然最好是能够获得客户的当面引荐——要和客户一起辨别被荐人，以确定被荐人是否能成为自己的潜在客户。

通过引荐，接近新客户并完成销售后，并不代表销售工作已经结束了，还要向引荐的客户表示真诚的感谢，继续和客户保持联系，要不然可能会错过很多机会。

二、满意的售后跟踪服务的内容

（一）感谢信

应该什么时间发出第一封感谢信，各个销售店的做法不一样。一般来说，感谢信应该在 24 小时之内，最好是客户提车的当天，由销售人员寄出去。因为在同一个城市里，也许这个客户开车还没到家呢，卡片就到家了，客户就会认为这家店不错，就会向自己的朋友和同事进行推荐，从而起到最好的宣传效果。

（二）回访电话

在什么时间向客户打出第一个回访电话？应在 24 小时之内。有的销售人员在第二天或第三天打电话，其实是错误的，此时，该出什么事情全出了。例如，客户拿到车以后不看说明书，他开车时遇到这个功能的时候，不知道在哪里，就开始乱摸了，这就容易出问题。销售人员在 24 小时之内打电话给客户的时候，"先生您这个车开得怎么样，有哪些还不清楚的请提出来"，这个时候就是及时雨。可能他会说"有一个间歇性的雨刮器，但我不知道该怎么使用"，销售人员就可以通过电话告诉他。这会使客户觉得，这家店不错，没把他忘记，从而对销售人员产生好感。

这个电话打完以后还要不要打呢？其实还应打第二次电话。第二次电话应在一个星期之内打，但不是销售人员打，而是销售公司的经理打。经理打电话就是要问这个客户，"买这辆车的过程您满意吗？我是经理，您有什么不满意的地方可以向我投诉。"这时客户心里肯定非常高兴。同时还要提醒客户做寿保。

接下来还应有第三次、第四次电话回访。

售后跟踪电话回访时要注意回访内容和话术,见表 8-1。

表 8-1　回访内容和话术

跟踪过程	回访内容及话术	注意事项
问候	"您好!我×××特许经销商服务人员×××,您是×先生/女士吗?××××时您在我处提的车,我厂(站)委托我打电话给您,对您光临我站表示感谢,如果您有时间的话,我们想对您进行电话回访。"	如果客户当时没有时间或不方便接听电话,应该中断回访并约定客户方便的时间继续回访;如果客户留的是手机,询问客户身边是否有固定电话,再给客户打过去。
回访中	每一个问题客户只需要回答"是"或"否",对于客户不满意的问题,服务人员可以进一步询问不满意的原因,在《客户回访记录表》上的备注栏进行记录; 对于客户的抱怨不要进行解释,可以说:"您反映的问题已经记录下来,我会转给相应的人员,您看什么时候方便,我会请他们给您打电话,您看可以吗?"客户同意后,在《客户回访记录表》上记录需要再次回访。	如果在电话回访中发现客户有重大的抱怨或投诉的话,使用《维修回访/投诉处理表》进行详细记录并按照投诉处理流程进行处理。
结束	"谢谢您提出的宝贵意见,我将把您的意见尽快反馈给有关部门,非常感谢您接受我们的回访,同时再次感谢您光临我站,再见×先生/女士!"	

(三)安排面谈客户

可以找一个客户生日、购车周年、工作顺道等合适的时机去看望客户,了解车辆的使用情况,介绍销售店最新的活动以及其他相关的信息,并进行记录。

(四)点滴关怀

在汽车销售店举办免费保养、汽车文化讲座和相关的活动时邀请客户到店参加活动,还可以在天气冷热突变时给予短信关怀,通过一些小的活动让客户时刻感受到销售人员的关怀。

每日一练

说一说售后跟踪服务的内容。

售后跟踪服务知识拓展

1. http://blog.sina.com.cn/s/blog_4dc5052f0101ds5z.html.
2. http://www.doc88.com/p-770863019105.html.

任务 8.2 客户投诉处理

任务布置

王先生购车后，车辆出现安全气囊灯报警，第一次王先生到店来对安全气囊进行了检查维修，对车和维修服务也认可，但是不长时间，安全气囊灯又出现了报警情况，张先生很不高兴，开始怀疑车的质量问题，于是，张先生对产品进行了投诉。王艳是他的购车销售顾问，负责接待他，为他处理投诉问题，那么，王艳应如何处理客户投诉？

知识准备

客户投诉是客户对产品或服务质量不满的一种具体表现。任何企业都不能保证产品和服务永远不出问题，因此客户的抱怨和投诉也就不可避免。对客户的抱怨和投诉处理得好，不仅可以增强客户的忠诚度，还可以提升企业的形象；处理得不好不仅会丢失客户，还会给企业带来负面影响。作为一名成功的销售人员，面对客户的投诉，应从容不迫，巧妙地运用各种技巧将危机一一化解，使客户盛怒而来，满意而归。

一、客户投诉的意义

（一）帮助企业开创新的商机

客户投诉可能反映了企业产品或服务所不能满足的客户需求，注意研究这些需求，可以帮助企业开拓新的商机。某公司一位部门经理就非常重视客户投诉，该部门居然有 50% 的产品创新来源于客户投诉！尤其是企业面临革新的时候，为了使新产品能够顺利上市并产生良好的反应，企业必须倾听客户的意见。

（二）帮助企业再次赢得客户的信任

客户不投诉，不一定就都是对本产品和本企业满意的，因不满意而投诉的客户是少数人，见图 8-4。客户的投诉不可怕，最可怕的是客户不满意也不投诉，而是从此不再关注本企业和本产品。

直接向企业投诉的客户一方面要寻求公平的解决方案，另一方面也说明客户并没有对企业绝望，而是希望再尝试一次。企业积极且系统地处理来自客户的咨询、建议与投诉，通过补偿客户在利益上的损失，可以赢得客户的谅解和信任，维护企业的良好形象，保证企业与客户关系的稳定和发展。许多投诉案例说明，只要处理得当，客户大都会比投诉之前具有更高的忠诚感。

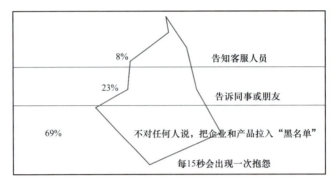

图 8-4 客户有异议的表现

日本丰田汽车公司的发展就是得益于此。最初，日产公司为了开发生产"SANI"，征集客户对汽车的投诉。丰田公司总结出这款汽车的优缺点，制成了比这款车更好的"卡罗拉"牌汽车，投放市场后，使丰田公司获得了比日产公司更为可观的经济效益。

二、客户投诉的缘由和诉求

（一）客户投诉的缘由

从表面上看客户投诉是客户对产品或服务的不满与责难，本质上是客户对企业信赖度与期待度的体现，表现为客户期望和客户感知之间不协调，具体表现见图 8-5。

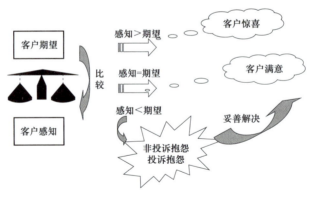

图 8-5 客户投诉的缘由

客户通常的投诉理由是汽车品质不良、服务方式不正确，以及使用不习惯的新产品、新服务。

（二）客户投诉的诉求

客户投诉的诉求有以下几个方面：

（1）补偿或赔偿；

（2）想受到重视及细心聆听；

（3）希望受理人了解他遇到的问题或不满意的原因；

（4）希望问题能尽快解决或明确问题解决的最终期限；

（5）不想再有额外的麻烦及问题；

（6）得到解决问题的明确保证；

（7）需要受到尊重。

想一想：汽车销售人员应从哪些方面来分析客户投诉的缘由和诉求？

三、处理投诉的方法和技巧

客户的投诉，有时是正确的，有时是错误的；有的问题属于厂家，有的问题属于商家，有的是客户自己使用不当造成的，也有真正的产品缺陷。如何区分处理呢？

（一）倾听

把80%的时间留给客户，允许客户尽情发泄，无论客户对错，千万不要打断。设身处地想一想，如果你自己遇到汽车的质量问题会如何恼怒，这样你就能够容忍客户的发泄。客户在急风暴雨地发泄后，会冷静地等待你的处理。倾听时不可有防范心理，不要认为客户吹毛求疵，鸡蛋里挑骨头。绝大多数客户的不满都是因为销售人员的工作失误造成的，即使部分客户无理取闹，销售人员也不可与之争执。无论投诉的原因是什么，也无论投诉的是谁，都应该首先感谢客户提出了宝贵意见。当然，不只是用耳朵听，为了处理上的方便，在听的时候别忘了一定要记录下来。

根据客户投诉的强度，还可以采取变更"地、人、时"的方法，即变更地点、变更人员、变更时间。这种方法称为"三变法"，其要点是无论如何要让客户看出你的诚意，使投诉的客户恢复冷静，也不会使抱怨更加扩大。

销售人员应把客户从门厅请入会客室，尤其对于感情用事的客户而言，"变更地点"即找个场所让其坐下，能够使客户恢复冷静；"变更人员"即请出高一级的人员接待，以示重视；"变更时间"即与客户约定另外一个时间，专门解决问题，要以"时间"冷却冲突，告诉客户："我回去后好好地把原因和内容调查清楚后，一定会以负责的态度处理。"这种方法是要获得一定的冷却期，尤其客户所抱怨的是个难题时，应尽量使用这种方法。

（二）冷静分析

聆听客户的抱怨后，必须冷静地分析事情发生的原因。客户在开始陈述其不满时，往往都是一腔怒火，销售人员应在倾听过程中不断地表达歉意，同时许诺客户的事情应在最短时间内解决，从而使客户平静下来，怒火平息。

控制局面，防止节外生枝、事态扩大。有许多客户往往出于不良动机而故意夸大自己的不满意，以求"同情"，实现自己的"目的"。例如一个客户的汽车出现了问题，客户在陈述中就说汽车是多么耗油，仪表盘如何难看，座椅设计是多么不合理，等等。这时就需要销售人员在倾听过程中准确判断客户的"真正"不满之处，有针对性地进行处理，从而防止节外生枝、扩大事态。经验不丰富的销售人员往往似懂非懂地贸然断定，甚至说些不必要的话。

（三）找出解决方案

体谅客户的痛苦而不采取行动是一个空礼盒。比如说"对不起，这是我们的过失"，不如说"我能理解给您带来的麻烦与不便,您看我们能为您做些什么呢"?客户投诉的处理必须付诸行动,不能单纯地同情和理解,要迅速地给出解决的方案。

(四)化解不满

客户在投诉时会表现出烦恼、失望、泄气、发怒等各种情感,销售人员不应当把这些表现当作是对自己的不满。特别是当客户发怒时,销售人员可能心里会想:"凭什么对着我发火?我的态度这么好。"要知道愤怒的情感通常都会潜意识地通过一个载体来发泄,因此客户仅是把销售人员当成了倾听对象。

客户的激动情绪是完全有理由的,是理应得到极大的重视和最迅速、合理的解决的。所以要让客户知道你非常理解客户的心情,关心客户的问题,无论客户是否正确;至少在客户的世界里,客户的情绪与要求是真实的,销售人员只有与客户的世界同步,才有可能真正了解客户的问题,找到最合适的方式与客户交流,从而为成功的投诉处理奠定基础。

不用担心客户会因为销售人员对其说了"对不起""很抱歉"而越发强硬,也不要担心客户得到销售人员认同后更加得理不让人,表示认同的话会将客户的思绪引向关注问题的解决。当客户正在关注问题的解决时,销售人员体贴地表示乐于提供帮助,自然会让客户感到安全、有保障,从而进一步消除对立情绪,取而代之的是依赖感。

(五)采取适当的应急措施

1. 为客户提供选择

通常一个问题的解决方案不是唯一的,给客户提供选择会让客户感到受尊重;同时,客户选择的解决方案在实施的时候也会得到来自客户的更多认可和配合。

2. 诚实地向客户承诺

能够及时地解决客户的问题当然最好,但有些问题可能比较复杂或特殊,销售人员不确定该如何为客户解决。此时,不要向客户作任何承诺,而是诚实地告诉客户情况有点特殊,你会尽力帮客户寻找解决的方法,但需要一点时间,然后约定给客户答复的时间。一定要确保准时给客户回话,即使到时你仍不能帮客户解决,也要准时打电话向你的客户解释问题进展,表明自己所做的努力,并再次约定给客户答复的时间。同向客户承诺你做不到的事相比,销售人员的诚实会更容易得到客户的尊重。

3. 适当地给客户一些补偿

为了弥补公司操作中的一些失误,可以在解决客户问题之外给一些额外补偿。但要注意的是:一是先将问题解决;二是改进工作,要避免今后发生类似的问题。现在有些处理投诉部门,一有投诉首先想到用小恩小惠去息事宁人,或者一定要靠投诉才给予正常途径下本应得到的客户利益,这样不能从根本上减少问题的发生,反而造成了错误的期望。

(六)检讨结果

投诉问题处理结束后,应做客户的跟踪回访,记录并存档。若不能当场处理,应告诉所需处理时间和程序。要及时对客户投诉案件进行追查,了解客户对处理结果的意见,及时修正完善。处理完客户投诉后,应建立明确的处理档案,作为内部教育训练时的重要材料。同时,要检讨工作中与处理过程中的缺失,以免同类事件再次发生。

处理客户投诉，不仅是解决了一个客户的问题，也是公司策略一个的反馈，是业务是否得到客户完全满意的指标，不要低估其正面力量。化负面的客户投诉为改进服务的途径、巩固老客户和吸引新客户的策略，同时也可作为提升工作绩效和宣传企业形象的计划项目。总的来说，客户投诉是公司提高服务质量、管理水平、人员素质的正面动力。

正确处理客户的投诉，正所谓"不打不成交"。通过妥善处理事件，结识客户，进而发展客户。虽然所有销售人员最感兴趣的都是发展新客户，但是决不能忽视现有的客户；与开发新客户相比，维持老客户付出的时间和精力更少、更合算。

处理客户投诉以后要及时填写客户投诉表，见表8-2。

想一想：汽车销售人员在处理客户投诉时应运用哪些方法和技巧？

表8-2 客户投诉表

基本信息	客户姓名		联系电话	
	车辆型号		购车日期	年　月　日
	车辆号码		行驶里程	km
投诉内容				
	第一接待人		接待日期	年　月　日
处理记录			处理责任人：　　处理时间：	
			处理责任人：　　处理时间：	
			处理责任人：　　处理时间：	

四、应对特殊类型的投诉客户的技巧

(一) 应对不高兴客户的技巧

对情绪上很不高兴而引出的客户投诉，销售人员应该采用的应对技巧是：

(1) 保持镇静；

(2) 表明你一直在倾听；

(3) 利用积极倾听把问题搞清楚；

(4) 同情客户；

(5) 道歉；

(6) 最终找到令客户满意的解决措施。

(二) 应对难缠客户的技巧

应对难缠客户的技巧见表 8–3。

表 8–3 应对难缠客户的技巧

客户类型	特点	技巧
威吓型	这种易怒的、要求苛刻的客户想控制人，他们可能会辱骂、威胁。	不要与他们计较，而要坚定、理性地陈述你的观点，从而控制局面。
发牢骚型	这种客户可能抱怨产品或服务，但是不会说他们要求怎么做。	了解他们的忧虑，然后直接问他们的要求。
沉默型	这种客户通常只对问题回答"是"或"不是"。	通过询问开放式问题帮助这些客户开口。
否定型	这种客户为了反对而反对。	在陈述过程中指出任何反例以限制客户表示反对的机会。
无所不知型	这种客户认为自己知道的比你还多。	同他们打交道，要利用一种直接、合理的方式陈述事情。

(三) 应对"投诉成癖者"的技巧

应对"投诉成癖者"的技巧包括：

(1) 积极听他的抱怨，并且识别出其中合理的不满，然后用你自己的语言改述他的抱怨；

(2) 找到事实依据，制止抱怨者夸大其词或将问题过分扩大；

(3) 要抵制向抱怨者道歉的诱惑，因为他立志要将过错赖在你的身上，而不是为解决问题，你的道歉反而会招致更进一步的抱怨；

(4) 强制抱怨者形成解决问题的方案，特别是当他似乎不喜欢你的提议时，你可试试，预先设定一个时间，如"我们用 20 分钟时间，来初步制定一下解决的方案好吗"？这样就可以进入讨论的程序。

(四)应对无理取闹客户的技巧

虽然安抚投诉客户的目的是找到使他们满意的解决措施,但有些时候,客户的要求是无理的,汽车销售人员不得不对他们说"不"。具体做法是用婉转的方式"您可以"来代替说"不",以此来应对无理取闹的客户,例如把"今天不行,您必须等到后天才能取到这份资料"变成"您可以后天来拿这份资料"。

想一想:汽车销售人员在处理特殊类型的客户投诉时应运用哪些方法和技巧?

每日一练

谈一谈处理客户投诉的方法和技巧。

客户投诉处理业务知识拓展

1. http://baidu.ku6.com/watch/06863444104159231091.html?page=videoMultiNeed.
2. http://baidu.ku6.com/watch/8793201037563043905.html?page=videoMultiNeed.
3. http://baidu.ku6.com/watch/5742858509764518477.html?page=videoMultiNeed.

任务 9

延伸服务

任务导引

汽车销售部门有不同的岗位，各岗位之间分工合作。所以，作为一名优秀的汽车销售人员，在完成汽车销售工作后，还会为客户提供其他的附加服务，包括为客户设计投保方案、上车牌照、办理汽车贷款和上缴车辆购置税等附加服务。本任务由汽车保险、汽车消费贷款、汽车销售代理服务三个子任务组成。

任务目标

知识目标	能力目标	素质目标
1. 掌握汽车保险险种和险种组合知识； 2. 掌握我国的汽车消费贷款业务； 3. 理解申请汽车消费贷款时注意的问题； 4. 掌握车辆购置税的征收对象、计算方法和车辆购置税的纳税办理； 5. 掌握车辆上牌照的流程； 6. 掌握车辆上牌照准备的资料； 7. 了解二手车销售渠道； 8. 掌握二手车置换业务工作内容	1. 能够为客户设计合理的汽车保险险种组合方案； 2. 能够运用所学知识办理汽车消费贷款业务； 3. 能够运用所学的知识完成新车上牌照业务； 4. 能够运用所学的知识办理新车缴纳车辆购置税业务； 5. 能够运用所学的知识办理二手车置换业务	1. 培养学生爱国情怀； 2. 培养学生语言表达能力； 3. 培养学生随机应变能力； 4. 培养学生团队协调能力； 5. 培养学生终身学习能力

总学时：6学时。

任务 9.1 汽车保险

 任务布置

王先生的儿子是一名教师,28 岁,刚刚拿到驾驶证,他所购买的车只是用于上下班代步,在休息的时候会有一些近距离的郊游活动。他很担心开车的过程中发生意想不到的事故,带来不必要的损失,因此想通过购买保险对所面临的这些风险进行规避。王艳作为一名汽车销售顾问,应该建议他购买哪些汽车保险产品呢?

 知识准备

一、我国汽车保险险种结构

当前我国汽车保险的险种主要有强制保险(机动车交通事故责任强制保险,简称"交强险")和商业汽车保险(非强制汽车保险)两大类,商业汽车保险又可以分为主险和附加险,具体见表 9-1。

表 9-1 汽车保险险种结构

强制汽车保险	非强制汽车保险			
	险别	商业汽车保险险种体系(含挂车)		
	主险	机动车损失保险	机动车第三者责任保险	机动车车上人员责任保险
机动车交通事故责任强制保险(简称"交强险")	附加险	1. 附加绝对免赔率特约条款; 2. 附加车轮单独损失险; 3. 附加新增加设备损失险; 4. 附加车身划痕损失险; 5. 附加修理期间费用补偿险; 6. 附加发动机进水损坏除外特约条款。	1. 附加车上货物责任险; 2. 附加法定节假日限额翻倍险(家庭自用车可投保)。	
			1. 附加精神损害抚慰金责任险; 2. 附加医保外医疗费用责任险。	
		附加机动车增值服务特约条款。		

主险包括机动车损失保险、机动车第三者责任保险、机动车车上人员责任保险三个独立的险种。投保人可以选择投保全部险种,也可以选择投保其中部分险种。保险人依照保险合同的约定,按照承保险种分别承担保险责任。

附加险不能独立投保。附加险条款与主险条款相抵触的,以附加险条款为准,附加险条款未尽之处,以主险条款为准。

二、我国汽车保险险种介绍

(一)机动车交通事故责任强制保险

交强险是车辆上路行驶的通行证,见图 9-1。《机动车交通事故责任强制保险条例》第三条规定:"本条例所称机动车交通事故责任强制保险,是指由保险公司对保险机动车发生道路交通事故造成本车人员、被保险人以外的受害人的人身伤亡、财产损失,在责任限额内予以赔偿的强制性责任保险。"依据此条的规定,该强制性保险只承保机动车上的人员、被保险人之外的第三人所遭受的损害;第三人所遭受的损害包括人身损害和财产损失;该强制性保险有一定的责任限额,具体责任限额见表 9-2,保险人只在该限额内承担支付保险金的责任。

图 9-1 交强险是车辆上路行驶的通行证

表 9-2 交强险责任限额

责任限额总和	200 000 元
机动车在道路交通事故中有责任的赔偿限额	1. 死亡伤残赔偿限额:180 000 元; 2. 医疗费用赔偿限额:18 000 元; 3. 财产损失赔偿限额:2 000 元。
机动车在道路交通事故中无责任的赔偿限额	1. 死亡伤残赔偿限额为 18 000 元; 2. 医疗费用赔偿限额为 1 800 元; 3. 财产损失赔偿限额为 100 元。

(二)商业汽车保险

1. 机动车损失保险

机动车损失保险简称车损险,是指保险车辆遭受保险责任范围内的自然灾害或意外事故,造成保险车辆本身损失,保险人依照保险合同的规定给予赔偿。车损险为不定值保险,在车损险保险合同中不确定保险标的的保险价值,只列明保险金额,将保险金额作为赔偿的最高限额。

机动车损失保险负责赔偿由于自然灾害和意外事故造成的车辆自身的损失,见图9-2。这是车险中最主要的险种,花钱不多,却能获得很大的保障。一般来说,对于进口车、国产轿车,或驾驶者技术或驾驶习惯不能对车辆安全提供较高的保障的,应该投保此险种。

图9-2 机动车辆损失保险

2. 机动车第三者责任保险

机动车第三者责任保险简称第三者责任险,其保险责任是指在保险期间内,被保险人或其允许的驾驶人员在使用被保险机动车过程中发生意外事故,致使第三者遭受人身伤亡或财产直接损毁,且不属于免除保险人责任的范围,依法应当由被保险人承担的经济责任,保险公司负责赔偿。此险种是自愿保险,与交强险不同。投保这个险种是最有必要的,消费者可根据自身的需要,在投保交强险基础上选择投保不同档次责任限额的第三者责任险,以便享受更高的保险保障,见图9-3。

3. 机动车车上人员责任保险

机动车车上人员责任保险简称车上人员责任险,其保险责任是保险期间内,被保险人或其允许的合格驾驶员在使用被保险机动车过程中发生保险事故,致使车内乘客人身伤亡,依法应由被保险人承担的赔偿责任,保险公司会按照保险合同进行赔偿。

该险种负责赔偿车辆发生意外事故造成车上人员的人身伤亡(包括司机和乘客)造成的损失,见图9-4。

图9-3 第三者责任险　　　　　图9-4 车上人员责任险

4. 附加绝对免赔率特约条款

绝对免赔率为5%、10%、15%、20%，由投保人和保险人在投保时协商确定，具体以保险单载明为准。

被保险机动车发生主险约定的保险事故，保险人按照主险的约定计算赔款后，扣减本特约条款约定的免赔金额，即：

$$主险实际赔款 = 按主险约定计算的赔款 \times （1 - 绝对免赔率）$$

5. 附加车轮单独损失险

投保了机动车损失保险的机动车，可投保本附加险。

车轮单独损失险的保险责任是保险期间内，被保险人或被保险机动车驾驶人在使用被保险机动车过程中，因自然灾害、意外事故，导致被保险机动车未发生其他部位的损失，仅有车轮（含轮胎、轮毂、轮毂罩）单独的直接损失，且不属于免除保险人责任的范围，保险人依照本附加险合同的约定负责赔偿。

6. 附加新增加设备损失险

投保了机动车损失保险的机动车，可投保本附加险。

新增加设备损失险的保险责任是保险期间内，被保险机动车因发生机动车损失保险责任范围内的事故，造成车上新增加设备的直接损毁，保险人在保险单载明的本附加险的保险金额内，按照实际损失计算赔偿。

如果车内的高级音响不是随车产品，而是另外安装的，就不在机动车损失保险的保障范围之内，新增加设备损失险可以满足这一保险需求。该险种负责赔偿车辆发生保险事故时造成车上新增加设备的直接损失。当车辆加装了制冷设备、加氧设备、清洁燃料设备、CD及电视录像设备、真皮或电动座椅等不是车辆出厂所带的设备时，应考虑投保新增加设备损失险；否则，这些设备因事故受损时，即使投保了机动车损失保险，保险公司也是不赔偿的。

7. 附加车身划痕损失险

投保了机动车损失保险的机动车，可投保本附加险。

车身划痕损失险的保险责任是保险期间内，被保险机动车在被保险人或被保险机动车驾驶人使用过程中，发生无明显碰撞痕迹的车身划痕损失，保险人按照保险合同约定负责赔偿。一般情况都是三年内的车才可以购买本险种。

8. 附加修理期间费用补偿险

投保了机动车损失保险的机动车，可投保本附加险。

修理期间费用补偿险的保险责任是保险期间内，被保险机动车在使用过程中，发生机动车损失保险责任范围内的事故，造成车身损毁，致使被保险机动车停驶，保险人按保险合同约定，在保险金额内向被保险人补偿修理期间费用，作为代步车费用或弥补停驶损失。

9. 附加发动机进水损坏除外特约条款

投保了机动车损失保险的机动车，可投保本附加险。

其保险责任是保险期间内，被保险机动车在使用过程中，因发动机进水后导致的发动机直接损毁，保险人不负责赔偿。

10. 附加车上货物责任险

投保了机动车第三者责任保险的营业货车（含挂车），可投保本附加险。

其保险责任是保险期间内，发生意外事故致使被保险机动车所载货物遭受直接损毁，依法应由被保险人承担的赔偿责任，保险人负责赔偿。

11. 附加法定节假日限额翻倍险

投保了机动车第三者责任保险的家庭自用汽车，可投保本附加险。

其保险责任是保险期间内，被保险人或其允许的驾驶人在法定节假日期间使用被保险机动车发生机动车第三者责任保险范围内的事故，并经公安部门或保险人查勘确认的，被保险机动车第三者责任保险所适用的责任限额在保险单载明的基础上增加一倍。

12. 附加精神损害抚慰金责任险

投保了机动车第三者责任保险或机动车车上人员责任保险的机动车，可投保本附加险。

在投保人仅投保机动车第三者责任保险的基础上附加本附加险时，保险人只负责赔偿第三者的精神损害抚慰金；在投保人仅投保机动车车上人员责任保险的基础上附加本附加险时，保险人只负责赔偿车上人员的精神损害抚慰金。

13. 附加医保外医疗费用责任险

投保了机动车第三者责任保险或机动车车上人员责任保险的机动车，可投保本附加险。

其保险责任是保险期间内，被保险人或其允许的驾驶人在使用被保险机动车的过程中，发生主险保险事故，对于被保险人依照中华人民共和国法律（不含港澳台地区法律）应对第三者或车上人员承担的医疗费用，保险人对超出《道路交通事故受伤人员临床诊疗指南》和国家基本医疗保险同类医疗费用标准的部分负责赔偿。

14. 附加机动车增值服务特约条款

投保了机动车保险后，可投保本特约条款。

本特约条款包括道路救援服务特约条款、车辆安全检测特约条款、代为驾驶服务特约条款、代为送检服务特约条款共四个独立的特约条款，投保人可以选择投保全部特约条款，也可以选择投保其中部分特约条款。保险人依照保险合同的约定，按照承保特约条款分别提供增值服务。

想一想：我国主要的汽车险种有哪些？

 每日一练

为客户设计汽车保险险种组合方案。

 汽车保险业务知识拓展

1. http://www.autohome.com.cn/dealer/201312/8257517.html？pvareaid＝101711.

2. http://baidu.ku6.com/watch/6115231370928918844.html？page＝videoMultiNeed.

3. http://wenku.baidu.com/link？url＝0_hCAupckgqjpVxI2Dnf7boFFIaTwGlW5x1Z1WjAV0RcjYZxfVz－o6A6SX2EUUB2NvwwbHPqL04KE5dRRx2iWN1LxbWZvcUY1SOth9iLgPe.

任务 9.2　汽车消费贷款

任务布置

李女士是一名刚参加工作两年的小学老师，年收入 5 万～7 万元，有房产。她计划贷款 10 万元购买一辆汽车，希望贷款利息较低。王艳作为一名汽车销售顾问，需要协助李女士办理汽车消费贷款业务，那么王艳如何结合客户的实际情况和需求制定一套适合李女士的个人汽车消费贷款计划呢？

知识准备

一、我国汽车消费贷款业务的产生与发展

汽车金融服务是依托并促进汽车产业发展的金融服务。国外汽车金融服务发展已经有近百年的历史，其发展水平已经相当完善。汽车金融服务最初起始于汽车制造商在 20 世纪 20 年代前后向用户提供的汽车销售分期付款。最早的汽车金融服务机构是 1919 年美国通用汽车设立的通用汽车票据承兑公司，该公司专门承兑或贴现通用汽车经销商的应收账款票据。由于设立了专门的汽车金融服务机构，分离了汽车制造和销售环节的资金，使得汽车销售空前增长。此后，一些大汽车制造商开始设立金融机构对经销商和客户融资，银行也开始介入这一领域，逐步形成汽车金融服务体系。

随着我国人均 GDP 的增长，许多居民具备了购车能力，消费观念的更新也令大量的城市消费者把目光投向消费信贷；同时，从银行角度来讲，我国目前已具备相当规模的金融资产。在这样一种形势下，中国人民银行于 1998 年 9 月 11 日颁布了《汽车消费贷款管理办法》，我国的汽车消费贷款应运而生。我国汽车消费信贷市场在不同的历史发展时期，具有显著不同的阶段特征，大致可划分为起始阶段、发展阶段、竞争阶段和成熟阶段。

（一）起始阶段（1995—1998 年）

我国汽车消费信贷市场起步较晚，1995 年，当美国福特汽车财务公司派专人来到中国进行汽车信贷市场研究的时候，我国才刚刚开展了汽车消费信贷理论上的讨论和业务上的初步实践。这一阶段，恰逢国内汽车消费处于一个相对低迷的时期，为了刺激汽车销售尝

试性地开展了汽车消费信贷业务，但由于缺少相应经验和有效的风险控制手段，逐渐暴露和产生出一些问题，以至于中国人民银行曾于 1996 年 9 月下令停办汽车信贷业务。这一阶段一直延续到 1998 年 9 月中国人民银行出台《汽车消费货款管理办法》为止，其主要特点为：

（1）汽车生产厂商是这一时期汽车消费信贷市场发展的主要推动者；

（2）受传统消费观念影响，汽车消费信贷尚未为国人所广泛接受和认可；

（3）汽车消费信贷的主体——国有商业银行，对汽车消费信贷业务的意义、作用以及风险水平尚缺乏基本的认识和判断。

（二）发展阶段（1998—2001 年）

中国人民银行继 1998 年 9 月出台《汽车消费贷款管理办法》之后，1999 年 4 月又出台了《关于开展个人消费信贷的指导意见》。至此，汽车消费信贷业务已成为国有商业银行改善信贷结构、优化信贷资产质量的重要途径。与此同时，国内私人汽车消费逐步升温，北京、广州、成都、杭州等城市，私人购车比例已超过 50%。为满足日益增长的汽车消费信贷市场需求，保险公司出于扩大自身市场份额的考虑，适时推出了汽车消费贷款信用（保证）保险。银行、保险公司、汽车经销商三方合作的模式，成为推动汽车消费信贷高速发展的主流做法。这一阶段的主要特点为：

（1）汽车消费信贷占整个汽车消费总量的比例大幅提高，由 1999 年的 1% 左右，迅速上升至 2001 年的 15%；

（2）汽车消费信贷主体由国有商业银行扩展到股份制商业银行；

（3）保险公司在整个汽车消费信贷市场的作用和影响达到巅峰，甚至一些地区汽车消费信贷能够开展，取决于保险公司是否参与。

（三）竞争阶段（2002—2004 年）

进入 2002 年，我国汽车消费信贷市场开始进入竞争阶段，其最明显的表现为：汽车消费信贷市场已经由汽车经销商之间的竞争、保险公司之间的竞争，上升为银行之间的竞争；各商业银行开始重新划分市场份额，银行的经营观念发生了深刻的变革，由过去片面强调资金的绝对安全，转变为追求基于总体规模效益之下的相对资金安全，一些在汽车消费信贷市场起步较晚的银行，迫于竞争压力，不得已采取"直客模式"另辟蹊径。这一阶段的主要特点是：

（1）银行"直客模式"与"间客模式"并存；

（2）银行不断降低贷款利率和收付比例，延长贷款年限，放宽贷款条件、范围，竞争导致整个行业平均利润水平下降，风险控制环节趋弱化，潜在风险不断积聚；

（3）汽车消费信贷占整个汽车消费总量的比例继续攀升，由 2001 年的 15% 提高至 2002 年的 25%；

（4）保险公司在整个汽车消费信贷市场的作用日趋淡化，专业汽车消费信贷服务企业开始出现，我国汽车消费信贷开始向专业化、规模化发展。

（四）成熟阶段（2004 年以后）

从 2004 年开始，我国汽车消费信贷市场由竞争阶段向成熟阶段发展。这一阶段的主要特点是：

（1）银行和保险公司成为上游资金提供者和风险控制保障者，汽车经销商和汽车生产厂商成为汽车产品及服务的提供者；

（2）产业区域成熟，平均年增长率稳定为 5%～8%；

（3）产品设计更具有市场适应性，风险率控制在一个较低的水平。

中国银监会于 2003 年 10 月 3 日颁布了《汽车金融公司管理办法》。它的颁布实施是规范汽车消费信贷业务管理的重要举措，对培育和促进汽车融资业务主体多元化、汽车消费信贷市场的专业化产生了积极和深远的影响，并在促进我国汽车产业发展、推动国民经济持续健康发展等方面发挥了积极的作用。

二、我国的汽车消费贷款业务

汽车消费贷款是指贷款人（包括提供贷款的国有商业银行或经中国人民银行批准经营汽车消费贷款业务的其他金融机构）向申请为购买自用或者营业用车的借款人发放的人民币担保贷款。它具有"定点选购、自筹首期、先存后贷、有效担保、专款专用、按期偿还"的特点。具体包括贷款人向申请购买汽车的个人发放的人民币担保贷款个人汽车消费贷款以及贷款人向申请购买汽车的企事业法人单位发放的人民币担保贷款法人购车贷款两种业务。

（一）申请汽车消费贷款必须符合的条件

1. 个人申请汽车消费贷款的基本条件

（1）年满 18 周岁，具有完全民事行为能力，在中国境内有固定住所的中国公民；

（2）具有稳定的职业和经济收入，能保证按期偿还贷款本息；

（3）在贷款银行开立储蓄存款户，并存入不少于规定数额的购车首期款；

（4）能为购车贷款提供贷款银行认可的担保措施；

（5）愿意接受贷款银行规定的其他条件。

2. 法人申请汽车消费贷款的基本条件

（1）在当地注册登记，具有法人资格的企业、事业单位，出租汽车公司或汽车租赁公司应具有营运许可证；

（2）在银行开立账户，并存有一定比例的首期购车款；

（3）信用良好，收入来源稳定，能够按期偿还贷款本息；

（4）提供贷款人认可的财产抵押、质押或第三方保证；

（5）贷款人规定的其他条件。

想一想： 申请汽车消费贷款必须符合的条件是什么？

（二）贷款额度

汽车消费贷款的单笔额度应视不同担保方式分别确定：

（1）借款人以国库券、金融债券、国家重点建设债券、个人存单等质押的，或银行、保险公司等金融机构提供连带责任保证的，或保险公司提供足额的分期还款保证保险的，首期款不得少于购车款的20%，贷款最高额为购车款的80%；

（2）借款人以房产或依法取得的土地使用权作抵押的，首期款不得少于购车款的40%，贷款最高额为购车款的60%；

（3）以第三方连带责任保证方式（银行、保险公司除外）的，或以所购汽车作抵押的，或以其他方式进行担保的，首期款不得少于购车款的50%，贷款最高额为购车款的50%。

（三）期限和利率

（1）消费贷款期限可根据借款人购车的用途予以确定，自用车辆贷款期限最长不超过5年（含），一般为3年，营运车辆贷款期限最长不超过3年（含）。

（2）利率按照中国人民银行有关规定的同期贷款利率执行。

（四）办理汽车消费贷款的程序

1. 借款人应提供的资料

（1）个人需要应提供的资料：

① 借款人如实填写的《汽车消费贷款申请表》；

② 合法有效的身份证明：本人身份证、户口本及其他有效居留证件，已婚者还应当提供配偶的身份证明材料；

③ 目前供职单位出具的收入证明、有效的财产证明、纳税证明；

④ 与经销商签订的购车合同或协议；

⑤ 购车的自有资金证明，已预付给销售商的应提供收款收据；

⑥ 担保资料。

（2）法人应提供的资料：

① 社会统一信用代码证、法定代表人证明文件；

② 与经销商签订的购车合同或协议；

③ 经审计的上一年度及近期的财务报表，人民银行颁发的贷款卡或贷款证；

④ 出租汽车公司等需出具出租汽车营运许可证（或称经营指标）；

⑤ 担保所需的证明或文件，包括：抵（质）押物清单和有处分权人（含财产共有人）同意抵（质）押的证明；有权部门出具的抵押物所有权或使用权证明、书面估价证明、同意保险的文件；质押物须提供权利证明文件；保证人同意履行连带责任保证的文件、有关资信证明材料；

⑥ 缴付首期购车款的付款证明。

想一想： 申请汽车消费贷款的个人借款人应提供的资料有哪些？

2. 贷款流程

汽车消费贷款流程简洁但是很严格，具体见图9-5。

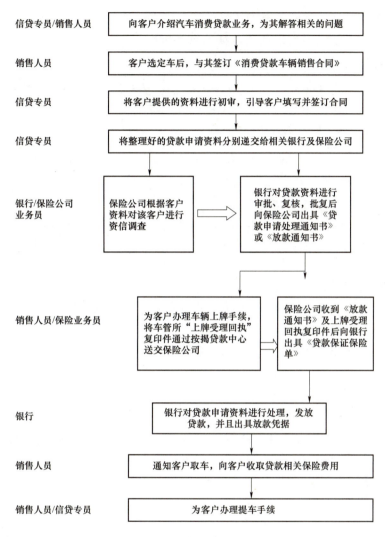

图 9-5 汽车消费贷款流程

（1）客户咨询：客户领取贷款的有关资料。

（2）客户递交申请资料：客户填写申请表格，向经办行或委托受理网点递交有关资料。

（3）贷款人委托经销商对借款人进行调查了解，借款人与经销商签订购车合同、交首付款等。

（4）资格审查：在受理客户申请后，对借款人的资信情况、偿还能力、材料的真实性进行审查，并在规定的时间内给予申请人明确答复。

（5）办理手续：经审查符合贷款条件后，贷款人即与客户签订借款合同、担保合同，并办理必要的抵押登记手续和保险手续。

（6）贷款通知：贷款人通知经销商和客户，由经销商协助客户办理购车所需各种手续，客户提车，贷款人发放贷款，将贷款全额划入经销商账户。

（7）按期还款：客户按借款合同约定的还款日期、还款方式偿还本息。按合同预定全部归还贷款本息后，贷款人将退还被收押的有关单证。

（五）贷款的还款方式

对于期限在1年（含1年）以内的贷款，应在贷款到期日一次性还本付息，利随本清；对于期限在1年（不含1年）以上的贷款，可选择按月"等额本息"或"等额本金"还款方式，每月还本付息额计算公式见表9-3。

表9-3 每月还本付息额计算公式

还款方式	每月还本付息额
等额本息还款法	[贷款本金×月利率×（1+月利率）^{还款月数}]÷[（1+月利率）^{还款月数}−1]
等额本金还款法	贷款本金÷还款月数+（贷款本金−已归还本金累计额）×月利率

（六）其他相关规定

（1）以所购轿车作为抵押的，购车人首期付款不得少于购车款的30%，贷款额不得超过购车款的60%。

（2）贷款期限分3个档次：1年以内（含一年），1~3年（含3年），3~5年（含5年）。

（3）贷款本息偿还方式如下：

① 贷款期限1年（含1年）以下的，实际一次还本付息，利随本清。

② 贷款期限1年（不含1年）以上的，借款人提款后的第二个月相应日开始还款。

③ 借款人要求提前还本息的，应提前一个月书面通知贷款行。

④ 轿车消费贷款不能延期。累计3个月拖欠贷款本息的，贷款行有权处置抵押物或向贷款人行使追索权。

（七）贷款利率

央行和银监会联合发布《关于调整汽车贷款有关政策的通知》，宣布自2018年1月1日起，自用传统动力汽车贷款最高发放比例为80%，商用传统动力汽车贷款最高发放比例为70%；自用新能源汽车贷款最高发放比例为85%，商用新能源汽车贷款最高发放比例为75%；二手车贷款最高发放比例为70%。汽车消费贷款利率大多是在各家银行的基准利率基础上上浮或下浮。2020年五大银行车贷利率都有一定的优惠，见表9-4。

表9-4 五大银行车贷利率优惠对比表

银行	贷款期限	贷款利率
工商银行	6个月以内（含6个月）	5.60%
	6个月至1年（含1年）	6.00%
	1~3年（含3年）	6.15%×贷款年数

续表

银行	贷款期限	贷款利率
工商银行	3～5年（含5年）	6.40%×贷款年数
	5年以上	6.55%×贷款年数
建设银行	1～3年（含3年）	5.31%×贷款年数
	3～5年（含5年）	5.4%×贷款年数
农业银行	1年	3.5%
	2年	7%
	3年	11%
中国银行	1年	4%
	2年	8%
	3年	12%
招商银行	1年（可选择贷款6个月）	5.1%
	1～3年（含3年）	5.5%×贷款年数
	3～5年（含5年）	5.5%×贷款年数
	5年以上	5.65%×贷款年数

注：汽车消费贷款多执行基准利率上浮，不同银行、不同借款人的贷款利率不同。

三、申请汽车消费贷款时注意的问题（见图9-6）

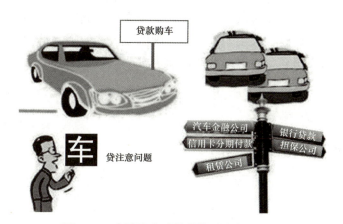

图9-6　申请汽车消费贷款时注意的问题

申请汽车消费贷款时注意的问题很多，主要有以下几点：

1. 免息车贷不免手续费

现在不少汽车金融公司都推出了免息车贷，然而在手续费方面却有着不同的规定，有的需要收取手续费，有的不收取手续费。如果客户要购买的车型是免息同时又免手续费的，那么算是比较实惠的；若是需要收取手续费，则必须认真计算衡量。车贷的手续费一般是车款总额的4%～7%，并且是在交第一次月供的同时一次性交清手续费，如果手续费过高，那么不妨考虑别的车贷类型。

2. 申请车贷前仔细阅读相关保险条款

贷款购车就意味着在没有付清银行贷款前，汽车是客户抵押给银行的，是属于银行的。银行为了降低风险，一般都会在车贷合同上要求借款人必须购买一些车险作为贷款的条件。这些保险的保费并不一定完全符合借款人的要求，甚至可能过高，所以在申请车贷时必须认真阅读相关保险条款，不能忽略这笔开支。

3. 零利率贷款购车限制多

不少厂家联合汽车贷款机构推出了零利率贷款购车活动，尤其是某些高档车。但是一般零利率贷款购车有两个限制：一是零利率贷款购车不能享受相关活动的现金优惠，而有时这些现金优惠的额度是很大的；二是零利率贷款购车容易受时间和地域还有经销商的限制，并不是每次都是统一搞活动。如果想要零利率贷款购车，上述两个方面必须综合考虑。

4. 认真考虑上浮车款和贷款利率

一般来说，如果是免息贷款的话，那么总车款会有一定比例的上浮，现款购车和贷款购车的价格不可能是一样的。在这种情况下，就要计算上浮的金额有多大，是不是超过了商业贷款购车的利息总额，如果超过了，不妨申请商业车贷，没有超过，则可以申请免息贷款。

5. 了解提供车辆贷款的机构

目前提供车辆贷款的机构，除了银行，还有其他金融公司和担保公司都在做这项业务。当前国内已成立十家汽车金融公司，包括上汽通用、大众、丰田、福特、戴姆勒-克莱斯勒、东风标致雪铁龙、菲亚特等汽车金融公司，专为相应品牌汽车提供消费贷款。所以，客户在确定贷款买车的同时，需要明确这个品牌汽车可选的贷款机构有哪些。

想一想：申请汽车消费贷款时注意的问题有哪些？

每日一练

为客户提供申请汽车消费贷款服务。

汽车贷款业务知识拓展

1. http://baidu.v.ifeng.com/watch/2253232021696607036.html？page＝videoMultiNeed.
2. http://me.cztv.com/video－1245754.html.
3. http://www.letv.com/ptv/vplay/22502049.html.

任务 9.3　汽车销售代理服务

 任务布置

作为一名汽车销售人员，为客户的服务不是随交车而截止的。汽车销售顾问王艳成功地帮助客户王先生一家选定了其喜欢的一款车，并把新车交给了客户王先生的儿子。他们是第一次买车，对后期的上牌照和缴纳车辆购置税业务比较生疏，所以，王艳应如何帮助王先生一家完成上牌照和缴纳车辆购置税业务呢？

 知识准备

一、缴纳车辆购置税

（一）车辆购置税的含义和特征

1. 含义

车辆购置税是以在中国境内购置规定车辆为课税对象，在特定的环节向车辆购置者征收的一种税。就其性质而言，属于直接税的范畴。

2. 特征

（1）征收范围单一：作为财产税的车辆购置税，是以购置的特定车辆为课税对象，而不是对所有的财产或消费财产征税，范围窄，是一种特种财产税。

（2）征收环节单一：车辆购置税实行一次征收制，它不是在生产、经营和消费的每一环节实行道道征收，而只是在退出流通进入消费领域的特定环节征收。

（3）税率单一：车辆购置税只确定一个统一比例税率征收，税率具有不随课税对象数额变动的特点，计征简便、负担稳定，有利于依法治税。

（4）征收方法单一：车辆购置税根据纳税人购置应税车辆的计税价格实行从价计征，以价格为计税标准，课税与价值直接发生关系，价值高者多征税，价值低者少征税。

（5）征税具有特定目的：车辆购置税具有专门用途，由中央财政根据国家交通建设投资计划，统筹安排。这种特定目的的税收，可以保证国家财政支出的需要，既有利于统筹合理地安排资金，又有利于保证特定事业和建设支出的需要。

（6）价外征收，税负不发生转嫁：车辆购置税的计税依据中不包含车辆购置税税额，车辆购置税税额是附加在价格之外的,且纳税人即为负税人,税负不发生转嫁。

(二)车辆购置税的征税对象和计算方法

1. 征税对象

车辆购置税以列举的车辆作为征税对象,未列举的车辆不纳税。其征税范围包括汽车、摩托车、电车、挂车、农用运输车,具体规定见表 9-5。

表 9-5 征税车辆的种类

应税车辆	具体范围	注释
汽车	各类汽车	没有特殊的规定。
摩托车	轻便摩托车	最高设计时速不大于 50 km/h,发动机气缸总排量不大 50 mL 的两个或者三个车轮的机动车。
	二轮摩托车	最高设计车速大于 50 km/h,或者发动机气缸总排量大于 50 mL 的两个车轮的机动车。
	三轮摩托车	最高设计车速大于 50 km/h,或者发动机气缸总排量大于 50 mL,空车重量不大于 400 kg 的三个车轮的机动车。
电车	无轨电车	以电能为动力,由专用输电电缆线供电的轮式公共车辆。
	有轨电车	以电能为动力,在轨道上行驶的公共车辆。
挂车	全挂车	无动力设备,独立承载,由牵引车辆牵引行驶的车辆。
	半挂车	无动力设备,与牵引车辆共同承载,由牵引车辆牵引行驶的车辆。
农用运输车	三轮农用运输车	柴油发动机,功率不大于 7.4 kW,载重量不大于 500 kg,最高车速不大于 40 km/h 的三个车轮的机动车。
	四轮农用运输车	柴油发动机,功率不大于 28 kW,载重量不大于 1 500 kg,最高车速不大于 50 km/h 的四个车轮的机动车。

为了体现税法的统一性、固定性、强制性和法律的严肃性,车辆购置税征收范围的调整由国务院决定,其他任何部门、单位和个人无权擅自扩大或缩小车辆购置税的征税范围。

想一想:简述车辆购置税的征税对象。

2. 计算方法

车辆购置税实行从价定率的办法计算应纳税额,计算公式为:

$$应纳税额 = 计税价格 \times 税率$$

其中,1.6 L 以上车辆购置税的税率为 10%;1.6 L 及以下车辆购置税的税率为 7.5%。

如果消费者买的是个人自用的国产车,计税价格为支付给经销商的全部价款和价外费用,不包括增值税税款(税率 17%)。因为机动车销售专用发票的购车价中均含增值税税款,所以在计征车辆购置税税额时,必须先将 17% 的增值税剔除,即车辆购置税计税价格 = 发票价 ÷ 1.17,然后再按 10% 的税率计征车辆购置税。

比如,消费者购买一辆 10 万元的国产车,去掉增值税部分后按 10% 纳税。计算公式是:

$$100\ 000 \div 1.17 \times 0.1 = 8\ 547 \text{(元)}$$

如果消费者买的是个人自用进口车,计税价格的计算公式为:

计税价格=关税完税价格+关税+消费税

(三)纳税办理

纳税人办理纳税申报时应如实填写《车辆购置税纳税申报表》(见表9-6),同时提供以下资料的原件和复印件,复印件和机动车销售统一发票报税联由主管税务机关留存,其他原件经主管税务机关审核后退还纳税人。

表9-6 车辆购置税纳税申报表

填表日期: 年 月 日		行业代码:		注册类型代码:	
纳税人名称:				金额单位:元	
纳税人证件名称			证件号码		
联系电话		邮政编码		地址	
车辆基本情况					
车辆类别	1.汽车;2.摩托车;3.电车;4.挂车;5.农用运输车				
生产企业名称			机动车销售统一发票(或有效凭证)价格		
厂牌型号			关税完税价格		
发动机号码			关税		
车辆识别代号(车架号码)			消费税		
购置日期			免(减)税条件		
申报计税价格	计税价格	税率	免税、减税额	应纳税额	
1	2	3	4=2×3	5=1×3 或 2×3	
		10%			
申报人声明			授权声明		
此纳税申报表是根据《中华人民共和国车辆购置税暂行条例》的规定填报的,我相信它是真实的、可靠的、完整的。 声明人签字:			如果你已委托代理人申报,请填写以下资料: 为代理一切税务事宜,现授权( ),地址( )为本纳税人的代理申报人,任何与本申报表有关的往来文件,都可寄予此人。 授权人签字:		
	如委托代理人的,代理人应填写以下各栏				
纳税人签名或盖章	代理人名称		代理人(章)		
	地址				
	经办人				
	电话				
接收人:					
接收日期:			主管税务机关(章)		

1. 车辆购置税纳税人提供的资料

（1）车主身份证明原件及复印件一份，可以是：

① 内地居民，提供内地居民身份证（含居住、暂住证明）或居民户口簿或军人（含武警）身份证明；

② 香港、澳门、台湾地区居民，提供入境的身份证明和居留证明；

③ 外国人，提供入境的身份证明和居留证明；

④ 组织机构，提供统一社会信用代码证。

（2）车辆价格证明原件及复印件，可以是：

① 境内购置的车辆，提供机动车销售统一发票（发票联和报税联）或有效凭证（发票联第一联复印件一份、第三联原件）；

② 进口自用的车辆，提供《海关关税专用缴款书》《海关代征消费税专用缴款书》或海关《征免税证明》。

（3）车辆合格证明及复印件一份：

① 国产车辆，提供整车出厂合格证明；

② 进口车辆，提供《中华人民共和国海关货物进口证明书》或《中华人民共和国海关监管车辆进（出）境领（销）牌照通知书》或《没收走私汽车、摩托车证明书》。

进口旧车、因不可抗力因素导致受损的车辆、库存超过3年的车辆、行驶8万公里以上的试验车辆、国家税务总局规定的其他车辆，凡纳税人能出具有效证明的，计税依据为其提供的机动车销售统一发票或有效凭证注明的价格。

想一想：车辆购置税纳税人在纳税时提供的资料有哪些？

2. 车辆购置税缴纳工作步骤

（1）纳税人持上述相关资料到税务机关办税服务厅车辆购置税管理岗办理申报事宜，由税务机关工作人员审核完毕后将申报信息采集录入车辆购置税征收管理系统，然后打印出《车辆购置税纳税申报表》，交由纳税人签字或盖章。

（2）纳税人以银联卡缴纳车辆购置税的，税务机关对相关信息审核无误后，为纳税人开具《税收通用完税证》作为完税证明，纳税人在办税服务厅刷卡窗口缴纳税款。

（3）纳税人以现金缴纳车辆购置税的，携征收机关开具的《税收通用缴款书》，自行到国税机关指定的银行缴纳税款。然后，携加盖银行收讫章的《税收通用缴款书》收据联，回征收机关原经办窗口，领取完税证明。

（4）已征税车辆税务机关在完税证明征税栏加盖车辆购置税征税专用章。

对纳税人纸质资料不全或填写不符合规定的，税务机关应当场一次性告知纳税人补正或重新填报。

3. 纳税地点

购置应税车辆，应当向车辆登记注册地的主管国税机关申报纳税；购置不需要办理车辆登记注册手续的应税车辆，应当向纳税人所在地的主管国税机关申报纳税。

（四）免税和退税

1. 车辆购置税的免税、减税规定

车辆购置税的免税、减税具体规定（见图9-7）如下：

（1）外国驻华使馆、领事馆和国际组织驻华机构及其外交人员自用的车辆，免税；

（2）中国人民解放军和中国人民武装警察部队列入军队武器装备订货计划的车辆，免税；

（3）设有固定装置的非运输车辆，免税；

（4）免税、减税车辆因转让、改变用途等原因不再属于免税、减税范围的，应当在办理车辆过户手续前或者办理变更车辆登记注册手续前缴纳车辆购置税。

图9-7 车辆购置税的免税规定

（5）有国务院规定予以免税或者减税的其他情形的，按照规定免税或者减税。

2. 退税规定

纳税人已缴纳车辆购置税，如果符合规定可以退还车辆购置税的，应提出申请。主管税务机关受理、核实，办理车辆购置税退税审批手续，将应退还的车辆购置税退还纳税人。

（1）公安机关车辆管理机构不予办理车辆登记注册手续的，凭公安机关车辆管理机构出具的证明办理退税手续。

（2）因质量等原因发生退回所购车辆的，凭经销商的退货证明办理退税手续。

（3）纳税人应提供的资料：

① 未办理车辆登记注册的，提供生产企业或经销商开具的退车证明和退车发票、完税证明正本和副本；

② 已办理车辆登记注册的，提供生产企业或经销商开具的退车证明和退车发票、完税证明正本、公安机关车辆管理机构出具的注销车辆号牌证明；

③ 符合免税条件但已征税的设有固定装置的非运输车辆，提供完税证明正本。

（4）税务机关承诺时限。提供资料完整、填写内容准确、各项手续齐全，符合受理条件的当场受理，自受理之日起 2 个工作日内转下一环节；涉税事项自受理之日起 20 个工作日内办结。

 知识链接

《中华人民共和国车辆购置税法》已由中华人民共和国第十三届全国人民代表大会常务委员会第七次会议于 2018 年 12 月 29 日通过，自 2019 年 7 月 1 日起施行。

中华人民共和国车辆购置税法

（2018 年 12 月 29 日第十三届全国人民代表大会常务委员会第七次会议通过）

第一条 在中华人民共和国境内购置汽车、有轨电车、汽车挂车、排气量超过一百五

十毫升的摩托车(以下统称应税车辆)的单位和个人,为车辆购置税的纳税人,应当依照本法规定缴纳车辆购置税。

第二条 本法所称购置,是指以购买、进口、自产、受赠、获奖或者其他方式取得并自用应税车辆的行为。

第三条 车辆购置税实行一次性征收。购置已征车辆购置税的车辆,不再征收车辆购置税。

第四条 车辆购置税的税率为百分之十。

第五条 车辆购置税的应纳税额按照应税车辆的计税价格乘以税率计算。

第六条 应税车辆的计税价格,按照下列规定确定:

(一)纳税人购买自用应税车辆的计税价格,为纳税人实际支付给销售者的全部价款,不包括增值税税款;

(二)纳税人进口自用应税车辆的计税价格,为关税完税价格加上关税和消费税;

(三)纳税人自产自用应税车辆的计税价格,按照纳税人生产的同类应税车辆的销售价格确定,不包括增值税税款;

(四)纳税人以受赠、获奖或者其他方式取得自用应税车辆的计税价格,按照购置应税车辆时相关凭证载明的价格确定,不包括增值税税款。

第七条 纳税人申报的应税车辆计税价格明显偏低,又无正当理由的,由税务机关依照《中华人民共和国税收征收管理法》的规定核定其应纳税额。

第八条 纳税人以外汇结算应税车辆价款的,按照申报纳税之日的人民币汇率中间价折合成人民币计算缴纳税款。

第九条 下列车辆免征车辆购置税:

(一)依照法律规定应当予以免税的外国驻华使馆、领事馆和国际组织驻华机构及其有关人员自用的车辆;

(二)中国人民解放军和中国人民武装警察部队列入装备订货计划的车辆;

(三)悬挂应急救援专用号牌的国家综合性消防救援车辆;

(四)设有固定装置的非运输专用作业车辆;

(五)城市公交企业购置的公共汽电车辆。

根据国民经济和社会发展的需要,国务院可以规定减征或者其他免征车辆购置税的情形,报全国人民代表大会常务委员会备案。

第十条 车辆购置税由税务机关负责征收。

第十一条 纳税人购置应税车辆,应当向车辆登记地的主管税务机关申报缴纳车辆购置税;购置不需要办理车辆登记的应税车辆的,应当向纳税人所在地的主管税务机关申报缴纳车辆购置税。

第十二条 车辆购置税的纳税义务发生时间为纳税人购置应税车辆的当日。纳税人应当自纳税义务发生之日起六十日内申报缴纳车辆购置税。

第十三条 纳税人应当在向公安机关交通管理部门办理车辆注册登记前,缴纳车辆购置税。

公安机关交通管理部门办理车辆注册登记,应当根据税务机关提供的应税车辆完税或者免税电子信息对纳税人申请登记的车辆信息进行核对，核对无误后依法办理车辆注册登记。

第十四条　免税、减税车辆因转让、改变用途等原因不再属于免税、减税范围的，纳税人应当在办理车辆转移登记或者变更登记前缴纳车辆购置税。计税价格以免税、减税车辆初次办理纳税申报时确定的计税价格为基准，每满一年扣减百分之十。

第十五条　纳税人将已征车辆购置税的车辆退回车辆生产企业或者销售企业的，可以向主管税务机关申请退还车辆购置税。退税额以已缴税款为基准，自缴纳税款之日至申请退税之日，每满一年扣减百分之十。

第十六条　税务机关和公安、商务、海关、工业和信息化等部门应当建立应税车辆信息共享和工作配合机制，及时交换应税车辆和纳税信息资料。

第十七条　车辆购置税的征收管理，依照本法和《中华人民共和国税收征收管理法》的规定执行。

第十八条　纳税人、税务机关及其工作人员违反本法规定的，依照《中华人民共和国税收征收管理法》和有关法律法规的规定追究法律责任。

第十九条　本法自 2019 年 7 月 1 日起施行。2000 年 10 月 22 日国务院公布的《中华人民共和国车辆购置税暂行条例》同时废止。

二、车辆上牌照

客户购入新车，经过新车初检，缴纳车辆购置税以及车辆保险后，可在公安机关车辆管理部门办理登记注册，领取车牌证。新车领取车牌证后，方能以合法身份正式上路行驶。

（一）机动车行驶证

车主在领取正式机动车牌照时，管理机关会同时发给一个与牌照号码相同的行驶证。它记载着机动车的基本情况，确认了车主对车辆的所有权，同时也是机动车获得上路行驶资格的书面凭证。

通过行驶证，可以了解车辆的归属和技术状况，有助于车管部门充分掌握车辆的分布状况，加强车辆管理，保障交通安全，减少交通事故。为此，驾驶员在出车时，必须随车携带行驶证，以便于车管部门的审查和管理。

根据 GA37—2008 的规定，行驶证由证夹、主页、副页三部分组成。证夹外皮为蓝色人造革，正面烫金压字"中华人民共和国机动车行驶证"，主页为聚酯薄膜密封单页卡片，副页为单页卡片。行驶证中的文字、数字使用简化汉字及阿拉伯数字，字体为宋体、仿宋体或楷体。主副页的尺寸为长 88 mm、宽 60 mm±0.5 mm（塑封后为长 95 mm±0.5 mm、宽 66 mm±0.5 mm）。

行驶证分正式行驶证和临时行驶证两种。

（二）机动车牌照

汽车销售人员可以为车主提供办理机动车牌照业务，临时牌照样式见图 9-8。

1. 申领临时牌照

（1）由于种种原因，有时机动车需要持临时牌照行车。根据规定，凡符合以下条件之一者，可申领临时牌照：

临时牌照一定要注明有效期,有效期分别为十五日、三十日、九十日三种,包括工作日和节假日

图 9-8 临时牌照的样式

① 从车辆购买地驶回车主住地,须向购买地车辆管理部门申请临时牌照(或由车辆销售部门代领);

② 已交还正式牌照的转籍车辆,须在当地车辆管理部门申领临时牌照,以便车辆驶向转籍地;

③ 在车主所在地尚未申领临时牌照,又需驶向外地改装的车辆,需在本地申领临时牌照驶向改装地。待改装完毕,再在改装地申领临时牌照驶回原地。

(2)申领临时牌照时,需办理以下手续:

① 申领人交验本人身份证和车辆合法来源证件;

② 车辆经技术检验合格后,按临时牌照编号顺序发牌,并规定有效时间及准行区域;

③ 临时牌照的车辆,不发给行驶证。

2. 申领正式牌照

(1)进口汽车申领正式牌照流程见图 9-9。

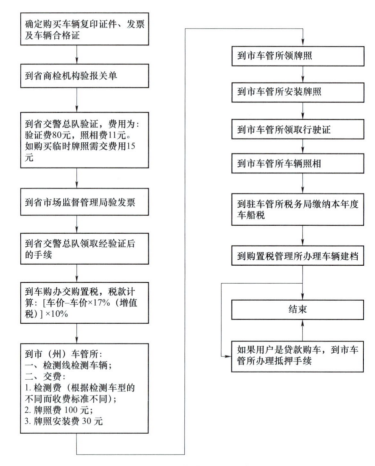

图 9-9 进口汽车申领正式牌照流程

（2）国产汽车申领正式牌照流程见图9-10。

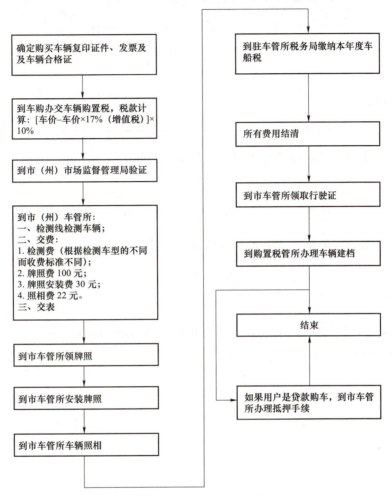

图9-10 国产汽车申领正式牌照流程

（3）手续材料准备。不同购车者要求的资料也不一样，具体办证资料见表9-7，上牌资料见表9-8。

表9-7 办证资料

三资企业	外籍人员（首席代表）	中资企业	私人企业	私人
1. 营业执照； 2. 书面申请报告； 3. 公章； 4. 介绍信； 5. 经办人身份证。	1. 首席代表（营业执照上有名字的）； 2. 有效护照居住证（六个月有效期以上）； 3. 备注：① 港、澳、台上Z牌照；② 外籍人员上黑牌。	1. 新增控办单； 2. 介绍信； 3. 经办人身份证； 4. 营业执照。	营业执照。	1. 身份证； 2. 户口簿。

表 9-8　上牌资料

企业用车	私人用车
1. 营业执照（正本）； 2. 领照牌（控办单）； 3. 公章； 4. 保险单； 5. 合格证（车辆）； 6. 购车发票。	1. 身份证； 2. 户口簿； 3. 保险单； 4. 合格证（车辆）； 5. 购车发票。

想一想：车主申领正式牌照的流程和具体要求是什么？

每日一练

学生能够运用所学的知识帮助客户缴纳新车购置税和上牌照。

汽车销售代理服务知识拓展

1. http://jingyan.baidu.com/article/90895e0f8d345d64ed6b0b53.html.
2. http://baike.pcauto.com.cn/623.html.

任务 9.4　二手车置换业务

　任务布置

客户李女士在王艳所在的汽车销售店选购了一辆新车，同时李女士想用自己现在开的旧车进行置换，汽车销售顾问王艳应该如何为其提供二手车置换业务呢？

　知识准备

中国汽车市场二手车与新车的比例在不断提高，从 2019 年开始，国内二手车交易量就超过了新车销量的一半；2021 年，二手车交易量达到新车销量的 2/3。2022 年 7 月，商务部等 17 部门印发《关于搞活汽车流通 扩大汽车消费若干措施的通知》，自 2022 年 8 月 1 日起，在全国范围（含国家明确的大气污染防治重点区域）取消对符合国五排放标准的小型非营运二手车的迁入限制，促进二手车自由流通和企业跨区域经营。二手车市场迎来了新的机遇，汽车销售商更应以自身的独有优势去开展二手车置换和销售业务。

一、二手车销售渠道

（一）二手车的涵义

二手车的英文为"Second Hand Vehicle"或"Used Car"，可以译为"第二手的汽车""或"使用过的汽车"。日本称为"中古车"，我国台湾也称"中古车"。在北美一种很通俗的叫法"用过的汽车"。

二手车的定义直接关系到所涉及车辆的范围，在某种程度上也关系到二手车评估体系的科学性和市场交易的规范性，所以有必要给出明确的定义。我国 2005 年 8 月 29 日商务部、公安部、国家工商行政管理总局、国家税务总局 2005 年第 2 号令公布"二手车流通管理办法"。此办法总则的第二条，对二手车定义为：二手车是指办理完注册登记手续到达国家制度报废标准之前进行交易并转移所有权的汽车(包括三轮汽车、低速载货车，即原农用车)、挂车和摩托车。

（二）二手车的销售渠道

1. 二手车市场

二手车市场早已不是当初单一的销售方式，它所涵盖的车，上至几百万的超级豪华车下至几千元的停产车，应有尽有，到二手车市场去寻找直接的买方，可以省略中间环节，可以得到更多的利益。但是前提条件是要自己真正了解行情，能给自己的车准确定位。

2. 二手车网站

互联网的时代，全国性和地方性的二手车网站很多，为车主寻找买主提供免费的交易平台。在专业的二手车网站上，往往都会有免费评估环节，车主可以大致判断自己旧车的定价，不会受骗。不过，这些评估结果同市场行情可能有偏差，所以只能做参考。上网前，要为自己的车准备好几张照片，这样网上展示的效果才会好。

3. 经纪公司

二手车经纪公司是提供中介服务的，收取中介费。二手车经纪公司是收购车辆的，赚取车辆差价。通过这种渠道交易比较省心，不需要花你很多的精力，就可以轻轻松松地处理掉自己的旧车。多问几家公司的报价，就可以确认市场的准确行情。

4. 汽车销售商置换

消费者用二手车的评估价值加上另行支付的车款从品牌经销商处购买新车的业务。由于参加置换的厂商拥有良好的信誉和优质的服务，其品牌经销商也能够给参与置换业务的消费者带来信任感和更加透明、安全、便利的服务，所以越来越多想换新车的消费者希望尝试这一新兴的业务。

二、汽车销售商二手车置换

二手车置换，又称旧车置换，是指汽车置换的定义有狭义和广义之别。狭义就是以旧换新业务。经销商通过二手车的收购与新商品的对等销售获取利益。狭义的置换业务在世界各国都已成为流行的销售方式。广义的汽车置换指在以旧换新业务基础上，同时兼容二手商品整新、跟踪服务、二手商品在销售乃至折抵分期付款等项目的一系列业务组合，使之成为一种有机而独立的营销方式。二手车作为替代产品，已经对新车销售构成威胁。

在汽车销售店的二手车置换分为两种形式，一种是旧车置换新车，另一种是旧车置换旧车。

（一）汽车销售商开展二手车置换利益点

1. 消费者可获得的利益点

对消费者来说到汽车销售店进行二手车置换的益处主要表现为：

（1）周期短

汽车销售店二手车评估师现场对旧车评估出价格，车主选好心仪的新车后，只要缴纳中间的差价即可完成置换手续，剩下的所有手续都有汽车销售店代为办理，并且免代办费。无论旧车过户手续还是新车上牌手续，都是由汽车销售店负责办理，省去了车主办理各种繁琐复杂手续的烦恼。

（2）品质有保证

二手车置换交易风险低，汽车销售店按照厂家要求收购顾客的二手车，收购对象涵盖所有品牌及车型。对收购的二手车质检非常严格，除了要求手续齐全，非盗抢走私车辆以外，对尾气排放、年检有效期等都有要求，对于消费者而言，如果在汽车销售专营店置换二手车过程中也不必担心受骗上当。在汽车销售店所提的车都是汽车厂商直供销售的，没有任何中间商，车况、车质让车主安心，消除了不懂车不知道怎么挑车的疑虑。由于品牌化经营的特点，因此消费者更信任一些。

（3）多重促销手段

随着汽车国产化技术的成熟，以及限购政策的制约，汽车厂商也很重视二手车置换业务，积极推出各种促销活动，并配合国家出台的政策补贴，激发众多车主换车动机。

2. 汽车销售商获得的利益点

（1）精准、有效地进行品牌推广

互联网是目前信息传导最快，最有效，性价比最高的新媒体，很多汽车厂商都通过汽车销售商的网络平台的二手车业务作为本企业的推广途径之一。

（2）促新车销售

汽车销售店允许车主用其他品牌的旧车来置换本品牌的新车。厂家进行跨品牌二手车置换好处有两点，一是促进新车销售，增加新利润点；二是扩大市场份额，打击竞争对手。

（3）获得销售利润

汽车销售店通过销售二手车获得新的利润点。虽然经销商现在收来的二手车在卖的时候保本就可以，不需要追求太多的利益点，但是一般情况下还是有一定收入的。

（二）二手车置换条件

可以进行二手车置换的车辆必须符合下列条件：

（1）各种车务手续齐全，非盗抢、走私车；

（2）在国家允许的汽车报废年限之内，且尾气排放符合要求；

（3）无机动车产权纠纷，分期付款的车辆要付清全部车款。

（三）二手车置换业务流程

汽车销售店开展二手车置换业务，需要各部门的配合，在业务系统里有一套完整的二手车置换的业务流程，见图9-11。

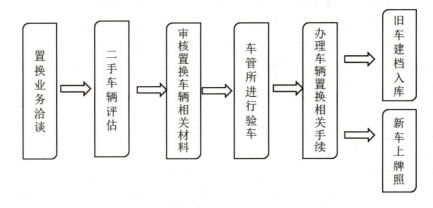

图9-11 汽车销售商二手车置换的业务流程图

1. 置换业务洽谈

在车主选定"新车"后,汽车销售顾问需要与车主进行二手车置换事宜,主要了解以下几点:

(1)二手车的折价方法,旧车大概还值多少钱;

(2)了解可置换的汽车产品;

(3)咨询办理置换相关手续所需的证件和费用等。

2. 二手车评估

二手车评估是由专业评估机构参与,其专业车辆评估人员,根据车辆的使用年限(已使用年限)、行驶公里数、总体车况和事故记录等进行系统的勘察和评估,折算车辆的成新率,再按照该车的市场销售状况等,提出基本参考价值,运算得出评估价格,并打印车辆评估书,由评估机构的评估师签章后生效,作为车辆交易的参考和依法纳税的依据之一。

二手车评估的方法主要有重置成本法、现行市价法、收益现值法、综合分析法、部件鉴定法和整车观测法。

3. 审核置换车辆相关材料

一般二手车置换后,旧车价值会直接折算到新车价格中去,在合同中要明确标注旧车价格和新车价格。如果想要保留号牌,更新信息,要及时办理相应过户手续。取得交易证明后需在6个月内到当地的交管部门申请保留旧车号牌,经审核通过后,可取得更新指标确认通知书。自取得更新指标确认通知书之日起6个月内办理完成车辆登记手续。逾期未办理完成的,视为自动放弃更新指标。

4. 车管所进行验车

二手车进行置换过程中需要经过车管所验车环节,主要验车内容是,一是查看车辆的外观和行使的具体情况;二是对车主的一些证件和单据进行检查,比如身份证,车辆原始购买发票,还有年检的证明等,要详细查看,看是不是符合规定,是不是在正规交易场所购买的,只有各方面都确认好了,才可以放心选择;三是对一些细节进行查看,看看车厢内部的情况,不要被表面铺设的东西给掩盖了,而是要打开地毯和座椅等看看,是不是有生锈或是被腐蚀的情况,通常被水浸泡过的车辆容易发生这种情况,在一些南方城市容易发生。还有就是对车辆的磨损程度也不能忽视。这主要是车轮的花纹,是不是清晰,是不是棱角分明,轮胎的情况能够看到整体车辆的大致情况;四是查看行驶证、机动车交通事故责任强制保险单(副本)、验车人身份证、三角警示牌、灭火器。同时查验车辆是否有违章和车身做了不允许的改装等。

5. 办理车辆置换相关手续

按照汽车销售商的具体业务流程和工作要求完成车辆置换的相关手续。

6. 旧车建档,新车提车上牌照

置换旧车的钱款会直接冲抵新车的车款,你补齐了新车差价后,办理好提车手续(保险、临时牌照等)就可以直接开车回家了。如果需要贷款购买新车,则还需要办理相关贷款手续。

（四）二手车过户业务

汽车销售商需要协助客户进行二手车过户业务，需要明确二手车过户所需的资料，并帮助客户做好二手车过户业务。

1. 二手车过户所需资料

二手车过户过程中不同性质和身份的车主需要提供的材料不同，具体需要的材料见表9-9。

表9-9 二手车过户所需资料

车主的身份	个人对个人	个人对单位	单位对个人	单位对单位
需要的材料	1. 卖方个人身份证原件及复印件； 2. 买方个人身份证原件及复印件； 3. 过户车辆的机动车登记证书原件及复印件； 4. 车辆行驶证原件及复印件	1. 卖方个人身份证原件及复印件； 2. 买方单位法人代码证书原件及复印件，法人代码证书须在年审有效期内； 3. 过户车辆的机动车登记证书原件及复印件； 4. 车辆行驶证原件及复印件	1. 卖方单位法人代码证书原件及复印件，法人代码证书须在年审有效期内； 2. 买方个人身份证原件及复印件； 3. 卖方单位须按评估价格给买方个人开具有效成交发票(需复印)； 4. 过户车辆的机动车登记证书原件及复印件； 5. 车辆行驶证原件及复印件	1. 买卖方的营业执照副本原件和公章，法人代码证书需在年审有效期内； 2. 机动车行驶证原件及复印件； 3. 车辆原始购置发票或上次过户发票原件； 4. 填写补领换领机动车牌证申请表，单位盖章机动车和买方必须到场

2. 二手车过户业务流程

汽车销售顾问需要协助客户办理二手车过户业务，销售顾问需要与客户进行过户业务洽谈，以便为客户提供更好的服务，具体过户业务流程见图9-12。

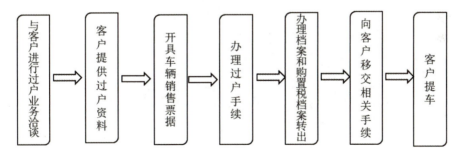

图9-12 二手车过户业务流程图

利用所学的知识完成二手车置换业务。

任 务 工 单

北京理工大学出版社
BEIJING INSTITUTE OF TECHNOLOGY PRESS

目　　录

任务 1　汽车销售人员职业素养养成 ·· 249
　　1.1　认识汽车销售岗位 ·· 249
　　1.2　汽车销售人员职业形象塑造 ·· 252
任务 2　客户开发 ·· 257
　　任务 2.1　寻找客户 ·· 257
　　任务 2.2　客户筛选 ·· 260
　　任务 2.3　接近客户 ·· 263
　　任务 2.4　客户跟进 ·· 266
任务 3　客户接待和管理 ·· 271
　　任务 3.1　客户接待 ·· 271
　　任务 3.2　来店、来电客户的管理 ·· 275
任务 4　需求分析 ·· 280
　　任务 4.1　识别客户需求 ·· 280
　　任务 4.2　确定客户需求分析内容 ·· 284
　　任务 4.3　选用客户需求分析技巧 ·· 287
任务 5　车辆介绍 ·· 292
　　任务 5.1　展厅内车辆介绍 ··· 292
　　任务 5.2　试乘试驾 ·· 295
任务 6　促成交易 ·· 301
　　6.1　客户异议处理 ··· 301
　　任务 6.2　报价议价 ·· 305
　　6.3　签约成交 ··· 309
任务 7　交车服务 ·· 314
　　任务 7.1　交车前的准备 ·· 314
　　任务 7.2　交车服务内容 ·· 318

任务 8　售后服务 ··· 325
　　任务 8.1　售后跟踪服务 ·· 325
　　任务 8.2　客户投诉处理 ·· 328
任务 9　延伸服务 ··· 333
　　任务 9.1　汽车保险 ·· 333
　　任务 9.2　汽车消费贷款 ·· 336
　　任务 9.3　汽车销售代理服务 ·· 339

任务1　汽车销售人员职业素养养成

1.1　认识汽车销售岗位

 任务布置

王艳是一名汽车营销与服务专业的学生，2021年7月毕业，她想从事汽车销售工作，于是开始收集资料了解有关汽车销售岗位方面的知识，关注汽车销售人员的应聘信息。那么王艳要想成为一名汽车销售人员，应该如何做好有关汽车销售岗位设置和岗位职责方面的知识准备呢？

 任务分析

王艳要想完成上述任务，需要收集和学习汽车经销商机构设置，知道汽车销售部的职能是什么以及有哪些岗位职责。

 知识要点准备

【要点1】收集资料，说一说汽车销售企业通常情况下设置哪些部门。

_____

_____

_____

【要点2】收集资料，说一说汽车销售部一般下设哪些岗位。

_____

_____

【要点3】在空白处用图示形式画出完整的汽车销售流程,并描述每一个步骤的具体工作内容。

任务实施

要求:以6或8人为一组,以小组为单位撰写汽车销售顾问招聘启事并进行宣讲。

1. 某汽车销售企业要招聘汽车销售人员,每个小组撰写一则汽车销售顾问的招聘启事,要求明确岗位职责和能力要求。

2. 模拟汽车销售顾问招聘说明会招聘宣讲。

（1）小组共同完成本小组的招聘启事，要求制作 PPT；

（2）每个小组要组织一次汽车销售顾问招聘说明会，选出一名学生代表本组进行招聘会宣讲；

（3）各小组之间要进行比赛。

说明：代表本组比赛的学生，教师要单独记录加分成绩。

 任务评价

完成上述任务后，对学生技能进行考核，考核标准见表 1-1。

表 1-1 考核标准

序号	考核项目	考核要点	分值	小组自评（20%）	小组互评（40%）	教师点评（40%）	得分
1	招聘启事	内容是否完整，描述是否准确。	20 分				
		格式是否正确。	10 分				
2	PPT 制作	页面是否美观、新颖，布局是否合理。	10 分				
		内容层次是否清晰，重点是否突出。	10 分				
		内容是否准确。	10 分				
3	模拟考核	声音是否洪亮，语言表达是否清晰有逻辑性。	10 分				
		介绍的内容是否全面，重点是否突出。	20 分				
4	小组合作考核	小组各成员是否能合作共同完成任务。	10 分				
		各小组的最终成绩					

任务总结

1. 个人感想和收获。

2. 改进提升的要点。

1.2　汽车销售人员职业形象塑造

王艳已经对汽车销售岗位方面的知识有了一定的了解。作为一名汽车销售人员,直接和客户接触,汽车销售人员的职业形象、职业素质会给客户留下深刻的第一印象,也会让客户对企业有一个直观的印象,汽车销售人员能否得到客户认可决定着客户是否认可企业和企业的产品。要想成为一名优秀的汽车销售人员,王艳应如何从着装、表情、肢体行为、语言等方面来塑造自我职业形象呢?

王艳要想从着装、表情、肢体行为、语言等方面来塑造自我职业形象,就必须掌握仪容仪表规范、肢体语言、介绍礼仪、交递名片礼仪等方面的知识,并有针对性地进行自我训练。

【要点1】什么是仪容仪表?仪容仪表规范的具体要求是什么?

任务1 汽车销售人员职业素养养成

【要点2】肢体语言主要包括哪些内容?

【要点3】在社交礼仪中有关介绍他人的顺序具体是怎样规定的?

【要点4】在社交礼仪中递交名片礼仪的顺序具体是怎样规定的?

任务实施

要求:以6或8人为一组,以小组为单位共同为汽车销售顾问应聘者进行职业形象设计。

1. 本组自行确定为男士还是为女士进行仪容仪表形象设计,说明如此设计的理由,有条件的可以把自己的设计打印出来,粘贴到空白处。

2. 肢体语言训练、递交名片、自我介绍和介绍他人训练。
（1）小组内进行训练，选出一名学生代表本组去比赛；
（2）各小组之间要进行比赛。
说明：代表本组比赛的学生，教师要单独记录加分成绩。

 任务评价

完成上述任务后，对学生技能进行考核，考核标准见表 1－2。

表 1－2　考核标准

序号	考核项目	考核要点	分值	小组自评（20%）	小组互评（40%）	教师点评（40%）	得分
1	仪容仪表形象设计	发型设计是否合理。	10 分				
		衣服搭配是否合理。	20 分				
3	礼仪大赛	坐姿是否标准。	10 分				
		站姿是否标准。	10 分				
		走姿是否标准。	10 分				
		自我介绍是否正确。	10 分				
		递名片是否正确。	10 分				
		接名片是否正确。	10 分				
4	小组合作考核	小组各成员是否能合作共同完成任务。	10 分				
		各小组的最终成绩					

任务总结

1. 个人感想和收获。

_____

_____

_____

_____

2. 改进提升的要点。

_____

_____

_____

_____

一、单项选择题

1. 下列不属于汽车销售部的核心工作内容的是（　　）。

A. 客户开发　　　B. 需求分析　　　C. 网络促销活动　　　D. 交车服务

2. 最有表现力的"体态语言"是（　　）。

A. 站姿　　　B. 坐姿　　　C. 手势　　　D. 微笑

3. 汽车销售店通常不设置（　　）。

A. 市场部　　　B. 售后服务部　　　C. 客户关系管理部　　　D. 法务部

4. 下列属于标准的握手姿势是（　　）。

A. 以右手与访客握手，左手自然下垂在左大腿外侧

B. 右手与访客握手，左手抬至腹部

C. 双手紧握着对方的手

D. 必须是女士先伸出手，男士才可伸手

5. 以下符合握手礼仪的是（　　）。

A. 晚辈先伸出手，长辈才可伸手　　　B. 男士先伸出手，女士才可伸手

C. 要保持安全的距离　　　D. 初次见面时双手紧握着对方的手

二、多项选择题

1. 汽车销售人员应该掌握的知识主要有（　　）。

A. 汽车产品知识　　　B. 汽车专业知识　　　C. 汽车行业知识　　　D. 用户知识

2. 汽车销售员的基本礼仪与形象包括（　　）。

A. 健康的体魄　　　　　　　　　　B. 男士头发不要过长

C. 女士可以穿牛仔裤　　　　　　　D. 女士不能化妆

3. 仪表修饰原则有（　　）。

A. 适体性原则　　B. TPO 原则　　C. 整体性原则　　D. 适度性原则

4. BTPO 原则的内容有（　　）。

A. 时间　　　　　B. 地点　　　　C. 场合　　　　　D. 性别

5. 在职场礼仪中对男士的头发的要求包括（　　）。

A. 前不盖眉　　　　　　　　　　　B. 侧不过耳

C. 后不触领　　　　　　　　　　　D. 不染除黑色以外的颜色

6. 交换名片的礼仪中，下列说法正确的有（　　）。

A. 尽可能起身接受对方递赤的名片　B. 双手接受名片并确定其姓名和职务

C. 接受名片后，将其随手置于桌上　D. 不递出污旧或皱折的名片

7. 在商务活动中，与多人交换名片，应讲究先后次序，正确的次序是（　　）。

A. 由近而远　　　　　　　　　　　B. 由远而近

C. 左右开弓，同时进行　　　　　　D. 由职务高的到职务低的

任务 2 客户开发

任务 2.1 寻找客户

 任务布置

王艳通过前期的知识积累,已经成功地成为一名汽车销售顾问了,开始了汽车销售人员的职业生涯。王艳要想取得销售事业上的成功,其秘诀之一就是善于寻找客户,准确地给客户定位,那么王艳应如何去寻找客户,对客户进行筛选,给客户定位呢?

 任务分析

王艳要完成寻找客户的任务,必须了解寻找客户的含义、认识寻找客户的渠道,掌握寻找客户的方法,并制定寻找客户的方案。

 知识要点准备

【要点1】说一说寻找客户的重要性。

_____
_____
_____
_____

【要点2】寻找客户的途径有哪些?具体包括哪些步骤?

_____

【要点3】寻找客户的方法有哪些？

任务实施

要求：以6或8人为一组。

1. 以小组为单位共同制定寻找客户的计划。

2. 小组内制作以"寻找客户的计划"为内容的PPT，并选一名代表进行展示。

任务评价

完成上述任务后,对学生技能进行考核,考核标准见表2-1。

表2-1 考核标准

序号	考核项目	考核要点	分值	小组自评（20%）	小组互评（40%）	教师点评（40%）	得分
1	寻找客户的计划	寻找客户的途径是否正确。	5分				
		寻找客户的方法是否正确。	5分				
		内容是否完整,描述是否准确。	10分				
		格式是否正确。	10分				
2	PPT制作	页面是否美观、新颖,布局是否合理。	10分				
		内容层次是否清晰,重点是否突出。	10分				
		内容是否准确。	10分				
3	PPT介绍	声音是否洪亮,语言表达是否清晰有逻辑性。	10分				
		介绍的内容是否全面,重点是否突出。	20分				
4	小组合作考核	小组各成员是否能合作共同完成任务。	10分				
		各小组的最终成绩					

任务总结

1. 个人感想和收获。

_____

_____

_____

_____

2. 改进提升的要点。

任务 2.2 客 户 筛 选

 任务布置

汽车销售顾问王艳通过前期努力，已经寻找到了大量的客户，也收集到了大量的客户信息，那么王艳如何对海量的信息进行加工分析，完成客户筛选，从而发现精准、有价值的潜在客户呢？

 任务分析

王艳要想完成上述任务，需要了解客户分类知识，掌握潜在客户资格鉴定内容。

 知识要点准备

【要点1】潜在客户的类型有哪些？

【要点2】潜在客户资格的鉴定内容有哪些？

任务2 客户开发

 任务实施

要求：以 6 或 8 人为一组，以小组为单位共同完成客户筛选任务。

1. 通过各种途径收集客户信息，并填写客户信息表，见表 2-2。

说明：可以收集身边老师信息，也可通过调查方式来收集信息。在考核的时候，每填写一份一分，此项满分是 20 分。

表 2-2 客户信息收集表

创建日期：			销售顾问：	
联系人：	性别：	电话：		职务：
公司/客户：		客户评级：	客户性质：	
购买车型：			客户类型：	
客户行业 1：			行业领域：	
客户行业 2：			行业领域：	
车辆使用者：	性别：	电话：		
职务：		车辆使用地域：		
购车决定人：	性别：	电话：		职务：
生日：	婚否：	客户所属地域：		国籍：
教育背景：	学历：	专业：		毕业院校：
兴趣爱好：				
是否有兴趣参加活动：				
是否有子女：	年龄：		教育情况：	
现有车辆品牌：				
年收入：	关注媒体：	客源获得方式：		用途：
公司名称：				
公司地址：		公司邮编：		
办公电话：		传真电话：		
家庭地址：		家庭邮编：		

2. 按照潜在客户资格鉴定条件来筛选客户。写出筛选的理由，并制作成 PPT，进行成果展示。

任务评价

完成上述任务后，对学生技能进行考核，考核标准见表 2-3。

表 2-3 考核标准

序号	考核项目	考核要点	分值	小组自评（20%）	小组互评（40%）	教师点评（40%）	得分
1	客户信息表	收集信息的途径是否正确。	5 分				
		内容是否真实准确（要求是真实信息）。	5 分				
		信息表填写的数量。	20 分				
2	客户筛选	判定潜在客户的条件和方法是否正确。	10 分				
		是否能正确判定出潜在客户。	10 分				
	PPT 制作	页面是否美观、新颖，布局是否合理。	5 分				
		内容层次是否清晰，重点是否突出。	5 分				
		内容是否准确。	10 分				
3	PPT 介绍	声音是否洪亮，语言表达是否清晰有逻辑性。	10 分				
		介绍的内容是否全面，重点是否突出。	10 分				
4	小组合作考核	小组各成员是否能合作共同完成任务。	10 分				
		各小组的最终成绩					

任务总结

1. 个人感想和收获。

2. 改进提升的要点。

任务 2.3 接 近 客 户

 任务布置

王艳通过客户筛选，确定了自己要主攻的潜在客户张先生。张先生为一名私营企业老板，经过调查，王艳了解到张先生所经营的企业打算购买三辆小轿车，于是王艳打算接近客户，主动约见张先生。那么王艳应如何约见客户张先生呢？

 任务分析

王艳要想完成上述任务，必须理解约见客户的意义，掌握约见客户的内容和方法以及接近客户的方法。

 知识要点准备

【要点 1】主动约见客户有哪些重要意义？

【要点2】约见客户的内容有些？

【要点3】约见客户的方法有哪些？你首要选择的方法是什么？说明理由。

【要点4】接近客户的方法有哪些？你首要选择的方法是什么？说明理由。

任务实施

要求：以6或8人为一组，以小组为单位共同完成约见和接近客户任务。

1. 以小组为单位共同约见和接近客户的方案。（如果内容较多，可以另附纸张）

2. 模拟约见和接近客户的业务流程。

说明：代表本组比赛的学生，教师要单独记录加分成绩。

任务评价

完成上述任务后，对学生技能进行考核，考核标准见表2-4。

表2-4 考核标准

序号	考核项目	考核要点	分值	小组自评（20%）	小组互评（40%）	教师点评（40%）	得分
1	约见和接近客户的方案	方案内容是否全面。	10分				
		选择的约见对象是否是潜在客户。	10分				
		书写格式是否美观准确。	10分				
3	约见和接近客户的模拟	约见的对象和时间是否考虑客户实际情况。	10分				
		约见地点对客户是否方便。	10分				
		接近客户的方法是否正确。	10分				
		见客户时是否注意到仪容仪表。	10分				
		是否遵守社交礼仪。	10分				
		语言表达是否亲切，是否便于客户接受。	10分				
4	小组合作考核	小组各成员是否能合作共同完成任务。	10分				
		各小组的最终成绩					

任务总结

1. 个人感想和收获。

_____

_____

_____

2. 改进提升的要点。

任务 2.4　客　户　跟　进

一周前汽车销售顾问王艳已经拜访了客户张先生,了解到了他们的用车需求,但是张先生只是说他们正在考察,还要了解一下类似车型,最后再做出决定。那么此时王艳需要怎样做好客户跟进工作呢?

王艳必须掌握客户跟进管理方面的知识,并且能够采用正确的客户跟进方式及策略完成客户跟进工作。

【要点1】客户跟进管理的内容有哪些?

【要点2】 客户跟进的方式及策略有哪些？说一说你会选择哪一种方法，并说明理由。

_____
_____
_____
_____

任务实施

要求：以6或8人为一组，以小组为单位共同完成客户跟进任务。

1. 以小组为单位共同完成客户跟进的方案。（如果内容较多，可以另附纸张）

_____
_____
_____
_____
_____
_____
_____
_____

2. 制作客户跟进方案的PPT，并选派小组代表展示本组成果。

任务评价

完成上述任务后,对学生技能进行考核,考核标准见表2-5。

表2-5 考核标准

序号	考核项目	考核要点	分值	小组自评（20%）	小组互评（40%）	教师点评（40%）	得分
1	客户跟进方案	方案内容是否全面,客户跟进的方法是否最优。	10分				
		方案是否具有实施性。	15分				
		书写格式是否美观准确。	10分				
2	PPT制作	页面是否美观、新颖,布局是否合理。	10分				
		内容层次是否清晰,重点是否突出。	10分				
		内容是否准确。	10分				
3	PPT介绍	声音是否洪亮,语言表达是否清晰有逻辑性。	10分				
		介绍的内容是否全面,重点是否突出。	15分				
4	小组合作考核	小组各成员是否能合作共同完成任务。	10分				
		各小组的最终成绩					

任务总结

1. 个人感想和收获。

_____

_____

_____

_____

2. 改进提升的要点。

_____

_____

_____

_____

一、单项选择题

1. 汽车销售人员在其任务范围内或特定地区内，以上门走访的形式，对预定的可能成为客户的企业或组织、家庭乃至个人无一遗漏地进行寻找并确定客户的方法，属于寻找销售对象的（   ）。

　　A. 普遍寻找法　　B. 广告搜寻法　　C. 连锁介绍法　　D. 名人介绍法

2. 汽车销售人员的销售起点通常是（   ）。

　　A. 约见客户　　B. 寻找客户　　C. 接近客户　　D. 拜访客户

3. 汽车销售人员在做客户购买资格审查的时候，最终决定能否成交的角色是（   ）。

　　A. 发起者　　B. 影响者　　C. 决策者　　D. 购买者

4. 汽车销售员通过熟人关系去开拓客户，他使用的方法是（   ）。

　　A. 逐户访问法　　B. 连锁介绍法　　C. 中心开花法　　D. 个人观察法

二、多项选择题

1. 寻找销售对象的主要途径有（   ）。

　　A. 通过市场调查走访寻找　　B. 在现有客户中寻找

　　C. 通过广告寻找　　D. 在本单位内部寻找

2. 一般来说，准客户的构成主要包括（   ）。

　　A. 潜在客户　　B. 竞争者的客户

　　C. 终止交易的客户　　D. 已购买的客户

3. 汽车销售员在对客户群体进行划分，可以从哪几个方面划分（   ）。

　　A. 年龄、职业、性别　　B. 收入情况

　　C. 婚姻状况　　D. 家庭状况

4. 以下属于用中心开花法寻找客户的是（   ）。

　　A. 小李到小区和马路去发宣传新上市汽车的海报

　　B. 小张喜欢上互联网平台搜索客户的招标公告

　　C. 一名汽车方面的专家在某品牌店购买了一辆，很多认识这位专家的人都来该汽车品牌店买车

　　D. 小吴找到了该市最有影响力的大人物购车，通过这个大人物获得了很多的订单

5. 以下属于客户开发流程内容的有（　　）。

A. 客户定位　　　　B. 寻找客户　　　　C. 筛选客户　　　　D. 积极跟进客户

6. 以下说法正确的是（　　）。

A. 流失一个客户，无法用开发一个客户来进行弥补

B. 潜在客户无处不在，不用太关注老客户

C. 吸引一个新客户的成本一般是保留一个老客户成本的6倍以上

D. 维护一个老客户的成本一般是开发一个新客户成本的6倍以上

7. 建立客户关系的方法有（　　）。

A. 通过微信朋友圈 QQ 空间进行点赞关注客户

B. 逢年过节送上祝福问候语

C. 短信进行互动建立关系

D. 在自己微信朋友圈 QQ 空间发布公司新闻动态

8. 下列属于约见客户方法的有（　　）。

A. 电话约见法　　　B. 网上约见法　　　C. 信函约见法　　　D. 委托约见法

任务 3 客户接待和管理

任务 3.1 客户接待

 任务布置

王先生的儿子刚刚参加工作,单位离家很远,王先生夫妇打算给儿子买一辆车,一家三口已经电话和王艳预约来店看车。王艳作为一名汽车销售顾问,应该按照什么样的流程来接待这三位客户呢?在进行客户接待时候应该注意哪些行为规范呢?

 任务分析

王艳要想完成上述任务,需要掌握来店客户接待流程和规范,为三位客户提供优质的服务。

 知识要点准备

【要点1】来店客户接待前汽车销售人员应该做好哪些准备?

_____

_____

_____

【要点2】在下面的空白处画出来店客户接待流程图。

【要点3】分别列举出客户来店后不同阶段的应对技巧。

 任务实施

要求：以6或8人为一组，以小组为单位完成客户来店接待业务。

1. 以小组为单位收集信息，自行确定品牌4S店来店客户模拟业务；
2. 收集资料信息，根据任务自编情境完成接待客户；
3. 写出接待客户要点，组内角色分配，自行模拟接待客户情境，教师和各小组根据考核表格中的要点，按照标准打分，作为小组活动成绩；
4. 每个小组选出代表进行客户接待情境模拟比赛。

说明：代表本组比赛的学生，教师要单独记录加分成绩。

 任务评价

完成上述任务后，对学生技能进行考核，考核标准见表3-1。

表3-1 考核标准

序号	考核项目	考核要点	分值	小组自评（20%）	小组互评（40%）	教师点评（40%）	得分
1	客户进入展厅时	● 点头、微笑、目视并保持眼睛接触； ● 对客户带来的每个人都应该热情招呼； ● 销售人员保持良好的精神状态； ● 介绍自己，在迎接后立即问客户是否能为他服务，以便弄清客户光临目的； ● 创造与客人交谈的机会。	10分				
	客户自行参观车辆时	● 迎上前问候客户，递上名片做一个概述； ● 让客户自己随意浏览参观，并且走开，在一定的距离关注着他。	10分				

续表

序号	考核项目	考核要点	分值	小组自评（20%）	小组互评（40%）	教师点评（40%）	得分
1	接近的时机（汽车销售人员）	● 关注客户，在客户打开车门，触摸配置，来回在某车型前转的时候接近客户； ● 迎上前去，点头、微笑、目视并保持眼神接触； ● 让客户主动提问，让他感觉到自己在主导谈话； ● 若客户需要帮助介绍，从客户最感兴趣的地方介绍。	10分				
	客户希望销售人员帮助介绍时	● 通过提问技巧（开放式问题）了解客户对车辆的要求，而不是用专业的词汇去询问客户； ● 从一般性的问题开始提问，询问客户是否来过展厅、购车的用途、过去使用车辆的经验； ● 在介绍车辆配置的时候，用客户能接受的方式介绍（FBI）； ● 鼓励客户参与。	10分				
	销售人员介绍自己时	● 肢体语言（行动表示）：目光直视，笑容要亲切，肩膀放松，背部挺直，双手垂放紧贴身体两侧，手指要自然并拢，脚跟要紧靠； ● 语言：语言要亲切，语气委婉，吐字清晰，语速适中。	10分				
	客户坐进汽车时	● 帮助客户调整座椅及方向盘的位置，确认客户乘坐舒适； ● 在介绍前给客户做概述； ● 帮客户关上车门，从车前方（在客户的视线范围之内）绕到副驾驶室座位，介绍客户最感兴趣的配置以及车辆的独特卖点及给客户带来的益处； ● 鼓励动手操作（使客户有参与感）。	10分				

续表

序号	考核项目	考核要点	分值	小组自评（20%）	小组互评（40%）	教师点评（40%）	得分
1	客户坐在商谈桌与客户交谈时	● 询问客户，提供可选择的饮料； ● 陪伴客户坐下（坐在客户的右侧）； ● 引导客户谈论对车辆的感受，了解客户更多的信息； ● 针对客户的情况，进入相应的流程； ● 保持适当的身体距离； ● 保持眼神交流，不要顾左右而言他； ● 关注客户同伴（不要忽略影响者）； ● 态度轻松，自然放松； ● 注重倾听技巧。	10分				
	留下客户信息时	● 概述，让客户理解留下信息的好处； ● 告知在未取得客户允许时，不会打扰他。	10分				
	送客户离开展厅时	● 送客户至展厅门外； ● 目视客户离去； ● 征求客户可联系的方式，并请他今后如有什么问题，可随时与自己联系	10分				
2	小组合作考核	小组各成员是否能合作共同完成任务	10分				
		各小组的最终成绩					

任务总结

1. 个人感想和收获。

_____

_____

_____

_____

2. 改进提升的要点。

任务3.2　来店、来电客户的管理

任务布置

汽车销售顾问王艳每天接待很多来店的购车者,但是一直是看的人多,而买的人却少,王艳每天都很忙,但是业绩不是特别乐观。销售部李经理经过分析了解到,王艳没有认真地对来电、来店客户进行管理,这是其业绩不佳的主要原因。那么王艳应该如何进行客户管理呢?

任务分析

王艳需要了解对来店、来电客户进行管理的目的,掌握客户管理的方法、重点内容,了解如何对来店、来电客户进行分类管理,结合客户的特点完成客户管理任务。

知识要点准备

【要点1】为什么要进行客户管理?

【要点2】客户管理的重点内容包括哪些？

_____

_____

_____

_____

【要点3】如何对来店、来电客户进行分类管理？

_____

_____

_____

_____

任务实施

要求： 以6或8人为一组，以小组为单位完成客户管理业务。

1. 填写客户管理信息表，并进行简单分析。

小组同学共同收集客户信息，组内研讨客户资料，组内角色分配，填写客户管理信息表。

（1）展厅客户管理：

① 汽车销售顾问和前台接待人员填写来店客户登记卡和来电客户登记卡；

② 汽车销售助理每日汇总信息卡，每月填写来店统计表和来电统计表。

（2）意向客户促进管理。汽车销售顾问每日制作营业日报表，每月填写意向客户接触状况表（月），同时汽车销售顾问月初（1日）盘点当月留存的意向客户。

（3）填写销售促进战败（失控）分析表。销售经理每日填写销售促进战败（失控）分析表，月底销售助理汇总战败信息。（本任务日表可以自行设计，也可以和汇总表用一样的表，见教材）

（4）汽车销售顾问每日制作保有客户管理表，填写意向客户信息的《客户信息卡》。

说明： 上述信息表教材上都有，直接填写教材上的相关表格即可。

2. 根据客户购车的紧迫性对客户进行分类，并制订管理计划。

_____

_____

 任务评价

完成上述任务后,对学生技能进行考核,考核标准见表3-2。

表3-2 考核标准

序号	考核项目	考核要点	分值	小组自评（20%）	小组互评（40%）	教师点评（40%）	得分
1	表格信息填写情况	角色分工是否合理。	5分				
		表格信息是否填写完整。	15分				
		表格填写是否规范,是否有涂抹。	10分				
		对表格信息是否进行简单分析。	10分				
3	客户分类和管理计划	客户分类标准是否准确。	10分				
		对客户信息分析考虑的因素是否全面合理。	10分				
		客户分类是否准确。	10分				
		针对不同的客户采用的管理措施是否正确。	10分				
		客户管理计划格式是否规范。	10分				
4	小组合作考核	小组各成员是否能合作共同完成任务。	10分				
		各小组的最终成绩					

任务总结

1. 个人感想和收获。

2. 改进提升的要点。

一、单项选择题

1. 顾客第一次走进我们展厅时,他的心情通常是(　　)。
   A. 很舒适　　　　B. 有些担心　　　　C. 十分焦虑　　　　D. 感到恐惧
2. 顾客刚进展厅,汽车销售人员应该选择让顾客进入的状态是(　　)。
   A. 十分激动　　　　　　　　　　B. 有点紧张的状态
   C. 放松状态　　　　　　　　　　D. 感到气氛严肃
3. 汽车销售人员需要通过以下哪些方式建立起接待客户的信心?(　　)。
   A. 通过礼节建立起融洽的关系　　B. 调整行为举止
   C. 处理顾客的疑虑　　　　　　　D. 以上全是
4. 汽车销售顾问什么样的做法会令顾客在心理上处于安全领域?(　　)。
   A. 不断给客户介绍产品好处
   B. 给顾客感觉不知道接下来会发生什么,和什么人交谈
   C. 给顾客感觉事情都在他的掌握之中
   D. 随着接待工作的进行,客户安全领域将不会存在
5. 当有困难或手头有急事时,以下对待客户最合适方式是(　　)。
   A. 先去处理急事,让其他人来接待
   B. 让客户先自己看车,自己马上去处理急事

C. 应向客户说明，争取得到客户的谅解，然后再去处理急事
D. 接待客户时，其它什么事情都不可以去做

6. 在电话铃响了几声之后接电话最为合适？（　　）。

A. 两声　　　　　　B. 三声　　　　　　C. 四声　　　　　　D. 五声

7. 通过电话接待，应该抱有什么样的目的（　　）。

A. 试图卖掉一辆车

B. 努力促成见面，邀请客户亲身感受汽车

C. 完成自己的接待任务

D. 让客户能尽快作出购买决定

8. 当展厅没车时，以下哪种应对话术是最恰当的是（　　）。

A."您好，今天没车了，请您改天再过来吧"

B."真不巧，您要的那款车正好没有了，要不过一段时间再过来吧"

C."非常感谢您特地跑这一趟，但是不巧的，我们的展厅刚好没摆这款车，是否请您…"

D. 以上说法均不恰当

9. 在客户来电，而我们无法当时回答问题的时候，应该采取以下哪个措施？（　　）。

A. 转而进入其他问题咨询客户，避而不答

B. 告知客户此问题无法回答，下次来电将会给做出回答

C. 坦诚告知自己不清楚

D. 请客户稍等，向同事问清答案后再回答，或请同事代答

10. 超过三声接起电话，我们应该怎么应答最为妥当？（　　）。

A. 抓紧时间询问来电事由　　　　　B. 和正常接起电话一样对待

C. 要表示歉意："对不起，让您久等了" D. 以上做法都不对

二、多项选择题

1. 对来电客户进行管理是汽车销售人员重要工作之一，对来店客户的管理内容包括（　　）。

A. 来展厅客户管理　　　　　　　B. 意向客户促进管理

C. 保有客户管理　　　　　　　　D. 接触的客户进行管理

2. 汽车销售人员要时刻准备着接待来店看车的客户，那么汽车销售人员在客户来店之前需要做的准备工作有（　　）。

A. 销售人员自我准备　　　　　　B. 销售工具准备

C. 可售车源的准备　　　　　　　D. 思想准备

3. 以下客户级别分类判别标准正确的是（　　）。

A. A级别判别标准是商谈中有购车意向

B. B级别判别标准是正在拟购车种

C. H级别判别标准是车型车色已选定

D. O级别判别标准是已提供付款方式及交车日期

任务 4 需求分析

任务 4.1 识别客户需求

汽车销售顾问王艳每天接待许多客户,每个客户有不同的需求,这些需求不仅仅包括喜欢什么车或买车的用途,可能还涉及客户的心理因素等方面。有些需求客户会表现出来,而有些需求客户是不表现出来的,所以,王艳必须发现客户的需求点或客户对产品的重视点,并让客户自己确认。那么王艳怎样才能很好地识别客户的需求呢?

王艳要完成上述任务,必须掌握识别客户需求的知识,理解客户需求的目的,掌握客户需求的特征。

【要点 1】有哪些客户需求类型?分别加以解释。

_____

_____

_____

_____

【要点 2】分析客户需求的目的是什么?

_____

【要点3】客户需求有哪些特征？

任务实施

为了真正理解客户需求的类型、客户需求的目的和客户需求的特征，请完成下列任务。

【案例】

一位资深汽车销售人员在澳洲卖车时碰到一个客户，说要买福特车。福特车全部是自动挡的，但这个客户却点名要手动挡的。这位销售人员当时询问要手动挡的车是不是因为价格比自动挡的车便宜，他却说钱不是问题，只要把手动挡的车找来，他按自动挡车的价格付款。这位销售人员很奇怪，不明白这是为什么，难道是这位客户喜欢加速性能？这位销售人员知道，如果他不能搞清楚这位客户为什么必须要手动挡的车，那么他注定会丢掉这个客户。通常客户真实的购买动机需要销售人员主动问出来，而客户一般是不大可能主动说出来的，于是这位销售人员问道："您是专业司机？所以你要手动挡？要加速感觉？还是动力性？"这个客户在回答销售人员的问题时就把真正的目的说出来了。他为什么会说出真正的目的呢？因为销售人员问他是不是专业司机。这一句话很重要，它是让别人向销售人员敞开心扉的一句很关键的话。如果销售人员仅仅问他是否注重动力性，还不足以让他打开自己的内心和销售人员说实话，只有当销售人员说他很专业，是一个专业司机时，他才会感到很受用。销售人员对他很欣赏而且表明一个态度，想向他学东西："因为你是专业司机，你是不是觉得加速性特别好？"他对销售人员这样解释："我不是要这个加速性，那都是年轻小伙子追求的。最近一段时间我工作变了，要用车跑很多路，而且都是盘山公路。"销售人员就马上问在盘山公路上，手动挡车会怎么帮他，是不是上坡有用。"上坡是一个方面，但是我更看中的是在下坡的时候，万一这个刹车系统失灵了，我还可以用手动挡把速度降下来。"他强调说，"对，强制往下降速，就是用手动挡降速，刹车失灵时手动挡可以帮你降速。"这位销售人员当时不知道，一般人可能也不会想到，一个人要买手动挡的车就是因为这个原因。

既然客户的购买重点已经出来了，就是他注重的是安全性，即刹车系统失灵以后的安全性。恰恰是在一开始，这位销售人员忽略了介绍福特车的自检功能。福特车的自检功能不仅检查气囊，检查 ABS，还检查一般刹车油的渗漏情况，但谁会在前期介绍这么细呢！但是一旦发现客户有这种需要的时候，作为销售人员就要详细介绍这款车刹车的自检系统是多么完美，好到什么程度呢，好到只要刹车油在较短时间内下降一毫米，系统就会警示你，告诉你刹车油的油压变化。

于是，这位销售人员立刻给客户讲这项功能的目的是什么，并在维修工程师的协助下，让客户亲自体验了起动时自检功能所包括的所有项目，而且还试验了刹车系统漏油时的警告。后来这个客户在销售人员这里买了车，并在以后的 3 年里，给这位销售人员介绍了 5 个客户。

（1）汽车销售人员是否真正了解了客户的需求？销售人员是如何去了解客户需求的？

_____

_____

_____

（2）结合案例说一说，客户为什么愿意给这位汽车销售人员介绍新客户？

_____

_____

_____

_____

2. 以小组为单位设计一份有关"汽车消费者购车需求"的调查问卷。（用 A4 纸打印）

任务评价

完成上述任务后,对学生技能进行考核,考核标准见表4–1。

表4–1 考核标准

序号	考核项目	考核要点	分值	小组自评（20%）	小组互评（40%）	教师点评（40%）	得分
1	案例分析	分析要点是否正确。	15分				
		语言表达是否清晰。	5分				
2	调查问卷设计	问卷设计格式是否规范。	10分				
		问卷内容是否正确。	10分				
		问题设计是否能得到被调查者的认可,并能了解到其真实需求。	50分				
4	小组合作考核	小组各成员是否能合作共同完成任务。	10分				
各小组的最终成绩							

任务总结

1. 个人感想和收获。

_____

_____

_____

2. 改进提升的要点。

_____

_____

_____

任务 4.2　确定客户需求分析内容

王先生一家三口到店看车,王艳作为汽车销售顾问为他们提供购车服务。为了帮助王先生一家购买心仪的车辆,王艳需要从哪些方面入手来分析客户的需求?

王艳需要从客户类型、客户现有车型分析、购车预算、购车用途和购车时间等多方面来进行客户需求分析。

【要点 1】用表格的形式来展示支配型、表达型、和蔼型和分析型的客户特征以及针对不同类型的客户采取的策略。

【要点 2】说一说老板一族、企业家、工薪族和知识分子的购车特点和具体的体现。

1. 汽车销售人员根据了解到的客户信息内容来确定介绍车辆时候的主攻角度,完成客户需求分析表的填写,见表 4-2。

表 4-2 客户需求分析表

项目	了解需求信息内容	分析要点（介绍车辆的大方向）	汽车销售人员车辆介绍的主攻角度（重点介绍车辆的突出特点）
客户类型	职业、年龄、性格。		
购买愿望	对车辆造型、颜色、装备的要求。		
	主要用途、年行驶里程。		
	谁是使用者。		
	对本品牌车的了解程度。		
	选购车时考虑的主要因素。		
个人信息	姓名、联系方式。	—	—
	职业、职务。		
	兴趣爱好。		
	家庭成员。	—	
使用车经历	品牌、车型。		
	当初选购的理由。	—	
	不满意的因素。		
购买时间			

2. 编写有关了解客户需求分析的话术,并进行模拟。

（1）以小组为单位围绕上表中客户需求信息内容来编写需求分析话术;

（2）组内进行客户需求分析模拟,选出最优者参加小组之间的比赛;

（3）小组之间进行比赛。

说明:本次模拟只是侧重考核是否能够确定客户需求分析的主要内容;代表本组比赛的学生,教师要单独记录加分成绩。

任务评价

完成上述任务后,对学生技能进行考核,考核标准见表4-3。

表4-3 考核标准

序号	考核项目	考核要点	分值	小组自评（20%）	小组互评（40%）	教师点评（40%）	得分
1	客户需求分析表填写情况	收集信息的途径是否正确。	10分				
		分析要点的确定是否准确。	10分				
		能够针对客户需求来确定为客户介绍车辆时的重点内容。	20分				
2	客户需求分析模拟（针对确定客户需求内容）	需求分析话术要点是否全面。	10分				
		是否掌握了客户需求信息的全部内容（需要了解的信息内容参照表4-2）。	30分				
		是否能够通过轻松的话题接近客户。	10分				
4	小组合作考核	小组各成员是否能合作共同完成任务。	10分				
		各小组的最终成绩					

任务总结

1. 个人感想和收获。

_____

_____

_____

2. 改进提升的要点。

_____

_____

任务 4.3 选用客户需求分析技巧

 **任务布置**

汽车销售顾问王艳接待过一位多次来店的客户,客户每次来到店里都不明确买哪一款车,王艳为其推介了多款车,但是还是没弄清楚客户的具体需求,仍然无法全面获得客户购车的需求信息。那么王艳运用什么样的技巧才能巧妙地了解客户的需求呢?

 任务分析

王艳必须能够根据客户的不同状态来运用不同的技巧,并且能够通过观察、询问、倾听、诱导和猜的技巧分析出客户的需求点。

 知识要点准备

【要点1】用列表形式展示通过观察了解客户的购车需求信息。

【要点2】有些客户拥有理智型购车动机,列举理智型购车动机的表现形式。

【要点3】客户的感情型购车动机主要有哪些表现形式?

【要点4】在通过询问方式了解客户需求信息时候可以运用哪些技巧?你喜欢用的技巧是什么?说明理由。

【要点5】汽车销售人员要把握的倾听要点有哪些?

要求： 以 6 或 8 人为一组，以小组为单位模拟客户需求分析。

（1）小组自行选择汽车品牌 4S 店，自行确定模拟情景，针对情景编写客户需求分析话术；

（2）组内进行客户需求分析模拟，选出最优者参加小组之间的比赛；

（3）小组之间进行比赛。

说明： 代表本组比赛的学生，教师要单独记录加分成绩。

完成上述任务后，对学生技能进行考核，考核标准见表 4-4。

表 4-4 考核标准

序号	考核项目	考核要点	分值	小组自评（20%）	小组互评（40%）	教师点评（40%）	得分
1	客户表达需求时	是否能够倾听，不打断客户谈话。	10 分				
		是否能做到不立刻发言、回答，而是尽量用开放式问题为客户提供发表更多意见的机会。	10 分				
		是否能提问跟踪，明确客户需求细节。	10 分				
3	总结客户需求时	是否能用提问的方式，协助客户整理需求并适当总结。	20 分				
		是否能征求客户同意，在"咨询笔记本"内记录客户需求。	10 分				
		是否能结合客户需求协助客户选择一款适合他的车型。	30 分				
4	小组合作考核	小组各成员是否能合作共同完成任务。	10 分				
		各小组的最终成绩					

任务总结

1. 个人感想和收获。

_____

_____

_____

2. 改进提升的要点。

_____

_____

_____

_____

一、单项选择题

1. 引导顾客正确表达需求，确认顾客信息应使用以下哪项提问方式（   ）。

A. 封闭式提问　　　B. 直接提问　　　C. 开放式提问　　　D. 以上都不对

2. 请问以下哪项提问不属于开放式提问（   ）。

A. 请问您购车主要用途是什么

B. 您喜欢深色的车还是浅色的车

C. 您说您喜欢旅游，平时都会去些什么地方

D. 您买车最关心的是车辆哪些方面

3. 汽车销售顾问一定要正确提出开放性问题，下列属于正确的开放式问题的是（   ）。

A. 我能帮助您吗？　　　　　　　　　B. 我想您就是来看一下吧？

C. 是什么原因使您来到我们的展厅？　D. 找到您喜欢的了吗？

二、多项选择题

1. 以下属于需求分析的步骤的是（   ）。

A. 观察　　　　　B. 收集　　　　　C. 分析　　　　　D. 以上都不是

2. 客户需求主要包括（   ）。

A. 显性需求　　　B. 隐性需求　　　C. 未知需求　　　D. 以往需求

3. 需求分析中应该观察客户哪些方面（   ）。
   A. 客户外表、神态、年龄   B. 客户的言谈举止
   C. 对随行人员的态度   D. 客户的兴趣所在
4. 获得客户信任的技巧（   ）。
   A. 倾听技巧   B. 询问技巧   C. 猜的技巧   D. 观察技巧
5. 询问客户的好处有（   ）。
   A. 了解客户需求 B. 让客户感到舒适 C. 避免误解   D. 得到客户信息
6. 分析客户需求的目的有（   ）。
   A. 弄清来意   B. 明确需求   C. 确定购买重点 D. 购买角色定位
7. 如何处理客户需求（   ）。
   A. 建立互相信任关系   B. 质疑其否定我们的观点
   C. 提供各式服务   D. 站在客户立场
8. 以下哪些需求分析要点正确的（   ）。
   A. 应多用专业术语来介绍，使客户感受到我们的水平
   B. 未确认客户需求时，不可滔滔不绝的做介绍
   C. 客户坐在驾驶座时，是否需要打开车门，由客户决定。如果车门敞开，则客户经理以蹲
   D. 适当姿势做产品介绍

任务 5 车 辆 介 绍

任务 5.1 展厅内车辆介绍

 任务布置

王先生夫妇和儿子一家三口已经打电话和王艳预约来店看车,通过王艳的介绍,他们对本店的一款车很感兴趣,需要王艳进一步为他们介绍有关这款车的信息。作为汽车销售顾问,王艳应该抓住机会为他们进行静态车辆介绍,那么王艳应按照什么样的流程来介绍车辆呢?在介绍车辆的时候运用哪些方法呢?

 任务分析

王艳要完成上述任务,必须掌握车辆介绍的流程、展厅车辆介绍的要点,掌握车辆介绍的方法和技巧,理解车辆介绍的注意事项。

 知识要点准备

【要点1】用图示形式展示车辆介绍的流程。

【要点2】车辆展示要求中对车辆内部要求有哪些？

_____
_____
_____

【要点3】解释FAB法，并举例说明。

_____
_____
_____
_____

【要点4】六方位绕车介绍法中的六方位指的是哪六方位？

_____
_____

【要点5】汽车销售人员在进行车辆介绍时应注意的问题有哪些？

_____
_____
_____
_____

任务实施

要求：以6或8人为一组，以小组为单位共同完成展厅车辆介绍业务。
1. 编写六方位绕车介绍话术（如果内容较多，可以另附纸张）。
（1）自行选择品牌4S店，自行确定车型；
（2）收集资料信息，自设情境，完成六方位绕车话术编写。
2. 进行六方位绕车业务模拟。
（1）小组内进行角色分配，进行六方位绕车情境模拟；
（2）选出小组代表进行小组间六方位绕车情境模拟比赛。

任务评价

完成上述任务后,对学生技能进行考核,考核标准见表 5-1。

表 5-1 考核标准

序号	考核项目	考核要点	分值	小组自评（20%）	小组互评（40%）	教师点评（40%）	得分
1	车辆介绍前	明确客户的需求,选择合适的车型进行说明。	5 分				
		根据客户兴趣点,将客户引导到相关的位置。	5 分				
2	车辆介绍开始时	简单说明车辆介绍过程与大约所需时间,征求客户同意开始介绍。	5 分				
		从客户最感兴趣的地方开始介绍。	5 分				
		销售人员为客户提供一份个性化的说明书。	5 分				
3	车辆介绍中	介绍时以客户为尊,让客户站在最好的角度。	5 分				
		利用展车引导客户继续说明需求,鼓励客户参与。	5 分				
		清楚回答客户的问题。	10 分				
		说明时凸显本车优势,不攻击竞争车型。	15 分				
		在说明书上勾画出客户最感兴趣的部分,以及本车与竞争车型对比的优势。	10 分				
4	车辆介绍时	针对客户需求,口头总结产品特点与客户利益。	10 分				
		在产品说明书上写上销售人员名字呈递给客户。	5 分				
		主动邀请客户试乘试驾。	5 分				
5	小组合作考核	小组各成员是否能合作共同完成任务。	10 分				
	各小组的最终成绩						

1. 个人感想和收获。

_____
_____
_____
_____

2. 改进提升的要点。

_____
_____
_____
_____

任务 5.2　试　乘　试　驾

　　王先生夫妇和儿子一家三口经过多次考察初步打算购买王艳推荐的那款轿车，为了更好地了解该车的性能，他们三口人确定周六来店参加试乘试驾活动。汽车销售顾问王艳和试乘试驾专员张超为他们提供试乘试驾服务，那么王艳和张超应如何做好试乘试驾准备工作，才能为客户提供最好的试乘试驾服务呢？

　　王艳和张超要想完成上述任务，必须了解试乘试驾准备工作内容，掌握试乘试驾时车辆介绍要点，理解试乘试驾后的服务。

知识要点准备

【要点1】试乘试驾的目的是什么？

【要点2】试乘试驾前要做哪些准备工作？

【要点3】试乘试驾演示的路段有哪些？

【要点4】客户试乘时的服务要点有哪些？

【要点5】客户试驾时候，汽车销售人员应该提醒的注意事项有哪些？

 **任务实施**

要求：以 6 或 8 人为一组，以小组为单位共同完成试乘试驾业务。

1．编写试乘试驾话术（如果内容较多，可以另附纸张）。

（1）自行选择品牌 4S 店，自行确定车型；

（2）自行选定试乘试驾路线；

（3）收集资料信息，自设情境，制定试乘试驾方案。

2．完成试乘试驾业务模拟。

（1）小组内进行角色分配，进行试乘试驾业务模拟；

（2）选出小组代表进行小组间试乘试驾业务模拟比赛。

 任务评价

完成上述任务后，对学生技能进行考核，考核标准见表 5-2。

表 5-2 考核标准

序号	考核项目	考核要点	分值	小组自评（20%）	小组互评（40%）	教师点评（40%）	得分
1	试乘试驾方案	内容是否全面。	5 分				
		书写格式是否正确。	5 分				
2	试乘试驾前	是否向客户提供试乘试驾车辆。	5 分				
		试乘试驾车是否经过清洁美容，并有足够的燃油。	5 分				
		是否按照试乘试驾流程图解释活动过程及安全事项。	5 分				
		是否检查客户证照，并请客户签署"试乘试驾同意书"。	5 分				
3	试乘试驾中	是否针对客户需求安排试乘试驾重点。	10 分				
		是否随时注意行车安全有关事项。	10 分				
		是否由销售人员示范驶出，中途才换位给客户试乘试驾。	10 分				
		在客户试驾时是否进行了适当的提醒和赞美。	10 分				

续表

序号	考核项目	考核要点	分值	小组自评（20%）	小组互评（40%）	教师点评（40%）	得分
4	试乘试驾后	是否请客户回洽谈区，填写试乘试驾意见表。	10分				
		是否立刻请客户考虑签约成交。	10分				
5	小组合作考核	小组各成员是否能合作共同完成任务。	10分				
		各小组的最终成绩					

任务总结

1. 个人感想和收获。

_____

_____

_____

_____

2. 改进提升的要点。

_____

_____

_____

_____

_____

一、单项选择题

1. 最先运用六方位绕车介绍发的汽车公司是（ ）。

　　A. 丰田　　　　　B. 凌志　　　　　C. 福特　　　　　D. 奔驰

2. 下面哪项不是家庭买车主要看的方面（ ）。

　　A. 经济性　　　　B. 动力性　　　　C. 操控性　　　　D. 时尚性

3. 六方位绕车介绍学习演练时不应该有的行为（ ）。

　　A. 熟记绕车介绍要点，并进行灵活运用

B. 忘记怎么介绍时，请同事帮忙

C. 请同事协助进行角色扮演，作模拟销售互动练习

D. 根据要点，并配合评估表，销售顾问了解客户需求，并进行针对性的介绍

4. 试乘试驾的时机是（　　　）。

A. 顾客刚刚来店　　　　　　　　B. 意向促进的时候

C. 顾客确定需要购买的时候　　　D. 已经购买

二、多项选择题

1. 进行绕车介绍时要求销售人员（　　　）。

A. 询问客户是否要做绕车介绍

B. 充分鼓励客户参与，进行沟通

C. 针对客户关心的配备与特性做重点介绍

D. 谢谢客户的参与，询问是否需要进行试驾

2. 产品介绍技巧包括（　　　）。

A. 从客户喜好角度出发介绍产品

B. 产品介绍的方法

C. 六方位绕车介绍

D. 找到客户的弱点，攻其软肋，让其束手就擒

3. 六方位绕车介绍要遵循的要点是（　　　）。

A. 客户需求要牢记　　　　　　　B. 产品介绍要对应

C. 客户引导要及时　　　　　　　D. 设定标准卖车快

4. 六方位绕车介绍到发动机室时应介绍（　　　）。

A. 噪音、振动和粗糙感　　　　　B. 车轮

C. 燃油经济性和排放性能　　　　D. 车身设计

5. 试乘试驾的目标是（　　　）。

A. 让顾客对产品有切身的感性的体验

B. 通过试乘试驾建立顾客对产品的信心，激发顾客的购买欲望

C. 通过试乘试驾收集更多的顾客资料，便于促进销售

D. 以上都不是

6. 试乘试驾车辆的要求（　　　）。

A. 一定数量的试乘试驾车辆

B. 确保演示车辆是最新产品的最高配置车型

C. 试乘试驾车辆要摆放在店门外易见处

D. 试乘试驾车辆需要保全险

7. 以下哪些属于试乘试驾的要点（　　　）。

A. 确保试乘试驾车辆整洁

B. 确保试乘试驾车有足够的汽油

C. 每个销售人员都应有驾驶执照，要首先驾驶并说明基本操作控制技巧

D. 试乘试驾时间以 15-20 分钟为宜

8. 以下哪些属于试乘试驾时的务必说明项目（　　）。

A. 转向灯、危险指示灯　　　　　　B. 座椅调节、雨刷

C. 灯光、ABS 刹车　　　　　　　　D. 车辆自我诊断、自动变速箱

9. 以下哪些属于试乘试驾演示中静态演示阶段的演示重点（　　）。

A. 打开车门，感觉车门开关时的轻重

B. 坐到车座上感觉车座的舒适性

C. 讲解仪表、内饰、空间的亮点

D. 发动车辆，将变速杆挂入 R 档，拉紧手制动，将制动踏板踏到底，由管理人员从车后经过使倒车雷达工作，使驾驶人员感觉到声音，观察反映距离

10. 以下哪些属于试乘试驾演示中起步阶段的演示重点（　　）。

A. 请客户体验发动机加速性、噪音、功率/扭矩的输出、变速器的换档平顺性

B. 体验室内隔音、音响效果、悬挂系统的平稳性

C. 体验传动系统灵敏度，变速器换档的平顺性及灵活性，发动机提速噪音

D. 体验风切噪音、轮胎噪音、起伏路面的舒适性、方向盘控制力

11. 以下哪些属于试乘试驾"换手"时的标准（　　）。

A. 在空旷的路段换手，确保车辆停放安全，并熄火，档位归位，拉紧手制动，拔掉钥匙

B. 请客户入座，确认所有客户系好安全带，客户经理入座副驾驶，系好安全带，将钥匙交予客户

C. 再次确认客户对操作已经熟悉，然后由客户驾驶，客户经理简单提示客户各个动作所能体验的项目

D. 询问客户："你最喜欢这款车的哪些部分"

任务6 促成交易

6.1 客户异议处理

任务布置

王先生一家三口试乘试驾后挑出了一些对车不满意的地方,他们感觉车的乘坐空间有点小,并且认为这么小的车指导价还较高,没有那么多购车预算,希望能给他们提供更好的优惠条件。王艳作为一名汽车销售顾问,应该如何弄清楚客户的真实异议,分析其异议产生的原因,然后对症下药,化解客户异议呢?

任务分析

王艳必须理解客户异议的含义,掌握客户异议的类型和产生客户异议的原因,掌握客户异议处理原则和步骤,并能用巧妙的方法来化解客户异议。

知识要点准备

【要点1】什么是客户异议?客户异议的类型有哪些?

_____
_____
_____
_____

【要点2】产生客户异议的原因有哪些?

_____

【要点3】客户异议处理原则有哪些？

【要点4】客户异议处理步骤有哪些？

【要点5】客户异议处理方法有哪些？

 任务实施

1. 为了真正理解客户的异议，请完成下列任务。

【案例】

销售人员：好了，介绍了这么多，您看，您喜欢这款车吗？或者还有其他我遗忘了的问题没有介绍吗？

客户：哦，我还是喜欢这款车的，不错。但是，我要与太太商量一下，买车之前还是让她了解一下比较好。

销售人员：当然了，让家人一同看车是一件好事。我也是在买任何东西前都得经过太太的确认，否则就麻烦了。您太太现在在哪里？

客户：她在上班。

销售人员：您可以给她一个电话吗？或者我们可以将车现在就开过去，给她一个惊喜。

客户：够呛，她是一名客户经理，可能正在拜访客户呢，要不我们先谈谈价格，晚上她下班也许会过来。

销售人员：我的意思是先让她有机会看车，或者试驾，当你决定要买了以后，我们可以协商一个好的价格。

客户：那还是我们晚上一起来看吧。

销售人员：先生，其实我有三个原因希望你们可以一起试驾：第一，刚才您试驾的时间比较短，可能对车的体会不深；第二，如果与您太太一起试驾，两个人的体会比较全面一些；第三，您已经说了，您喜欢这个车，只有您才知道您太太会喜欢什么车。

客户：哦，是这样。这个全新的车我还不熟悉，让我自己开还有一点担心。

销售人员：没有关系，只要开上手，就熟悉了，况且即使是新车，我们也有保险，不用担心。即使最后您不喜欢这个车，也没有关系，就当交一个朋友。

客户：好吧，那么我就不明白，你为什么现在不能给我一个底价呢？

销售人员：我觉得我们在您太太不在的情况下谈有一些不妥，除非您决定购车不需要她的同意，不然，一起谈多好，你们一回来，我们就开始讨论对您来说合适的价格问题，好吗？另外，我也要根据您的情况与经理协商一下，看是不是有什么好的分期付款计划。

客户：也许你说的对吧！

销售人员：您能否帮我一个忙，填写一下这个表格，一来我现在就请示经理，你们回来的时候就容易一些了；二来，我们也做一个调研，为了以后更好地为客户服务，提升我们的竞争力。

客户：当然，没有问题。

（1）客户的异议主要表现为哪方面的异议？客户是怎样表达自己的异议的？

_____

_____

_____

_____

（2）汽车销售人员是怎样处理客户异议的？

_____

_____

_____

_____

2. 以小组为单位完成提出异议和处理异议的话术编写任务，并进行小组之间比赛（如果内容较多可以附 A4 纸）。

要求：

（1）先通过抓阄的形式确定比赛双方小组；

（2）每个小组自行选定一款车型，针对这款车型提出一些客户异议，选定车型设计好客户异议后要告诉比赛对方的小组，以便比赛双方针对对方的异议编写处理客户异议的话术；

（3）各小组都要针对对方小组的异议来编写处理客户异议的话术剧本；

（4）各小组派出代表模拟客户异议处理业务。

_____

_____

_____

_____

_____

_____

_____

 任务评价

完成上述任务后，对学生技能进行考核，考核标准见表6-1。

表6-1 考核标准

序号	考核项目	考核要点	分值	小组自评（20%）	小组互评（40%）	教师点评（40%）	得分
1	案例分析	分析要点是否正确。	15分				
		语言表达是否清晰。	5分				
2	异议处理模拟	是否耐心听取陈述。	10分				
		是否对异议内容和原因做好记录。	10分				
		是否给对方足够的尊重。	10分				
		是否能够恰当选择回答客户异议的时机。	10分				
		处理客户异议的方法是否恰当。	15分				

续表

序号	考核项目	考核要点	分值	小组自评（20%）	小组互评（40%）	教师点评（40%）	得分
2	异议处理模拟	是否做到不推诿、不拖拉、不找借口。	5 分				
		应变能力如何。	10 分				
3	小组合作考核	小组各成员是否能合作共同完成任务。	10 分				
	各小组的最终成绩						

任务总结

1. 个人感想和收获。

___

___

___

___

2. 改进提升的要点。

___

___

___

___

任务 6.2　报　价　议　价

王先生一家三口在王艳没有报价之前就对车辆的指导价格提出异议，这给王艳很大的压力，特别害怕在报价成交环节出现问题，于是王艳不断地收集报价方面的知识，希望报

价能让王先生一家人满意。那么王艳应该如何报价，与客户进行议价，最后达成共识，确定成交价格呢？

 任务分析

王艳要想完成上述任务，需要了解报价成交业务流程，掌握说明产品价格的要点和议价技巧。

 知识要点准备

【要点1】汽车销售人员在报价前应该做好哪些准备工作呢？

_____
_____
_____

【要点2】什么是"三明治"报价法？举例说明。

_____
_____
_____
_____
_____

任务实施

1. 以小组的形式完成下列报价议价情境模拟。
客户刚进店就问车的最低价："这车最低多少钱能卖？"
如果你是汽车销售人员，应该怎样回答客户关于价格的问题？

_____
_____
_____

2. 编写有关报价议价的话术，并进行模拟。
（1）以小组为单位自行选定一款车，编写报价议价话术；
（2）组内进行报价议价模拟，选出最优者参加小组之间的比赛；
（3）小组之间进行比赛。
说明： 代表本组比赛的学生，教师要单独记录加分成绩。

完成上述任务后，对小组进行考核，考核标准见表6-2。

表6-2 考核标准

序号	考核项目	考核要点	分值	小组自评（20%）	小组互评（40%）	教师点评（40%）	得分
1	情景分析	回答要点是否正确。	10分				
		语言表达是否清晰。	5分				
		报价是否合理，是否运用了适当的报价技巧。	5分				
2	报价议价模拟	销售人员主动邀请客户坐下，商定价格。	5分				
		销售人员主动提及贷款购车对客户的好处。	5分				
		销售人员最后为客户提供了报价并在议价时对报价给予合理解释。	5分				
		销售人员对客户的产品价格需求和疑问在____分钟内响应。	5分				
		根据客户需求有重点地解释合同的相关条款、附加条件、有效时限和优惠。	5分				
		销售人员再次主动询问客户付款的方式。	5分				
		确认客户已对报价内容及合同条款完全理解并认同，请客户签字。	10分				

续表

序号	考核项目	考核要点	分值	小组自评（20%）	小组互评（40%）	教师点评（40%）	得分
2	报价议价模拟	销售人员提供的报价单是否准确无误。	5分				
		销售人员是否请客户留下联系方式（姓名、电话等）。	5分				
		是否有对需求的关键性总结。	5分				
		是否询问了汽车配置需求。	5分				
		是否运用了"三明治"报价法。	5分				
		临场应变能力。	5分				
3	小组合作考核	小组各成员是否能合作共同完成任务。	10分				
		各小组的最终成绩					

任务总结

1. 个人感想和收获。

_____

_____

_____

2. 改进提升的要点。

_____

_____

_____

6.3 签约成交

王先生一家经过讨价还价后,对价格基本接受。王艳最紧张和最兴奋的签约时刻就要到来了,她怎样才能发现王先生他们有成交的信号,准确抓住成交机会,灵活运用促成交易的方法和技巧,最终促成交易呢?

王艳要想完成上述任务,必须掌握促成交易的方法和技巧、成交信息的传递方式,了解成交阶段的风险防范。

【要点1】促成交易的必要条件有哪些?

_____
_____
_____

【要点2】经过仔细分析总结可以发现,客户流露出的成交信号分为哪几种?

_____
_____
_____

【要点3】促成交易的方法和技巧有哪些?你认为哪一种方法最实用?

_____
_____

任务实施

要求:以 6 或 8 人为一组,以小组为单位模拟签约成交业务。

1. 小组仍然以上一个任务中的汽车品牌 4S 店为例,自行确定模拟情景,在签约成交业务话术基础上补充促成交易的资料;
2. 组内进行签约成交模拟,选出最优者参加小组之间的比赛;
3. 小组之间进行比赛。

说明:购车合同可以由学生自行收集材料拟订,也可以由任课教师提供;代表本组比赛的学生,教师要单独记录加分成绩。

 **任务评价**

完成上述任务后,对学生技能进行考核,考核标准见表 6-3。

表 6-3 考核标准

序号	考核项目	考核要点	分值	小组自评（20%）	小组互评（40%）	教师点评（40%）	得分
1	确定最终成交价格	是否利用有关资料,进一步向客户明确各项费用。	10 分				
		是否准备了完整的有关贷款与保险的讲解方案。	10 分				
3	签约	是否准备了购车合同并协助客户正确填写。	10 分				
		销售人员是否询问客户预期的交车日期和时间。	5 分				
		销售人员是否告知客户签约环节所需完成的文件及时间,并做解释。	5 分				
		销售人员与客户签订合同,是否详细解释合同中的关键信息。	10 分				
		销售人员是否与客户确认对购车合同的疑问并有效解答后,客户签字。	10 分				

续表

序号	考核项目	考核要点	分值	小组自评（20%）	小组互评（40%）	教师点评（40%）	得分
3	签约	销售人员是否邀请客户支付订金，并说明付款方式及具体金额。	10分				
		复印相关证件和资料。	5分				
		记录与客户的约定事项。	5分				
		销售人员是否将合同及订金收据装入信封或文件袋中，交付给客户。	5分				
		整个环节沟通是否顺畅。	5分				
4	小组合作考核	小组各成员是否能合作共同完成任务。	10分				
		各小组的最终成绩					

任务总结

1. 个人感想和收获。

_____
_____
_____

2. 改进提升的要点。

_____
_____
_____
_____

一、单项选择题

1. 财力异议的主要根源在于消费心理和（　　）。

A. 汽车产品价格　　B. 客户的收入状况　　C. 客户心理价位　　D. 客户认知价格

2. 当客户异议只是一些明显的借口、肤浅的见解、明知故问的发难、顺便提及的问题，或与购买决定无关时，汽车销售人员可以（　　）。

　　A. 客户提出异议立即回答　　　　　B. 客户提出异议之前答复
　　C. 客户提出异议暂缓回答　　　　　D. 对客户的某些异议可不回答

3. 汽车销售人员对马女士说："马女士，这款车太适合您了，您交了款项，今天晚上就可以开着这辆车去接您的女儿！"，销售人员用的促成交易的方法是（　　）。

　　A. 优惠成交法　　B. 假定成交法　　C. 解决问题成交法　　D. 总结利益成交法

二、多项选择题

1. 客户在进入价格谈判时一般会对报价产生异议，导致异议产生的根本原因有（　　）。

　　A. 误解　　　　　　　　　　　　　B. 客户的本能反应
　　C. 客户的条件反射　　　　　　　　D. 前期价值传递不够

2. 客户经理在与客户进行价格谈判时需坚持以下原则（　　）。

　　A. 准确把握价格协商的时机　　　　B. 充分的准备，与客户达成双赢
　　C. 找到价格争议的真正原因　　　　D. 坚持己见，对客户的要求不予理会

3. 电话报价时需坚持如下原则（　　）。

　　A. 电话中不让价、不讨价还价
　　B. 不答应、也不拒绝顾客的要求
　　C. 对新顾客，我们的目标是"见面"
　　D. 我们的目标是"约过来展厅成交"或"上门成交"

4. 下列是"三明治"报价法内容的有（　　）。

　　A. 说出客户最关心的好处　　　　　B. 明确地报出价格
　　C. 强调可能会超出客户期望的好处　D. 报出最高价

5. 客户经理在与客户进行价格谈判时，可通过如下哪些方式来化解客户异议（　　）。

　　A. 赠送精品、配件　　　　　　　　B. 保险招揽
　　C. 提供增值服务　　　　　　　　　D. 避重就轻的避开异议

6. 汽车销售顾问在与客户进行谈判时应做好那些准备，以便做到知己知彼，百战不殆（　　）。

　　A. 对购买决策者的同行人员置之不理　B. 诋毁竞争对手，引起客户关注
　　C. 了解客户背景　　　　　　　　　　D. 帮助客户建立客户舒适区

7. 在汽车销售的成交阶段，汽车销售人员若想很快达成交易，就必须看准成交的信号灯，即客户表现出来的各种成交信号，下列属于客户成交信号类型的有（　　）。

　　A. 语言信号　　B. 行为信号　　C. 表情信号　　D. 事态信号

8. 转折处理法是推销人员处理异议时常用的方法，下列属于转折处理法的优点的有（　　）。

A. 有利于保持良好的人际关系和融洽的销售气氛
B. 销售人员尊重异议,承认异议,态度委婉,客户容易被说服
C. 有利于坚持自己的观点
D. 销售人员利用回避赢得时间去分析异议的性质和根源

任务 7　交　车　服　务

任务 7.1　交车前的准备

王先生一家已经和汽车销售店签订购买车辆合同,并预付了 1 万元的购车款,双方约定一个月内交车。新车两天后到店,王艳作为一名汽车销售顾问,需要提前做好交车前的准备工作,那么王艳需要做哪些准备工作呢?

王艳要完成上述任务,必须掌握交车前的文件准备,了解车辆状况检查要点,掌握交车前检查(PDI),理解交车准备工作的注意事项。

【要点 1】交车前汽车销售人员应该准备哪些文件?

_____
_____
_____

【要点 2】交车前车辆状况检查要点有哪些?

_____
_____
_____
_____

【要点 3】交车前为什么要进行 PDI？PDI 的检查项目有哪些？

_____
_____
_____

【要点 4】在交车环节，汽车销售人员需要注意的事项主要有哪些？

_____
_____
_____
_____

任务实施

要求：以 6 或 8 人为一组，以小组为单位共同完成交车前准备业务。

1. 填写 PDI 检查表，见图 7-1（如果没有真实车辆，无法真实去检查，那就查找资料来填写）。完成此任务的主要目的要让学生了解 PDI 检查项目主要包括哪些内容。

_____ 专营店 PDI 检查表

VIN 码：_____   发动机号：_____

发动机舱（冷机时）	检查结果	右前门	检查结果
冷却液（max）		安全带的操作状态	
发动机润滑油（L-H）		车门的开关、锁止的功能	
清洗液（min-max）		座椅的功能	
制动液（min-max）		内装有无脏迹、损伤	
离合器液（min-max）		发动机舱（暖机后）	
冷却液、油脂类有无渗漏		怠速的状态	
蓄电池接线柱有无松动、腐蚀		有无异响	
线束的固定装配位置		变速箱油（min-max）	
发动机盖的开关、锁止的功能		转向润滑油（min-max）	

图 7-1　PDI 检查表

驾驶室		车身周围	
各灯光（包括仪表、警告灯类）开关和喇叭		车身号、发动机号、铭牌是否和合格证相符	
风挡刮雨器及冲洗开关		车门、行李箱钥匙的功能	
玻璃升降器及中控门锁的功能		遥控装置的功能	
安全带的操作状态		在客户提车前24小时揭膜	
电动后视镜的功能		车身、油漆有无损伤	
各开启开关/拉手的功能		轮胎气压（前：220 kPa，后：200 kPa）	
座椅的功能		车轮螺栓的紧固情况（98～118 N·m）	
将钥匙插在点火锁上使之分别处于0、1、2、3、4位，各部位的功能		汽车底部	
内装有无脏迹、损伤		传动轴防尘套是否漏油和破裂	
左后门		球头橡胶是否破裂	
安全带的操作状态		制动系统、发动机、变速箱、转向系统、冷却系统是否有渗漏	
车门的开关、锁止的功能		驾驶操作	
内装有无脏迹、损伤		制动踏板的自由行程及效果	
后部		手制动的拉量及效果	
行李箱、汽油盖开关、锁止的功能		有无跑偏（上侧滑仪）	
随车用品是否齐全		离合器踏板的自由行程及踏量	
备胎气压（300 kPa）		换挡、油门、转向、车速表、空调器功能	
右后门			
安全带的操作状态		检查人： 检查日期：	
车门的开关、锁止的功能			
内装有无脏迹、损伤			
处理措施		主管：	

说明：1. 检查项目正常的打"√"；不正常的打"×"，并将处理结果写入"处理措施"栏中；无此项目打"/"。

2. 此表一式两份，销售部和服务部各保存一份，保存期两年

图7-1 PDI检查表（续）

2. 交车业务模拟。
（1）小组内进行角色分配，进行交车前准备的情境模拟；
（2）选出小组代表进行小组交车前准备的情境模拟比赛。

 任务评价

完成上述任务后，对学生技能进行考核，考核标准见表 7-1。

表 7-1 考核标准

序号	考核项目	考核要点	分值	小组自评（20%）	小组互评（40%）	教师点评（40%）	得分
1	PDI 检查表	填写态度是否认真。	10 分				
		填写信息是否正确。	10 分				
2	交车业务模拟	交车前是否最后确定所交的车辆情况（车内地板铺上保护纸垫，检查车窗、后视镜、烟灰缸、备用轮胎和工具，校正时钟，将电台设置为当地的交通频道或客户偏爱的频道，确保油箱内有油）。	20 分				
		是否与客户再次确认交车日期和时间，是否本人到场，同行人数。	10 分				
		是否主动向客户解释交车流程及所需时长，并确认客户可以在店停留时间。	10 分				
		是否询问客户对交车仪式的期望。	5 分				
		是否主动提醒客户需携带的文件及车款。	5 分				
		销售人员是否准备相应的随车文件。	5 分				
		准备好交车所有书面文件，装入资料袋中。	5 分				
		是否根据交车时间预约展厅经理、客服专员参加交车流程。	10 分				
3	小组合作考核	小组各成员是否能合作共同完成任务。	10 分				
	各小组的最终成绩						

 任务总结

1. 个人感想和收获。

___

2. 改进提升的要点。

___

任务 7.2　交车服务内容

 任务布置

王先生一家买的车已于昨日到店，王艳也做好了交车前的准备工作。今天王先生一家来店提车，王艳作为一名汽车销售顾问，应该如何为客户王先生一家提供交车服务呢？

 任务分析

王艳必须了解交车前的预约和交车日的接待的工作内容、掌握商谈桌（室）的应对、车辆的点交、试车说明与试车的工作内容，了解保修事项与售后服务说明及交车仪式的工作内容，理解对客户进行满意度调查和欢送客户，进而为客户提供最好的交车服务。

知识要点准备

【要点1】 交车日客户到店，销售人员应该做的接待工作要点有哪些？

_____
_____

【要点2】 在交车时，点交的材料有哪些？

_____
_____
_____

【要点3】 交车时汽车销售人员要对保养手册的各项内容进行详细说明，说明的内容有哪些？

_____
_____
_____
_____

【要点4】 交车关键执行点总结的内容有哪些？

_____
_____
_____
_____

要求：以6或8人为一组，以小组为单位共同完成交车业务。

1. 编写交车方案（如果内容较多，可以另附纸张）。
（1）自行选择品牌4S店，自行确定车型（可以和以前的任务用同一款车）；
（2）收集资料信息，自设情境，制定交车方案。

2. 完成交车业务模拟。
(1) 小组内进行角色分配，进行交车业务模拟；
(2) 选出小组代表进行小组间交车业务模拟比赛。

完成上述任务后，对学生技能进行考核，考核标准见表7-2。

表7-2 考核标准

序号	考核项目	考核要点	分值	小组自评（20%）	小组互评（40%）	教师点评（40%）	得分
1	交车服务	是否注意个人仪容仪表。	5分				
		在门口迎接客户，用熟悉的称谓称呼客户，向客户道喜祝贺；主动向客户的同伴打招呼；交车过程中面带微笑，说话语气平和友善。	5分				
		是否根据客户之前的偏好准备饮料；客户入座后，是否及时主动提供饮料。	5分				
		递交资料时，是否正面面向客户，双手递交资料给客户。	5分				
		简要介绍交车流程和交车时间。	5分				
		是否为客户介绍新车的功能和特点、使用须知和保养重点，强调交车对客户的利益，并得到客户理解与认可。	5分				
		检查车辆外观是否有损伤、划痕，确认客户所定购的精品与附件，检查随车工具。	5分				
		是否介绍相关费用，带领客户到收银台付款。	5分				
		移交车辆合格证、发票等文件，移交车辆钥匙及条码，移交用户使用手册、保养手册和保修手册，向客户介绍随车文件（行驶证、驾驶证、用户使用手册），在交车确认表（见图7-2）上逐项打钩确认签字，提醒客户保存好清单、发票等物品。	5分				

续表

序号	考核项目	考核要点	分值	小组自评（20%）	小组互评（40%）	教师点评（40%）	得分
1	交车服务	客户进入车内时，销售人员站在门外侧为客户开门，并用手势为客户遮挡头部，座椅功能演示时使用蹲姿。	5分				
		介绍和讲解（利用用户使用手册为客户介绍车辆操作，概述接下来要进行的车辆使用方法讲解）。	10分				
		是否为客户提供了用车建议。	5分				
		是否能利用保养手册解释维修保养周期说明与保修手册向客户说明保修内容和范围，并向客户推介延保服务。	10分				
		介绍展厅经理、服务经理或其他人员与客户交换名片；向客户赠送鲜花和礼品，拍摄合照。	5分				
		确认客户可接受的售后跟踪和联系方式；告知客户3天内将收到回访电话，提醒客户加油。	5分				
		送别客户情况。	5分				
2	小组合作考核	小组各成员是否能合作共同完成任务。	10分				
		各小组的最终成绩					

任务总结

1. 个人感想和收获。

2. 改进提升的要点。

专营店交车确认表

车主姓名：_____ 移动电话：_____
VIN 号码：_____ 发动机号码：_____
钥匙号码：_____ 牌照号码：_____
车型：_____ 车色：_____
内饰颜色：_____ 交车日期：_____
地址：_____
电话：(H)_____ (O)_____

一、首先谢谢您对东风乘用车公司的厚爱，并恭喜您拥有了这样一部好车并开始享受更加美好的生活。在您使用这部车之前，让我们来为您的爱车做点交与说明。谢谢您！

1. 交车前准备（含 PDI）□
2. 证件点交
   保险卡□ 保修手册□ 使用说明书□ 合格证□ 完税证明□ 其他_____
3. 费用说明及单据点交
   发票□ 保险单据□ 上牌费□ 车船使用税□ 车辆购置税□ 其他_____
4. "使用说明书及保修手册"内容说明
   使用说明书□ 800 免费专线电话□ 服务保证内容□ 紧急情况处理□
   定期保养项目表□ 24 小时救援服务□ 1 000、5 000 公里免费保养内容说明□
5. 介绍服务站
   营业地点□ 营业时间□ 介绍服务代表□ 介绍服务部经理□
6. 车子内外检查
   车内整洁□ 外观整洁□ 配备□ 千斤顶□ 工具包□
   故障警示架□ 备胎及轮胎气压□ 其他_____
7. 操作说明
   座椅、方向盘调整□ 后视镜调整□ 空调、除雾□ 电动窗操作□ 儿童安全锁□
   油、水添加及汽油种类及号数□ 特有配备及 E 配备□ 灯光、仪表□
   音响□ 温馨特别的服务
8. 拍照留念□ FM 设定□ 其他_____

二、费用：
保险金_____ 车价_____
税金（共）_____
其他费用：_____
其他配套服务费用：_____

说明：本表一式两份，客户和专营店各存一份，专营店的保存期为两年。
以上请车主确认无误后签名：
销售部经理： 业务代表： 服务部经理： PDI 人员：

图 7-2 交车确认表

一、单项选择题

1. 新车送交顾客之前要进行交车前检查，并填写（   ）。

A. PDI 检查表　　　B. 出厂检查表　　　C. 例行检查表　　　D. 维修检查表

2. 在确定交车前，下列不属于汽车销售人员需要注意的事项是（   ）。

A. 确定一个客户而言可行且方便的交车日期与时间

B. 询问客户是否有足够的时间用于交车

C. 应事先准备好所有书面文件，以使交车过程更顺利

D. 汽车销售人员要试驾一下要交给客户的新车

二、多项选择题

1. 个人全款购车，交车之前销售人员要提醒客户携带的证件包括（   ）。

A. 身份证　　　　　B. 户口本/居住证　　　C. 结婚证/单身证　　　D. 工作证明

2. 以下哪些属于交车流程中讲解使用说明书步骤重点事项（   ）。

A. 讲解说明书　　　　　　　　　　B. 讲解操作及注意事项

C. 销售顾问示范操作　　　　　　　D. 回答客户疑问

3. 在无现车时，以下哪些是大方得体的应对话术（   ）。

A. "女士/先生，您放心，您要的这款颜色和配置的车下月初就到货了，到时我们将第一时间通知您来提车。"

B. "女士/先生，我们这款车是市面上同类产品中最强的，不等几天您肯定会后悔。"

C. "女士/先生，这款车这么适合您，您只要稍等几天就能拥有它，为了弥补您的时间损失，我们还会有相应的礼品赠送"

D. "女士/先生，其他品牌的产品有现货说明他们销量很差，您不要被他们蒙蔽了"

4. 以下哪些属于交车流程中车辆保险及增值服务介绍步骤重点事项（   ）。

A. 向客户讲解车辆保险的相关条款，理赔范围及注意事项

B. 详细地介绍当车辆遇到交通意外时的处理步骤与方法

C. 向客户介绍展厅经理

D. 展厅经理请客户对本次销售满意度作出评价

5. 机构全款购车需提供的主要证件包括（   ）。

A. 组织机构代码证　B. 机构公章　　　C. 损益表　　　D. 营业执照正本

6. 以下哪些属于交车流程中讲解使用说明书步骤重点事项（   ）。

A. 讲解说明书　　　　　　　　　　B. 讲解操作及注意事项

C. 销售顾问示范操作　　　　　　　D. 回答客户疑问

7. 在无现车时，以下哪些是大方得体的应对话术（   ）。

A. "女士/先生，您放心，您要的这款颜色和配置的车下月初就到货了，到时我们将第一时间通知您来提车。"

B. "女士/先生，我们这款车是市面上同类产品中最强的，不等几天您肯定会后悔。"

C. "女士/先生，这款车这么适合您，您只要稍等几天就能拥有它，为了弥补您的时

间损失，我们还会有相应的礼品赠送"

D. "女士/先生，其他品牌的产品有现货说明他们销量很差，您不要被他们蒙蔽了"

任务 8 售 后 服 务

任务 8.1 售后跟踪服务

任务布置

王先生一家喜提新车,对汽车销售顾问王艳提供的服务也很满意。汽车属于耐用消费品,每次客户购买完成后,他们的满意程度会各不相同。为了让王先生一家购车无遗憾,王艳应该如何为王先生一家提供售后跟踪服务呢?

任务分析

王艳必须理解售后跟踪服务目的,掌握客户售后跟踪服务的内容,才能更好地为客户提供售后跟踪服务。

知识要点准备

【要点1】售后跟踪服务目的有哪些?

_____
_____
_____
_____

【要点2】客户售后跟踪服务的内容有哪些?

_____

任务实施

1. 为了真正理解客户售后跟踪服务相关知识，请完成下列任务。

【案例】

乔·吉拉德在销售汽车的过程中除了很用心、很仔细地将锃亮的车子交给客户，在交车时以及交车以后他还会做以下几件事：一照、二卡、三邀请。一照是指：在将车子交给客户的那一刻，除了将车钥匙、证件交给客户，乔·吉拉德还会同客户和客户的新车一起拍张合影照片。拍完照片后，乔·吉拉德会尽快地洗出照片送给客户。以至过了相当长的时间，每当客户看到或者其他人看到这张照片时，都会引起一段美好的回忆。而这一点帮助乔·吉拉德赢得了不少的订单。二卡是指：第一张卡片是关于买这辆车子的交易过程，包括车子以后的维修记录等，叫车辆管理卡；第二张卡片是客户管理卡，与客户有关，记录所有与客户有关的信息，如客户的姓名、出生年月日、喜好、家里有几个孩子、孩子在哪里念书、太太在哪儿工作，等等，全部列入管理内容。三邀请是指：乔·吉拉德每年邀请这位客户到公司来三次。邀请客户回来，先到车间去保养和检查一下车辆，然后回到汽车展示中心，把新车及其相关的信息再向他做一下介绍。

不仅如此，乔·吉拉德还有四礼、五电、六访等绝招。四礼是指：在节日中，通过送礼物或寄卡片给客户表达敬意，每年至少有四次机会表达对客户的肯定和谢意。五电是指：每年至少与客户通五次电话，告知客户车子每行驶满 1 000 公里就要注意保养，帮助客户安排入厂预约保养。六访是指：每年亲自访问客户六次，平均每两个月就有一次，从而建立了很好的人际关系。

问题：乔·吉拉德能成为汽车销售大师的秘诀是什么？

2. 以小组为单位完成售后跟踪服务业务。

（1）以小组为单位为上一个任务中的交车客户来编写售后跟踪服务话术；

（2）组内进行客户售后跟踪服务模拟，选出最优者参加小组之间的比赛；

（3）小组之间进行比赛。

任务评价

完成上述任务后,对学生技能进行考核,考核标准见表 8-1。

表 8-1 考核标准

序号	考核项目	考核要点	分值	小组自评(20%)	小组互评(40%)	教师点评(40%)	得分
1	案例分析	分析要点是否正确。	15 分				
		语言表达是否清晰,是否有逻辑性。	5 分				
2	售后跟踪服务模拟	是否在客户离店 24/48 小时后进行电话回访。	5 分				
		是否询问客户车辆使用情况,询问的问题是否是客户关心的问题,对客户说出的有关车的一些疑问是否能完美解答。	10 分				
		语言表达是否清晰,是否有亲和力。	5 分				
		给客户打电话时是否带有温度,是否等客户先挂电话。	5 分				
		跟踪回访后,客户信息是否登记。	5 分				
		是否针对客户做了售后服务方案,售后服务方案内容是否全面、格式是否正确。	40 分				
3	小组合作考核	小组各成员是否能合作共同完成任务。	10 分				
		各小组的最终成绩					

> 任务总结

1. 个人感想和收获。

_____
_____
_____
_____

2. 改进提升的要点。

_____
_____
_____
_____

任务 8.2　客户投诉处理

王先生购车后，车辆出现安全气囊灯报警，第一次王先生到店来对安全气囊进行了检查维修，对车和维修服务也认可，但是不长时间，安全气囊灯又出现了报警情况，张先生很不高兴，开始怀疑车的质量问题，于是，张先生对产品进行了投诉。王艳是他的购车销售顾问，负责接待他，为他处理投诉问题，那么，王艳应如何处理客户投诉？

王艳需要了解客户投诉的意义，理解客户投诉的缘由和所求，掌握处理投诉的方法和技巧，理解应对特殊投诉客户的技巧，才能更好地完成客户投诉处理，最后客户达到满意。

知识要点准备

【要点1】 说一说客户投诉的诉求内容。

_____

_____

_____

_____

【要点2】 处理投诉的方法和技巧有哪些？

_____

_____

_____

【要点3】 汽车销售人员应对"投诉成癖者"的技巧是什么？

_____

_____

_____

_____

_____

任务实施

1.汽车销售人员模拟处理王先生投诉业务。
（1）以小组为单位为编写针对王先生投诉案件处理的话术；
（2）组内进行客户投诉业务处理模拟，选出最优者参加小组之间的比赛；
（3）小组之间进行比赛。

_____

_____

_____

_____

_____

_____

2. 汽车销售人员对客户投诉处理情况进行记录，见表 8-2。

表 8-2 客户投诉表

基本信息	客户姓名		联系电话	
	车辆型号		购车日期	年　月　日
	车辆号码		行驶里程	km
投诉内容				
	第一接待人		接待日期	年　月　日
处理记录	处理责任人：　　　　　处理时间：			
	处理责任人：　　　　　处理时间：			
	处理责任人：　　　　　处理时间：			

任务评价

完成上述任务后,对学生技能进行考核,考核标准见表8-3。

表8-3 考核标准

序号	考核项目	考核要点	分值	小组自评（20%）	小组互评（40%）	教师点评（40%）	得分
1	客户投诉表填写情况	填写是否完整。	10分				
		客户投诉内容记录是否全面。	10分				
		填写是否及时。	5分				
2	客户投诉业务处理模拟	是否认真倾听,并弄清楚客户投诉的内容。	10分				
		是否能够分析了解投诉客户的职业及性格类型,并结合客户的性格来选择恰当的方法处理投诉案件,真正解决了客户投诉问题。	40分				
		是否详细地记录了客户投诉问题。	5分				
		是否注意了自己的态度问题。	5分				
		是否能够通过轻松的话题接近客户。	5分				
3	小组合作考核	小组各成员是否能合作共同完成任务。	10分				
		各小组的最终成绩					

任务总结

1. 个人感想和收获。

_____

_____

_____

_____

2. 改进提升的要点。

_____

_____

_____

_____

一、单项选择题

1. 汽车售后服务特点中的最基本特点（　　）。

A. 无形性　　　　B. 差异性　　　　C. 易消失性　　　　D. 复杂性

2. 找出不属于"四位一体"销售模式内容（　　）。

A. 整车销售　　　B. 汽车维修　　　C. 配件供应　　　　D. 汽车年审

3. 客户对某一特定产品或服务产生了好感，形成了偏好，进而重复购买的一种趋向，称为（　　）。

A. 客户满意度　　B. 客户价值　　　C. 客户忠诚度　　　D. 客户利润率

4. 客户忠诚度是建立在　基础之上的，因此提供高品质的产品、无可挑剔的基本服务，增加客户关怀是必不可少的。（　　）。

A. 客户的盈利率　B. 客户的忠诚度　C. 客户的满意度　　D. 客户价值

二、多项选择题

1. 以下哪些属于交车后回访时间节点（　　）。

A. 当天　　　　　B. 3 天　　　　　C. 7 天　　　　　　D. 30 天

2. 售后跟踪服务的意义有（　　）。

A. 提高客户满意度　　　　　　　　B. 保证车辆不出质量问题

C. 拓展新客户　　　　　　　　　　D. 可以完成厂家的任务

3. 客户投诉的诉求主要包括（　　）。

A. 补偿或赔偿

B. 想受到重视及细心聆听

C. 需要受到尊重

D. 希望问题能尽快解决或明确问题解决的最终期限

任务9 延伸服务

任务9.1 汽车保险

王先生的儿子是一名教师,28岁,刚刚拿到驾驶证,他所购买的车只是用于上下班代步,在休息的时候会有一些近距离的郊游活动。他很担心开车的过程中发生意想不到的事故,带来不必要的损失,因此想通过购买保险对所面临的这些风险进行规避。王艳作为一名汽车销售顾问,应该建议他购买哪些汽车保险产品呢?

王艳必须理解我国汽车保险的险种结构,掌握各险种的保险责任,能够为客户设计投保方案。

 知识要点准备

【要点1】用列表形式展示我国的汽车保险险种结构。

【要点2】交强险的责任限额是多少?

【要点3】投保了交强险后,还有没有必要投保商业三者责任险?

【要点4】车损险的附加险都有哪些?

 任务实施

要求:以6或8人为一组,以小组为单位模拟汽车保险险种组合方案设计。

1. 小组内部进行相互研讨,各组根据车主面临的风险和需求特点来设计汽车保险方案,要求每组设计一份汽车保险险种组合方案,即投保哪些险种,为什么要投保这些险种;

2. 小组选出代表来讲解本组的汽车保险险种组合方案。

每个小组派最优者代表本组进行情境模拟展示险种组合方案内容。各个小组要进行自评,找出自身的优点和不足之处;同时要进行小组互评,每个小组对其他小组进行打分,找出不足和值得借鉴的地方;最后结合教师点评,形成最终成绩,评出最优情境模拟者和最优的汽车保险险种组合方案。

说明:代表本组比赛的学生,教师要单独记录加分成绩。

完成上述任务后,对学生技能进行考核,考核标准见表9-1。

表 9-1 考核标准

序号	考核项目	考核要点	分值	小组自评（20%）	小组互评（40%）	教师点评（40%）	得分
1	汽车保险险种方案考核	是否能通过沟通了解车主的用车信息，主要包括的要素是：是否有固定的停车地点、车辆的用途、车主的生活习惯及家人是否有人身意外伤害险。	10 分				
		是否能帮助车主正确分析其所面临的风险。	10 分				
		是否能帮助车主选择最优的险种组合方案。	20 分				
		险种组合方案格式是否规范。	5 分				
2	模拟考核	语言表达是否清晰，重点是否突出。	10 分				
		是否能做到引导车主说出需求要点。	15 分				
		是否能做到倾听车主的需求。	10 分				
		是否注重仪容仪表等礼仪规范。	10 分				
3	小组合作考核	小组各成员是否能合作共同完成任务。	10 分				
		各小组的最终成绩					

任务总结

1. 个人感想和收获。

_____

_____

_____

2. 改进提升的要点。

_____

_____

任务 9.2　汽车消费贷款

李女士是一名刚参加工作两年的小学老师，年收入 5 万～7 万元，有房产。她计划贷款 10 万元购买一辆汽车，希望贷款利息较低。王艳作为一名汽车销售顾问，需要协助李女士办理汽车消费贷款业务，那么王艳如何结合客户的实际情况和需求制定一套适合李女士的个人汽车消费贷款计划呢？

王艳要完成上述任务，必须了解汽车消费贷款业务的产生与发展，掌握我国的汽车消费贷款业务。

【要点 1】个人申请汽车消费贷款需要满足哪些基本条件？

【要点 2】我国关于汽车消费贷款的额度是怎样规定的？

【要点3】汽车销售人员应提醒客户在申请汽车消费贷款时注意哪些问题？

___

___

___

___

任务实施

要求：以6或8人为一组，以小组为单位完成汽车消费贷款业务。

【案例】

李女士想投资基金以求更大的利益回报，但是同一时期，家中买车的需求也提上日程，既想投资又想买车，如何做才能赚钱享受两不误？李女士的基本资料如下：

准车主：李女士

职业：日用品公司部门主管

家庭成员：夫妻二人及两岁女儿

购车需求：一款 15 万元级别的中档车，空间宽敞，动力较好，配置实用即可，首选自动挡。

家庭财务状况：

1. 家庭收入约 10 000 元/月；

2. 前两年贷款买房，每月需还贷 2 500 元左右；

3. 家庭月消费在 4 000 元左右。

购买基金情况：

1. 于 2019 年 12 月购买；

2. 购买总额在 15 万元左右；

3. 基金平均年收益率在 50%～70%。

选择的贷款车情况如下：

车型：高尔夫 7

推荐 4S 店：长春汇腾一汽大众

贷款银行：一汽汽车金融有限公司

贷款方式：一般首付最低为 30%，贷款期限分为 3 年与 4 年。

贷款利率：在银行基准利率基础上上浮 10%，最新银行贷款利率可参加教材上的表 9-4，也可以自行查找。

贷款提示：如提前还款，需支付未还款利息的 10%。

1. 以小组为单位为李女士设计汽车贷款方案。
2. 把为李女士设计的贷款方案用 PPT 的形式展示，小组派代表对方案进行介绍。

 任务评价

完成上述任务后，对学生技能进行考核，考核标准见表 9-2。

表 9-2 考核标准

序号	考核项目	考核要点	分值	小组自评（20%）	小组互评（40%）	教师点评（40%）	得分
1	汽车消费贷款方案	内容是否全面详细，是否能结合李女士的实际情况来设计，是否有说服力。	15 分				
		设计汽车贷款方案时的资料收集和查找工作做得是否精细。	5 分				
		书写格式是否正确。	5 分				
2	PPT 制作考核	页面是否美观、新颖，布局是否合理。	10 分				
		内容层次是否清晰，重点是否突出。	10 分				
		内容是否准确。	10 分				
3	PPT 介绍考核	声音是否洪亮，语言表达是否清晰有逻辑性。	10 分				
		介绍的内容是否全面，重点是否突出，是否能明确说明方案设计的理由。	20 分				
		是否有说服力，介绍以后是否能让客户欣然接受。	5 分				
4	小组合作考核	小组各成员是否能合作共同完成任务。	10 分				
		各小组的最终成绩					

 任务总结

1. 个人感想和收获。

_____

_____

2. 改进提升的要点。

任务 9.3　汽车销售代理服务

作为一名汽车销售人员，为客户的服务不是随交车而截止的。汽车销售顾问王艳成功地帮助客户王先生一家选定了其喜欢的一款车，并把新车交给了客户王先生的儿子。他们是第一次买车，对后期的上牌照和缴纳车辆购置税业务比较生疏，所以，王艳应如何帮助王先生一家完成上牌照和缴纳车辆购置税业务呢？

王艳和张超必须掌握缴纳新车购置税知识，能按照我国有关车辆购置税纳税的相关规定，更好地协助客户完成新车纳税业务。

【要点1】车辆购置税有哪些特征？

【要点2】车辆购置税纳税人需要提供哪些资料？

【要点3】车辆购置税有哪些关于免税条件的规定？

【要点4】车辆购置税有哪些关于减税条件的规定？

【要点5】符合什么条件的可申领临时牌照？

 任务实施

要求：以6或8人为一组，以小组为单位共同完成协助客户办理缴纳车辆购置税和上牌照业务。

1. 以小组为单位，课前收集、选择拟进行分析任务的相关资料；
2. 根据收集资料信息和布置的任务自编情境完成车辆购置税缴纳和上牌照任务（教师帮助准备单证资料）；
3. 选出小组代表进行车辆上牌照和缴纳购置税情境模拟。

说明：本任务在进行情境模拟时有一定的难度，也可以要求学生模拟汽车销售人员为客户讲解办理业务要求和过程。

任务评价

完成上述任务后,对小组进行考核,考核标准见表9-3。

表9-3 考核标准

序号	考核项目	考核要点	分值	小组自评（20%）	小组互评（40%）	教师点评（40%）	得分
1	缴纳车辆购置税业务	是否能正确告知客户缴纳车辆购置税所需材料。	10分				
		是否能正确为客户计算纳税金额,并为客户解释清楚。	20分				
		是否能正确为客户解释办理缴纳车辆购置税流程。	10分				
		是否能正确指导客户办理缴纳车辆购置税业务。	10分				
		是否能正确指导客户填写车辆购置税纳税申报表（见表9-1）。	20分				
2	新车上牌照业务	是否能为客户详细解释新车上牌照的流程。	10分				
		是否能正确指导客户为新车上牌照。	10分				
3	小组合作考核	小组各成员是否能合作共同完成任务。	10分				
		各小组的最终成绩					

任务总结

1. 个人感想和收获。

_____
_____
_____
_____

2. 改进提升的要点。

表 9-4 车辆购置税纳税申报表

填表日期：　　　　年　　月　　日　　　　　行业代码：　　　　　　　注册类型代码：
纳税人名称：　　　　　　　　　　　　　　　　　　　　　　　　　　　金额单位：元

纳税人证件名称			证件号码		
联系电话		邮政编码		地址	
车辆基本情况					
车辆类别		1. 汽车；2. 摩托车；3. 电车；4. 挂车；5. 农用运输车			
生产企业名称			机动车销售统一发票（或有效凭证）价格		
厂牌型号			关税完税价格		
发动机号码			关税		
车辆识别代号（车架号码）			消费税		
购置日期			免（减）税条件		
申报计税价格	计税价格		税率	免税、减税额	应纳税额
1	2		3	4＝2×3	5＝1×3 或 2×3
			10%		

续表

申报人声明	授权声明
此纳税申报表是根据《中华人民共和国车辆购置税暂行条例》的规定填报的，我相信它是真实的、可靠的、完整的。 声明人签字：	如果你已委托代理人申报，请填写以下资料： 为代理一切税务事宜，现授权（　　　　），地址（　　　　）为本纳税人的代理申报人，任何与本申报表有关的往来文件，都可寄予此人。 授权人签字：

纳税人签名或盖章	如委托代理人的，代理人应填写以下各栏		
	代理人名称		代理人（章）
	地址		
	经办人		
	电话		

接收人： 接收日期：	主管税务机关（章）

一、单项选择题

1. 机动车在道路交通事故中有责任时死亡伤残赔偿限额为（　　）。
   A. 18000 元　　B. 110000 元　　C. 180000 元　　D. 200000 元

2. 车身划痕损失险是下列哪个险的附加险（　　）。
   A. 交强险　　B. 车辆损失险　　C. 盗抢险　　D. 第三者责任险

3. 在车损险保险合同中不确定保险标的保险价值，只列明保险金额，将保险金额作为的最高限额，故而车损险属于（　　）。
   A. 定值保险　　B. 不定值保险　　C. 财产保险　　D. 人身保险

4. 下列不属于个人申请汽车消费贷款的基本条件的是（　　）。
   A. 年满 18 周岁具有完全民事行为能力在中国境内有固定住所的中国公民
   B. 具有稳定的职业和经济收入，能保证按期偿还贷款本息

C. 必须有固定单位的职工，才可以申请贷款

D. 能为购车贷款提供贷款银行认可的担保措施

5. 日本把二手车称为（   ）。

A. 中古车　　　　B. 用过的车　　　　C. 旧机动车　　　　D. 第二手的汽车

二、多项选择题

1. 个人贷款购车需提供的主要证件是（   ）。

A. 身份证　　　　　　　　　　　　B. 户口本/居住证

C. 结婚证/单身证　　　　　　　　　D. 收入证明

E. 工作证明　　　　　　　　　　　F. 房产证

2. 商业第三者责任险中的第三者是指因被保险机动车发生意外事故遭受人身伤亡或者财产损失的人，但不包括（   ）。

A. 被保险人　　　　　　　　　　　B. 本车的驾驶员

C. 保险人的财产　　　　　　　　　D. 被保险机动车本车上人员

3. 车辆损失险中，下列损失和费用属于保险人不负责赔偿的有（   ）。

A. 因碰撞造成车身凹陷　　　　　　B. 玻璃单独破碎

C. 车身表面油漆单独划伤　　　　　D. 车轮单独损坏

4. 商业第三者责任险中，下列损失和费用属于保险人不负责赔偿的有（   ）。

A. 本车上的财产损失　　　　　　　B. 车上人员的人身伤亡

C. 第三者财产的直接损失　　　　　D. 第三者的精神损害赔偿

5. 下列哪些损失不属于保险公司车上人员责任险的赔偿责任（   ）。

A. 因违章搭乘造成的人身伤亡

B. 车上人员在车下时所遭受的人身伤亡

C. 车上人员的有关精神损害赔偿

D. 保险车辆车上人员遭受的人身伤亡

6. 汽车销售店的二手车置换形式包括（   ）。

A. 旧车置换旧车　　　　　　　　　B. 旧车置换新车

C. 置换车辆的部分零部件　　　　　D. 报废车置换新车

7. 汽车销售商开展二手车置换业务，要求置换的二手车必须符合条件有（   ）。